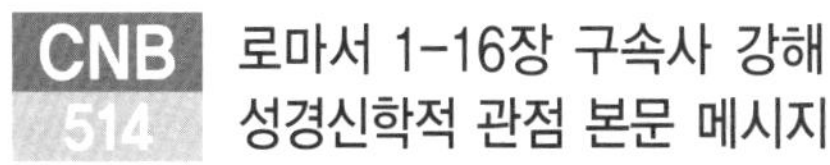

CNB 514

로마서 1-16장 구속사 강해
성경신학적 관점 본문 메시지

로 마 서

이 광 호

2018년

교회와성경

지은이 | 이광호

영남대학교와 경북대학교대학원에서 법학과 서양사학을 공부했으며, 고려신학대학원 (M.Div.)과 ACTS(Th.M.)에서 신학일반 및 조직신학을 공부한 후 대구가톨릭대학교 (Ph.D.)에서 선교학을 위한 비교종교학을 연구하였다. '홍은개혁신학연구원'에서 성경 신학 담당교수를 비롯해 고신대학교, 고려신학대학원, 영남신학대학교, 브니엘신학교, 대구가톨릭대학교, 숭실대학교 등에서 학생들을 가르쳤으며, 이슬람 전문선교단체인 국제 WIN선교회 한국대표를 지냈다. 현재는 실로암교회에서 담임목회를 하며 조에성 경신학연구원과 부경신학연구원에서 강의하며, 달구벌기독학술연구회 회장으로 봉사 하고 있다.

저서

- 성경에 나타난 성도의 사회참여(1990)
- 갈라디아서 강해(1990)
- 더불어 나누는 즐거움(1995)
- 기독교관점에서 본 세계문화사(1998)
- 세계 선교의 새로운 과제들(1998)
- 이슬람과 한국의 민간신앙(1998)
- 아빠, 교회 그만하고 슈퍼하자요(1995)
- 교회와 신앙(2002)
- 한국교회 무엇을 개혁할 것인가(2004)
- 한의 학제적 연구(공저)(2004)
- 세상속의 교회(2005)
- 한국교회의 문제점과 극복방안(공저)(2005)
- 교회, 변화인가 변질인가(2015)
- CNB 501 에세이 산상수훈(2005)
- CNB 502 예수님 생애 마지막 7일(2006)
- CNB 503 구약신학의 구속사적 이해(2006)
- CNB 504 신약신학의 구속사적 이해(2006)
- CNB 505 창세기(2007)
- CNB 506 바울의 생애와 바울서신(2007)
- CNB 507 손에 잡히는 신앙생활(2007)
- CNB 508 아름다운 신앙생활(2007)
- CNB 509 열매 맺는 신앙생활(2007)
- CNB 510 웨스트민스터 신앙고백(2008)
- CNB 511 사무엘서(2010)

- CNB 512 요한복음(2009)
- CNB 513 요한계시록(2009)
- CNB 514 로마서(2010)
- CNB 515 야고보서(2010)
- CNB 516 다니엘서(2011)
- CNB 517 열왕기상하(2011)
- CNB 518 고린도전후서(2012)
- CNB 519 개혁조직신학(2012)
- CNB 520 마태복음(2013)
- CNB 521 히브리서(2013)
- CNB 522 출애굽기(2013)
- CNB 523 목회서신(2014)
- CNB 524 사사기, 룻기(2014)
- CNB 525 옥중서신(2014)
- CNB 526 요한 1, 2, 3서, 유다서(2014)
- CNB 527 레위기(2015)
- CNB 528 스코틀랜드 신앙고백서(2015)
- CNB 529 이사야(2016)
- CNB 530 갈라디아서(2016)
- CNB 531 잠언(2017)
- CNB 532 욥기(2018)
- CNB 533 교회헌법해설(2018)
- CNB 534 사도행전(2018)

역서

- 모슬렘 세계에 예수 그리스도를 심자(Charles R. Marsh, 1985년, CLC)
- 예수님의 수제자들(F. F. Bruce, 1988년, CLC)
- 치유함을 받으라(Colin Urquhart, 1988년, CLC)

홈페이지 http://siloam-church.org

로마서

CNB 514
로마서

A Study of The Epistle of Paul to The Romans
by Kwangho Lee

Copyright ⓒ 2018 by Kwangho Lee
Published by the Church & Bible Publishing House

초판 인쇄 | 2009년 11월 28일
재판 발행 | 2018년 6월 16일

발행처 | 교회와성경
주소 | 평택시 특구로 43번길 90 (서정동)
전화 | 031-662-4742
등록번호 | 제2012-03호
등록일자 | 2012년 7월 12일

발행인 | 문민규
지은이 | 이광호
편집주간 | 송영찬
편집 | 신명기
디자인 | 조혜진

총판 | (주) 비전북출판유통
주소 | 경기도 고양시 일산서구 송산로 499-10 (우) 10212
전화 | 031-907-3927(대) 팩스 031-905-3927

저작권자 ⓒ 2018 이광호

Printed in Seoul of Korea

로마서 강해

A STUDY OF THE EPISTLE OF PAUL TO THE ROMANS

CNB 시리즈
서 문

CNB The Church and The Bible 시리즈는 개혁신앙의 교회관과 성경신학적 구속사 해석에 근거한 신·구약 성경 연구 시리즈이다.

이 시리즈는 보다 정확한 성경 본문 해석을 바탕으로 역사적 개혁 교회의 면모를 조명하고 우리 시대의 교회가 마땅히 추구해야 할 방향을 제시함으로써 교회의 삶과 문화를 창달하는 것을 그 목적으로 하고 있다.

따라서 이 시리즈는 진지하게 성경을 연구하며 본문이 제시하는 메시지에 충실하고 있다. 그렇다고 이 시리즈가 다분히 학문적이거나 또는 적용이라는 의미에 국한되지 않는다. 학구적인 자세는 변함 없지만 궁극적으로 하나님의 나라를 지향함에 있어 개혁주의 교회관을 분명히 하기 위해 보다 더 관심을 가진다는 의미이다.

본 시리즈의 집필자들은 이미 신·구약 계시로써 말씀하셨던 하나님께서 지금도 말씀하고 계시며, 몸된 교회의 머리이자 영원한 왕이신 그리스도께서 지금도 통치하시며, 태초부터 모든 성도들을 부르시어 복음으로 성장하게 하시는 성령께서 지금도 구원 사역을 성취하심으로써 창세로부터 종말에 이르기까지 거룩한 나라로서 교회가 여전히 존재하고 있음을 그 무엇보다도 중요하게 여기고 있다.

아무쪼록 이 시리즈를 통해 계시에 근거한 바른 교회관과 성경관을 가지고 이 땅에 진정한 그리스도인의 삶과 문화가 확장되기를 바라는 바이다.

시리즈 편집인

김영철 목사, 미문(美聞)교회 목사, Th.M.
송영찬 목사, 기독교개혁신보 편집국장, M.Div.
오광만 목사, 대한신학대학원대학교 교수, Ph.D.
이광호 목사, 실로암교회 목사, Ph.D.

머리글

세상이 말할 수 없이 흉흉하다. 그동안도 항상 그래왔지만 말세지말 末世之末을 당해 그 정도가 점차 심해지고 있는 것 같다. 세상이 흉흉하게 될 때 하나님의 교회는 예수 그리스도의 정결한 신부로서의 모습을 더욱 분명히 단장해야 한다.

그럼에도 불구하고 우리 시대의 현실교회는 전혀 그렇지 못하다. 교회라는 이름을 가지고 있으면서 세상보다 훨씬 더 못한 모습을 드러내 보이는 것이 그다지 놀랍지 않다. 물론 우리는 그런 교회를 참된 교회라 인정할 수 없다. 하지만 어리석은 성도들 가운데는 그것이 참인 줄 알고 미혹되어 속는 자들이 많이 있다.

안타까운 사실은 우리가 그들을 위해 할 수 있는 일이 거의 아무 것도 없다는 점이다. 우리가 할 수 있는 것은 우리만이라도 세속에 휩쓸리지 않고 하나님의 말씀을 굳게 부여잡는 일이다. 우리의 선한 몸부림을 통해 좋은 영향을 받는 사람들이 소수라도 있다면 크게 감사한 일이 아닐 수 없다.

이번 여름에 실로암교회가 사경회를 개최하여 로마서를 살펴볼 수 있어서 감사한 마음을 가진다. 하나님을 경외하는 성도들이 한자리에 모여 기록된 계시의 말씀을 살피며 그 의미를 찾아간다는 것은 즐겁고 감사한 일이다. 우리에게 주어진 소중한 기회를 하나님 앞에서 복되고 감사한 시간으로 만들어 갔으면 한다.

이 책은 2008년 8월 4-8일까지 있었던 실로암교회 여름 사경회를 위해 준비한 내용이다. 이를 통해 어지러운 세태에 처해 있는 교회가 좀 더 견고하게 자라가기를 바란다. 나아가 이 글을 접할 수 있는 성도들이 있다면 저들과 저들이 속한 교회가 주님의 말씀으로 돌아오는 계기가 되었으면 한다.

신랑되신 주님의 재림을 기다리는 정결한 신부로서 교회가 온당한 몸가짐을 하지 않으면 안 된다. 말로만 아니라 실제로 주님의 재림과 그의 영원한 천국을 소망하는 우리 모두에게 하나님의 놀라운 은혜가 더하기를 바란다.

이 책이 나오기까지 여러모로 도움을 주신 분들이 많이 있다. 필자가 목회하고 있는 실로암교회 모든 성도님들에게 감사드린다. 그리고 특히 연구에 도움을 준 대구에 있는 '이안치과' 고재규 원장님께 심심한 감사를 드린다.

필자의 부족함에도 불구하고 믿음의 형제로서 삶을 나눌 수 있는 이웃이 있음은 커다란 위로가 아닐 수 없다. 하나님의 영광과 교회의 아름다움이 만천하에 드러나기를 바라는 마음 간절하다.

2009년
실로암교회 서재에서
저자 이광호

목 차

CNB 시리즈 서문 / 7
머리글 / 8

로마서의 기록자와 수신자에 대한 배경 이해

〈서문〉
로마서의 기록자와 수신자에 대한 배경 이해

바울은 하나님께서 특별히 선택하신 '이방인의 사도' 였다. 그는 구약 율법에 엄격한 유대인 혈통을 지닌 집안에서 태어났다. 그는 예루살렘이 아니라 이방 지역인 길리기아의 다소Tarsus에서 '로마 시민권' 을 가지고 태어나 하나님의 율법을 공부하기 위해 예루살렘으로 유학을 갔다.

그는 학업을 마치고 젊은 나이에 산헤드린 공회원이 되어 교회를 핍박하기 위해 심혈을 기울였다. 당시 바울은 그렇게 하는 것이 하나님을 위한 충성스런 행동인 양 착각하고 있었다. 그는 교회들을 박멸하기 위해 다메섹으로 가는 도중 예수 그리스도를 만나게 된다. 예수께서 자신의 몸된 교회를 박해하는 바울을 부르셨던 것이다. 그 놀라운 은혜로 인해 교회를 박해하는 공권력을 부여받았던 그가 도리어 배신자가 되어 유대인들로부터 살해의 대상이 된다.

결국 생명의 위협을 느낀 그는 유대인들의 눈을 피해 시내산으로 갔다. 그곳은 모세가 하나님의 율법과 언약을 받았던 곳이며 엘리야가 이스라엘의 박해를 피해 방문했던 곳이다. 바울이 특별히 그곳을 방문했던 까닭은 율법과 선지자들을 대표하는 모세와 엘리야를 기억했기 때문이며, 동시에 이방인의 사도가 될 그에게 주어질 하나님의 언약과 연관된다.

　수년이 흐른 다음 시내산에서 내려온 바울은 곧장 예루살렘에 들러 야고보가 지도자로 있던 예루살렘 공의회와 여러 사도들을 만나 교제를 시작하게 된다. 그러나 유대인들의 위협으로 인해 바울은 다시 고향 다소Tarsus로 돌아갔다. 그는 거기서 수년간 머물다가 안디옥에서 성령과 교회로부터 이방 세계를 향한 복음 사역자로 세움을 받게 된다.

　바울은 이방의 여러 지역과 도시들을 다니면서, 유대인 회당을 방문하여 저들이 기다리는 메시아가 이땅에 도래했음을 선포했다. 그는 육체적 고통은 물론 생명의 위협을 무릅쓰고 하나님의 복음을 전파하는 사역을 쉬지 않았다. 그런 와중에 그는 하나님의 계시를 받아 여러 성경들을 기록하게 되었다.

　바울은 많은 이방 지역들을 방문하는 가운데 점차 로마에 대한 특별한 관심을 가지게 되었다. 그가 로마에 관심을 가졌던 까닭은 그곳이 제국의 심장부인 수도였기 때문이다. 로마는 사실 예루살렘과 대응하는 개념이다. 즉 하나님의 도성을 상징하는 예루살렘과 이방 왕국들을 대표하는 로마제국의 심장부로서 로마는 상호 대치하는 의미를 지니고 있는 것으로 볼 수 있다.

　물론 바울은 단순히 로마가 대제국의 수도라는 형식적인 이유만으로 그곳을 방문하고자 하지는 않았다. AD 40년대 후반 로마 황제 클라우디우스Claudius가 로마에 살고 있던 유대인들에게 강제 추방령을 내렸다. 이는 예루살렘에서 시작된 하나님의 복음을 이방 제국의 수도인 로마가 수용하지 않겠다는 강력한 의사 표시였다. 황제 클라우디우스가 그와 같은 구체적인 인식을 했느냐 하는 것이 아니라 거기에 그와 연관된 상징적 의미가 들어있다는 사실이 중요하다.

　사도 바울이 기록한 로마서는 그의 여러 서신들 가운데 특히 중요하다. 왜냐하면 로마서는 일차적으로 제국의 수도 로마에 있는 교회들에게 주어진 성경책이기 때문이다.

바울이 고린도 지역에서 로마서를 쓸 당시에는 클라우디우스가 죽고 나서 네로Nero 황제가 즉위하여 선先 황제의 칙령은 사문화된 상태였다. 더구나 황제 즉위 초기의 네로는 기독교에 대해 상당히 우호적인 자세를 보였다. 그의 말년에 기독교를 심하게 박해하던 것과는 매우 대조적이다.

로마는 제국의 모든 것들의 중심지였다. 그러므로 로마에는 고관대작高官大爵들이 즐비했을 뿐 아니라 항상 외지 사람들의 방문이 끊어지지 않았다. 그런데 우리가 특별히 관심을 기울여야 할 점은 이방 지역에 흩어진 기독교인들 가운데도 로마를 방문하는 이들이 많았을 것이란 사실이다.

바울이 로마에 깊은 관심을 가졌던 중요한 배경에는 이러한 사실이 깔려 있다. 이방 지역의 성도들이 로마에 와서 로마의 교회로부터 무엇을 보고 배워갈 것인가? 사도 바울이 로마서를 기록한 중요한 이유 가운데 하나는 바로 그와 연관되는 것으로 보인다. 물론 그것은 하나님께서 바울을 통해 로마서를 계시하신 목적이기도 할 것이다.

사람들은 흔히 로마서를 지칭하여 교리서敎理書라는 말을 한다. 우리는 그 말을 전면 부정하거나 배격할 필요는 없다. 비록 바울이 교리서를 쓰고자 한 것은 아니었지만 충분히 일리가 있는 말이라 할 수 있기 때문이다. 이는 과연 무엇을 의미하고 있는 것인가?

바울이 로마서를 써서 로마에 있는 교회에 보냈을 때 그곳의 성도들은 바울의 교훈을 하나님의 계시로 알고 그에 온전히 순종하고자 했다. 따라서 로마의 교회와 성도들의 진리에 관한 지식과 삶의 원리는 이방의 여러 지역으로부터 로마를 찾은 성도들에게 상당부분 전달되었을 것이 틀림없다.

그러므로 로마서는 당시 전 세계에 흩어져 있던 교회와 성도들에게 하나님의 진리를 설명하는 중요한 지침서가 되었을 것이다. 하나님께서는 바로 그점을 기억하시면서 바울을 통해 로마서를 기록하게 하셨던 것으로 보인다.

우리가 잘 알고 있듯이 로마서는 하나님께서 사도 바울을 통해 계시하신 말씀이다. 하지만 바울이 친필로 쓴 것이 아니라 그의 구술口述에 따라 더디오Tertius가 대필하여 기록했다(롬 16:22). 우리는 로마서를 바울의 창의적인 종교작품으로 보아서는 안 된다. 비록 로마서 안에 바울의 개인적인 문제가 많이 나타나고 있지만 그것마저도 하나님께서 계시를 통해 섭리하신 것이다.

우리는 '이방인의 사도'로 칭해지는 바울이 차지하는 구속사적인 위치와, 로마에 있던 당시의 교회가 차지했던 특별한 위치를 잘 이해해야만 한다. 우리가 깊이 유념해야 할 바는 로마서가 당시에도 로마에 있는 교회뿐 아니라 전 세계에 흩어져 있던 여러 교회들을 위한 서신이었다는 사실이다. 물론 다른 서신들 역시 그와 동일한 성격을 띤다하더라도 당시의 관점과 더불어 로마서의 현실적인 의미를 살펴보아야 하는 것이다.

우리는 로마서에 기록된 하나님의 진리를 살펴보면서 이방인의 사도인 바울이 로마제국의 심장부에 예리한 칼을 꽂는 것과 같은 의미를 생각해 보아야 한다. 하나님의 복음이 이방제국의 수도에서 활발하게 역사함으로써 온 세상에 진리가 전파되고 지상의 교회가 온전히 자라나게 되는 것이다. 우리는 로마서에 기록된 진리 탐구에 관심을 가지면서 이 점을 늘 마음속 깊이 새겨 두고 있어야 한다.

제1장
예수 그리스도와 복음

(롬 1:1-17)

(로마서 1:1-17)

1:1 예수 그리스도의 종 바울은 사도로 부르심을 받아 하나님의 복음을 위하여 택정함을 입었으니

1:2 이 복음은 하나님이 선지자들로 말미암아 그의 아들에 관하여 성경에 미리 약속하신 것이라

1:3 이 아들로 말하면 육신으로는 다윗의 혈통에서 나셨고

1:4 성결의 영으로는 죽은 가운데서 부활하여 능력으로 하나님의 아들로 인정되셨으니 곧 우리 주 예수 그리스도시니라

1:5 그로 말미암아 우리가 은혜와 사도의 직분을 받아 그 이름을 위하여 모든 이방인 중에서 믿어 순종케 하나니

1:6 너희도 그들 중에 있어 예수 그리스도의 것으로 부르심을 입은 자니라

1:7 로마에 있어 하나님의 사랑하심을 입고 성도로 부르심을 입은 모든 자에게 하나님 우리 아버지와 주 예수 그리스도로 좇아 은혜와 평강이 있기를 원하노라

1:8 첫째는 내가 예수 그리스도로 말미암아 너희 모든 사람을 인하여 내 하나님께 감사함은 너희 믿음이 온 세상에 전파됨이로다

1:9 내가 그의 아들의 복음 안에서 내 심령으로 섬기는 하나님이 나의 증인이 되시거니와 항상 내 기도에 쉬지 않고 너희를 말하며

1:10 어떠하든지 이제 하나님의 뜻 안에서 너희에게로 나아갈 좋은 길 얻기를 구하노라

1:11 내가 너희 보기를 심히 원하는 것은 무슨 신령한 은사를 너희에게 나눠 주어 너희를 견고케 하려 함이니

1:12 이는 곧 내가 너희 가운데서 너희와 나의 믿음을 인하여 피차 안위함을 얻으려 함이라

1:13 형제들아 내가 여러 번 너희에게 가고자 한 것을 너희가 모르기를 원치 아니하노니 이는 너희 중에서도 다른 이방인 중에서와 같이 열매를 맺게 하려 함이로되 지금까지 길이 막혔도다

1:14 헬라인이나 야만이나 지혜 있는 자나 어리석은 자에게 다 내가 빚진 자라

1:15 그러므로 나는 할 수 있는대로 로마에 있는 너희에게도 복음 전하기를 원하노라

1:16 내가 복음을 부끄러워하지 아니하노니 이 복음은 모든 믿는 자에게 구원을 주시는 하나님의 능력이 됨이라 첫째는 유대인에게요 또한 헬라인에게로다

1:17 복음에는 하나님의 의가 나타나서 믿음으로 믿음에 이르게 하나니 기록된 바 오직 의인은 믿음으로 말미암아 살리라 함과 같으니라

제1장 _ 예수 그리스도와 복음

(롬 1:1-17)

1. 사도 바울과 그의 직분

바울은 누구인가? 그는 이방 지역의 길리기아 다소Tarsus 출신으로 예루살렘으로 유학을 가 당시 최고의 율법학자라 할 만한 가말리엘 Gamaliel [1]의 문하생이 되었다. 바울은 종교적으로나 정치적으로 보아 장래가 매우 촉망되는 인물이었다.

학업을 마친 바울은 젊은 나이에 산헤드린 공회원이 되어 예수 그리스도와 교회를 핍박하는 일을 위해 가장 선두에 섰다. 그의 종교적인 열정은 스데반을 죽이는 데 앞장서게 했으며 예루살렘과 유다 지역에서 성도들을 위협하며 괴롭혔다. 뿐만 아니라 교회를 핍박하기 위해 이방 지역의 다메섹까지 갔다. 이러한 사실들을 감안할 때 그는 결코 교회 앞에 떳떳할 수 없는 인물이었다. 성경은 그에 대해 분명한 증언을 하고 있다.

---

1) 사도행전 22:3에서 사도 바울은 자신이 율법에 엄격한 가말리엘의 문하생이었음을 밝히고 있다. 그리고 사도행전 5:34에는 가말리엘이 많은 유대인들로부터 크게 공경을 받는 인물이었을 뿐 아니라 산헤드린 공회원으로서 영향력이 큰 지도자였음을 말해주고 있다.

"저희가 큰 소리를 지르며 귀를 막고 일심으로 그에게 달려들어 성 밖에 내치고 돌로 칠째 증인들이 옷을 벗어 '사울' 이라 하는 청년의 발 앞에 두니라"(행 7:57,58);

"'사울' 이 교회를 잔멸할째 각 집에 들어가 남녀를 끌어다가 옥에 넘기니라"(행 8:3);

"'사울' 이 주의 제자들을 대하여 여전히 위협과 살기가 등등하여 대제사장에게 가서 다메섹 여러 회당에 갈 공문을 청하니 이는 만일 그 도를 좇는 사람을 만나면 무론남녀하고 결박하여 예루살렘으로 잡아 오려 함이라"(행 9:1,2)

교회를 박해하기 위해 모든 열정을 기울이던 바울이 다메섹 도상에서 예수 그리스도를 만나게 되었다. 그것은 아무도 예견할 수 없었던 사건이다. 그가 예수님을 영접한 것은 산헤드린과 유대인들에 대한 배신행위였다. 정치적인 관점에서 본다면 그는 유대인들에 대해서 결코 떳떳하지 못한 배신자였다.

하지만 바울은 의도적으로 유대민족을 배신할 마음을 먹고 있었던 것이 아니었다. 하나님의 특별한 부르심에 의해 그는 주님께 돌아왔고 그것은 도리어 유대인들과 이방인들을 포함한 하나님의 백성을 위한 것이었다.

그렇다면 바울이 회심을 한 것이 자신의 종교적 결단에 의한 것이었는가? 그것은 결코 그렇지 않다. 하나님께서는 교회를 위한 사도로서 그를 특별히 부르셨다. 구약시대의 아브라함과 모세, 다윗 그리고 여러 선지자들을 택정해 부르셨듯이 바울을 사도로 부르셨던 것이다. 우리는 그를 단순히 훌륭한 신앙의 선배로만 생각할 것이 아니라 하나님의 특별한 사도로서 '구속사적 인물' 로 이해해야만 한다.

사도 바울 자신이 이에 대해 잘 알고 있었다. 그러므로 그는 자신을 로마에 있는 교회에 소개하면서 '예수 그리스도의 종' 으로 밝히고 있다. 이것은 단순히 그의 겸손한 성품을 드러내는 표현이 아니다. 그것은 도리어 그가 지니고 있는 본질적 상태를 말해주고 있다.

바울이 여기서 말한 '종'이란 곧 노예(δουλος)를 의미한다. 이는 바울의 몸과 모든 삶의 주인은 자신이 아니라 예수님이라는 사실을 말해주고 있다. 즉 바울은 자기 의사대로 이 세상을 살아갈 수 있는 자가 아니라 주인이신 예수 그리스도의 뜻에 따라 살 수 있는 종임을 말하고 있는 것이다.

그가 하나님의 사도가 된 것은 스스로 자원한 것이 아니었다. 즉 그의 열정이나 의도에 따라 그렇게 된 것이 아니라 전적인 하나님의 택정과 부르심에 의한 것이다(롬 1:1). 이는 자신의 종교적인 의사와 훈련에 의해 그렇게 된 것이 아님을 말해주고 있다.

바울의 사도직을 통해 우리가 신중하게 생각해 보아야 할 점은 보편 교회시대의 직분에 대한 의미이다. 원리상 목사, 장로, 집사 등 교회의 모든 직분은 인간의 열정에 의한 것이 아니며 경험적인 숙달에 의해 주어지는 것이 아니다. 하나님께서는 성령과 자신의 몸된 교회를 통해 직분자들을 택정해 부르시게 된다.

그것은 지상에 세워진 교회와 복음을 위해서이다. 바울은 자신이 사도로 부르심을 입은 것은 하나님의 복음을 위해서라는 사실을 분명히 밝히고 있다. 이는 외부적으로 드러나는 행동에 국한되는 것이 아니라 존재적인 의미를 말하는 것이다. 바울이 하나님의 부르심을 입어 사도직을 행한 것은 오직 하나님의 복음을 위해서였듯이 오늘날의 모든 직분들 역시 그와 마찬가지다.

2. 복음의 의미

하나님의 복음은 어느 순간에 갑작스럽게 사람들에게 임한 것이 아니다. 그 복음은 아담이 범죄한 이후 구약의 여러 선지자들을 통해 역사 가운데 지속적으로 예언되어 왔다. 구약시대 이스라엘 백성들이 메시아를 간절히 기다렸던 것은 하나님의 약속을 믿고 있었기 때문이다. 그러므로 복음은 하나님의 언약과 연관지어 생각하지 않으면 안 된다.

바울은 예수 그리스도가 곧 복음이라는 사실을 말하고 있다. 인간의 몸을 입고 이 세상에 오신 그리스도가 존재하지 않는 복음이란 있을 수 없다. 성경에 계시된 '그리스도'가 없이 왜곡된 상태에서 선전되는 기독교는 위조된 가짜 복음일 따름이다.

사도 바울은 로마에 있는 교회에 편지를 하면서 선지자들에 의해 성경에 미리 약속된 '하나님의 아들'에 관해 말하고 있다(롬 1:2,3). 하나님의 아들 곧 하나님께서 약속대로 인간의 몸을 입고 이 세상에 오셨다는 것이다. 그는 아무렇게나 오신 것이 아니라 하나님의 언약 가운데 출생하셨다. 아브라함과 다윗의 혈통에 따라 이땅에 강림하시게 된 것이다. 신약성경의 선언적 의미를 지니는 마태복음 1장에서는 그에 대한 분명한 기록을 하고 있다.

> "아브라함과 다윗의 자손 예수 그리스도의 세계라"(마 1:1);
> "아들을 낳으리니 이름을 예수라 하라 이는 그가 자기 백성을 저희 죄에서 구원할 자이심이라 하니라 이 모든 일의 된 것은 주께서 선지자로 하신 말씀을 이루려 하심이니 가라사대 보라 처녀가 잉태하여 아들을 낳을 것이요 그 이름은 임마누엘이라 하리라 하셨으니 이를 번역한즉 하나님이 우리와 함께 계시다 함이라"(마 1:21-23)

하나님께서 인간의 몸을 입고 이땅에 그리스도로 오신 것은 선택된 백성들에게 은혜로 주어진 복음이다. 그가 세상에 오신 것은 십자가를 지고 하나님의 어린양이 되어 거룩한 제물로 바쳐지기 위해서였다. 그러므로 그가 십자가 사역을 통해 부활하심으로써 하나님의 아들임을 온 천하에 드러내셨다.

하나님께서 보여주신 부활의 능력은 새로운 생명의 공급을 증거해 주고 있다. 그것은 아담의 죄로 말미암아 죽은 자들에게 그리스도를 통해 제공되는 새로운 생명이다. 이로써 하나님의 자녀들은 세상에 태어난 자연인自然人으로서의 삶이 아니라 천상의 하나님께 연결된 영원한 생명을 소유하게 된 것이다.

3. 복음과 교회

교회에 허락된 복음은 전적으로 하나님의 은혜로 말미암은 것이다. 그것은 인간들의 요구와 다양한 노력에 의해 쟁취될 수 없다. 하나님께서는 '창세전에 작정하신 예정'에 따라 자기 자녀들을 위한 은혜를 베푸셨던 것이다. 즉 그것은 인간들이 하나님께 구원을 요청하지도 않았으며 경배할 마음을 가지고 있지도 않을 때 베풀어진 순전한 은혜였다. 사도 바울은 그점에 대해 분명한 설명을 하고 있다.

그런데 우리가 여기서 신중한 주의를 기울여야 할 점은 그 모든 것이 '하나님의 이름'을 위해 이루어졌다는 사실이다. 즉 본질적으로는 그것이 죄에 빠진 인간들을 위해서가 아니라 하나님 자신의 영광을 위해서였다는 점이다.[2] 하나님께서는 자신의 거룩하고 신실한 이름을 위해 복음을 허락하셨으며 하나님의 백성들은 그 은혜에 참여하게 된 것이다.

　　　"그로 말미암아 우리가 은혜와 사도의 직분을 받아 '그 이름을 위하

---

[2] 신앙이 어린 성도들은 이에 대해 오해하는 경우가 많이 있다. 그들은 죽어서 천국에 가기 위한 목적으로 예수를 믿는다고 여긴다. 그러나 그것은 자기를 위한 이기적인 욕망일 뿐이며 성경이 가르치고 있는 교훈과는 거리가 멀다. 성도들이 천국에 가는 것은 하나님의 은혜로 말미암아 얻어지는 것이지 그것을 위해 신앙생활을 하는 것은 아니다. 나아가 잘못된 교인들 가운데는 이 세상에서 많은 복을 받아 잘 살기 위해 예수를 믿는다고 하는 자들이 있다. 그러나 그것은 매우 잘못된 생각이다. 우리가 하나님을 믿고 신앙생활을 하는 것은 하나님의 영광과 직접 연관되어 있다.

여' 모든 이방인 중에서 믿어 순종케 하나니 너희도 그들 중에 있어 '예수 그리스도의 것' 으로 부르심을 입은 자니라"(롬 1:5)

사도 바울의 진술 가운데는 하나님께서 세상 가운데서 불러 모으시는 '교회' 에 관한 의미가 포함되어 있다. 바울이 말하는 사도의 직분은 이 땅에 하나님의 교회를 세우기 위한 것임을 밝히고 있는 것이다. 즉 사도의 직분은 개인적인 충성심을 드러내기 위한 수단이 아니라 교회를 세우기 위한 것이었다. 이는 비단 사도직분뿐 아니라 이후에 확립되는 모든 직분들의 존재 의미와도 연관된다.

여기서 '하나님의 이름을 위하여 모든 이방인 중에서 믿어 순종케 한다' 는 의미는 매우 중요하다. 이는 교회의 역할과 기능을 말하고 있기 때문이다. 우리는 여기서 '하나님의 참된 교회' 의 선한 강제력을 보게 된다.[3] 그것은 설득하거나 타협을 통한 것이 아니라 교회의 권위를 통해 이방인들 가운데 백성들을 뽑아 그리스도께 순종하는 자리에 앉히는 것이다.

이는 곧 하나님의 '불가항력적 은혜'(Irresistible Grace)와 연관된다.[4] 이 말은 우리가 매우 조심스럽게 이해하지 않으면 안 된다. 인간들은 본능적으로 하나님의 은혜를 강하게 거부하는 존재이다. 좀더 분명히 말하자면 죄에 빠진 인간은 하나님의 은혜를 받지 않으려고 적극적으로 거부하는 존재인 것이다.

---

3) 이 말은 지상교회의 지도자들이 행하는 교권주의를 강화하는 근거가 될 수 없다. 원리적인 측면에서 교회에 주어진 진정한 권위를 일컫고 있는 것이다; 마태복음 16:19. 참조.

4) 이는 교회의 교리 가운데 매우 중요한 것들 가운데 하나이다. 이 교리는 흔히 일컫는 칼빈주의 5대 교리 가운데 하나이다. 칼빈주의 5대교리란 '인간의 전적타락'(Total Depravity) '하나님의 무조건적 선택'(Unconditional Election) '제한적 속죄'(Limited Atonement) '불가항력적 은혜'(Irresistible Grace) '성도들의 견인'(Perseverance of Saints)이 곧 그것들이다.

죄에 빠진 인간은 본성적으로 거룩하신 하나님의 편에서 살기를 싫어 한다. 죄 가운데 있으면서 자기 취향에 따라 살기를 갈구하는 것이다. 하나님을 섬김에 있어서도 하나님의 뜻에 순종하는 것이 아니라 자기가 정한 신앙의 틀 안에서 행동하려 한다. 그리고는 그것을 수용하라며 오히려 하나님을 윽박지른다. 자기의 종교적인 행동을 수용하지 않는 하나님이라면 더 이상 상종하지 않겠다는 태도이다.

인간들은 자신이 내세우는 그런 태도가 얼마나 큰 악인지 알지 못한다. 저들의 그런 악한 태도에도 불구하고 하나님께서는 창세전에 택하신 자기 자녀들에게 예수 그리스도를 통한 불가항력적인 은혜를 베푸셨다. 그것이 우리가 깨달아야 할 하나님의 '아가페'(사랑)이다. 거기에서 우리는 하나님의 진정한 사랑을 보게 되는 것이다.

사도 바울이 위 본문에서 언급한 '모든 이방인 중에서'라는 말은 세상에 존재하는 모든 이방인들을 구원의 대상으로 삼는다는 의미가 아니다. 즉 소위 말하는 '만인구원설'과는 아무런 상관이 없다. 이는 유대민족을 벗어나 이 세상의 모든 인간들 가운데서 하나님의 자녀들을 불러 모으시게 될 것을 의미하고 있다. 이 말씀은 부활하신 예수께서 승천하시기 전 갈릴리에 있으면서 제자들에게 말씀하셨던 교훈과 동일한 내용이다.

> "예수께서 나아와 일러 가라사대 하늘과 땅의 모든 권세를 내게 주셨으니 그러므로 너희는 가서 모든 족속으로 제자를 삼아 아버지와 아들과 성령의 이름으로 세례를 주고 내가 너희에게 분부한 모든 것을 가르쳐 지키게 하라 볼지어다 내가 세상 끝 날까지 너희와 항상 함께 있으리라 하시니라"(마 28:18-20)

사도 바울은 로마의 교회에 편지하면서 이 사실을 언급하면서 저들도 이렇게 하여 주님의 부르심에 따라 교회에 속하게 되었음을 말한다. 하나님의 복음과 교회로 인한 능력이 이방에 묻혀 있던 자기 자녀들을 불러 모으셨다는 것이다.

그러므로 이제 그들은 '예수 그리스도의 것'(롬 1:5) 곧 하나님의 소유가 되었다. 이는 자신을 예수 그리스도의 노예가 되었노라고 말한 바울의 고백과 조화된다. 사도 베드로 역시 이와 동일한 언급을 하고 있다. 하나님의 교회에 속한 모든 사람들은 하나님과 하나님 나라에 속한 백성들인 것이다.

> "오직 너희는 택하신 족속이요 왕 같은 제사장들이요 거룩한 나라요 그의 소유된 백성이니 이는 너희를 어두운데서 불러 내어 그의 기이한 빛에 들어가게 하신 자의 아름다운 덕을 선전하게 하려 하심이라"(벧전 2:9)

하나님께 속한 백성들은 어두움으로부터 빛으로 옮겨졌다. 하나님께서 사탄이 지배하는 흑암의 권세에서 자신이 통치하시는 빛의 세계로 불러내신 것이다. 따라서 하나님의 소유가 된 백성들은 더 이상 어두움의 삶을 누릴 수 없다. 이는 단순히 상징적인 것이 아니라 성령과 교회를 통해 제공되는 구체적인 의미를 지닌다. 그러므로 성도들은 이제 자신의 욕망에 따른 삶이 아니라 하나님의 말씀에 순종하는 삶을 살아야 한다.

4. 로마의 교회에 대한 특별한 문안인사

사도 바울은 로마에 있는 교회에 특별한 문안인사를 전하고 있다. 그는 로마에 가기 전 그곳에 살고 있는 많은 성도들을 알고 있었다. 로마서 16장에 여러 성도들의 이름이 언급된 점을 비추어 보아 그것을 알 수 있다.

바울은 로마의 교회에 문안인사를 전하면서 먼저 저들의 믿음이 온 세상에 전파됨에 대해 하나님께 감사한 마음을 표했다. 바울이 그점을 특별히 언급한 데는 그럴 만한 이유가 있었음이 분명하다. 당시에는 이미 온 세계에 교회들이 세워지고 있었다. 이스라엘과 가까운 지역은 물론 로마제국 전역에 하나님의 말씀이 증거되었다.

로마에 있는 교회들에 편지를 쓰기 전에도 바울은 에베소에서 마게도니아를 거쳐 고린도를 방문한 적이 있다. 바울이 거쳐 지나왔던 모든 이방 지역에는 하나님의 교회들이 굳건히 자라가고 있었다. 그런데 특별히 로마에 있는 성도들의 믿음이 온 세상에 전파된 것은 로마가 제국의 수도였다는 사실과 연관된다.

당시에도 많은 사람들이 제국의 수도였던 로마를 빈번히 방문했다. '모든 길은 로마로 통한다'(All roads lead to Rome)는 말은 그곳에 일어나는 모든 사건들이 온 세상에 전해지게 된다는 의미를 포함하고 있다. 로마를 방문한 많은 사람들이 제각각 고향으로 돌아가 그곳의 사정을 전했을 것이며, 그 가운데는 교회와 성도들의 믿음에 대해서도 같이 전파되었을 것이 분명하다. 바울은 그점을 언급하며 하나님께 감사했던 것이다.

5. 로마를 방문하고자 하는 바울

사도 바울은 그 전부터 로마를 방문하고자 하는 마음을 가지고 있었다. 그것은 단순히 새로운 세계에 대한 동경심 때문이 아니었다. 그가 로마에 대한 상당한 지식을 가지고 있었을 것은 틀림없다. 당시 정치, 경제, 사회, 군사, 문화 등 모든 것의 중심지 역할을 했던 로마를 잘 알지 못했을 리 만무하다.

그는 그 전에 처음 고린도를 방문했을 때 그곳에서 브리스길라와 아굴라 부부를 만났다. 그들은 AD 40년대 후반 클라우디우스Claudius 황제의 칙령에 의해 로마로부터 추방된 자들이었다. 로마의 황제는 기독교가 제국의 수도에 발붙이는 것을 허용하지 않으려 했다.5) 그래서 로마에 살고 있던 유대인들을 강제로 추방했던 것이다.

> "이 후에 바울이 아덴을 떠나 고린도에 이르러 아굴라라 하는 본도에서 난 유대인 하나를 만나니 글라우디오가 모든 유대인을 명하여 로마에서 떠나라 한고로 그가 그 아내 브리스길라와 함께 이달리야로부터 새로 온지라 바울이 그들에게 가매 업이 같으므로 함께 거하여 일을 하니 그 업은 장막을 만드는 것이더라"(행 18:1-3)

로마에서 추방당한 브리스길라와 아굴라 부부의 직업은 장막(tent)을 만드는 것이었다. 바울은 그들과 동일한 기술을 가지고 있었으므로 함께 머물며 동업하며 회당에서 하나님의 말씀을 가지고 복음을 선포했다. 바울이 장막 만드는 기술을 배운 것은 예루살렘에서 공부할 때였을 것으로 보인다. 당시 학교에서는 공부만 했던 것이 아니라 생활을 위한 다른 기술을 동시에 연마하는 것이 일반적이었던 것으로 알려져 있다.

바울은 그들 부부를 통해 로마의 형편과 그곳에 있는 교회에 관한 실상을 소상히 들었을 것이 분명하다. 로마의 성도들은 믿음으로 인해 상당한 고통을 받았다. 클라우디우스 황제가 죽고 나서 후임 네로Nero 황제가 즉위한 뒤 전前 황제의 칙령이 사문화死文化됨으로써 로마에서는 하나님의 교회가 세워져 다시금 활기를 띠게 되었다.

---

5) 우리는 여기서 매우 의미심장한 사도시대 교회의 형편을 생각해 볼 수 있다. 그것은 교회가 공권력에 의해 조직적으로 핍박을 당하던 곳이 예루살렘과 로마 두 곳이었다는 사실이다. 예루살렘에 있는 교회를 박멸하기 위해 산헤드린 공회는 공권력을 동원해 조직적으로 행동했다. 그리고 로마에 교회가 발붙이는 것을 금하기 위해 로마제국의 정부가 직접 관여했다. 이 사실을 통해 우리는 사도시대의 형편과 더불어 교회에 연관된 예루살렘과 로마의 위상을 더듬어 짐작해 볼 수 있다.

사도 바울은 그 전부터 이미 기도 중 항상 로마에 있는 성도들을 기억했으며 기회가 오면 직접 제국의 수도인 로마를 방문하고자 원했다. 그는 수차례 로마 방문을 시도했으나 여러 가지 사정상 뜻대로 되지 않았다. 하지만 기회가 되면 언제든지 로마에 있는 교회를 방문하고자 하는 심경을 서신 가운데 밝혔다.

그가 로마의 교회를 방문하고자 한 데는 크게 보아 두 가지 분명한 목적이 있었다. 하나는 제국의 수도인 로마에 하나님의 교회를 굳건히 세우고자 함이었으며, 또 다른 하나는 그들이 성경의 교훈을 받아들인 올바른 신앙을 확립해야 한다는 것이었다. 물론 이 둘은 동일한 관점에서 이해할 수 있다.

바울이 그들을 방문하고자 했던 것은 저들에게 '무슨 신령한 은사'(some spiritual gift)를 나누어 주기 위해서였다(롬 1:11). 그것을 통해 하나님의 교회를 견고케 하고자 했다. 그렇게 함으로써 선한 열매를 맺어 흩어진 성도들 사이에 서로간 위안을 얻으려 했던 것이다.

그렇다면 여기서 말하는 '무슨 신령한 은사'란 무엇인가? 바울은 우리가 일반적으로 생각하는 다양한 은사들을 성도들에게 직접 나누어주겠다는 말을 하고 있는 것인가? 우리는 이 말의 의미를 '하나님께서 주시는 영적인 은혜'로 이해해야 한다. 즉 그것은 일반적인 은사들을 나눠주겠다는 것이 아니라 사도로서 바울이 가진 특별한 교훈을 전달하고자 하는 것과 연관된다. 물론 그것은 이후에 바울이 기록한 로마서의 많은 내용들을 포함하고 있다. 그것을 통해 지상의 교회가 굳게 세워지게 된다.

또한 바울이 애써 로마를 방문하고자 했던 중요한 이유는 당시 전체 지상 교회들 가운데 로마의 교회가 차지하고 있는 특별한 위치 때문이었다. 앞에서 언급한 대로 로마의 성도들이 가진 믿음은 급속하게 세상에 전파되었다. 그것은 단순한 소문뿐만 아니라 저들이 가지고 있는 믿음의 본질적인 내용까지 같이 전해지게 된다.

그러므로 그들이 올바른 믿음을 가지고 있다면 그것이 온 세상에 전파될 것이며, 만일 그들의 믿음에 문제가 있다면 잘못된 것이 세상에 전파될 수밖에 없다. 바울은 그점을 기억하며 로마에 있는 교회에 올바른 믿음에 대한 교훈을 전달해 주고자 했다. 로마의 교회가 올바른 믿음을 소유할 때 그것이 온 세상에 퍼져나가게 된다는 사실은 매우 중요한 의미를 지닌다. 바울이 로마를 꼭 방문하고자 했던 이유가 바로 거기에 있었다.

바울은 자신이 '헬라인이나 야만이나 지혜 있는 자나 어리석은 자에게 다 빚진 자'(롬 1:14)라 묘사하고 있다. 이는 그가 저들로부터 일반적으로 생각하는 특별한 은혜를 입었다는 말과는 다르다. 바울이 말하고자 하는 것은 그가 하나님의 사도로서 저들을 위해 반드시 감당해야만 할 신령한 사역에 대해 밝히고 있는 것이다.

6. "의인은 믿음으로 말미암아 살리라"(롬 1:17)

사도 바울은 자신이 복음을 부끄러워하지 않는다고 말했다. 이것은 과연 무슨 의미인가? 우리는 이 의미를 로마 교회의 성도들의 심정과 더불어 생각해 보아야 한다. 그렇다면 로마에 있는 성도들은 복음을 부끄러워했다는 말인가?

당시 로마는 제국의 수도로서 세계 최대의 도시였다. 막강한 권력을 가진 정치가들과 재력 있는 거부巨富들이 몰려 있었으며 최고를 자랑하는 다양한 분야의 기술자들이 넘쳐났다. 나아가 유명한 운동선수들과 화려한 연극무대를 통해 인기를 누리는 연예인들이 즐비했을 것이다. 그들은 자신의 성공을 자랑하며 삶을 만끽했을 것이 분명하다.

그에 비해 하나님의 교회에 속한 성도들의 삶은 그와 전혀 딴판이었다. 그들은 성공해서 화려하기는커녕 예수님을 믿음으로 인해 삶의 터전을 잃는가 하면 복음으로 말미암아 모진 고통을 견뎌내야 했다. 그들의 삶은 전반적으로 남들이 보기에 초라하기 그지없었다.

주변의 가까운 불신자들은 저들에게 예수를 믿음으로 인해 얻게 되는 유익이 무엇이냐고 따져 묻지 않았을까? 하나님이 정말 살아있다면 그를 믿는 신도들이 복을 받아 성공하고 잘 살아야 할 것 아니냐고 말했을지도 모른다. 하지만 전혀 그렇지 못한 로마의 어린 성도들 가운데는 그로 인해 위축된 자들이 없잖아 있었을 것이다.

그래서 사도 바울은 자신이 하나님의 복음을 결코 부끄러워하지 않는다고 말했던 것이다. 하나님으로 말미암는 복음은 이 세상에서 누리게 되는 일반적인 복과는 아무런 상관이 없다. 차라리 불신자들이 복을 받아 더 행복하게 살게 되는 것이 자연스럽다. 그러므로 시편 기자들은 그에 연관되는 내용을 여러 곳에서 언급하고 있다.

"이는 내가 악인의 형통함을 보고 오만한 자를 질시하였음이로다"(시 73:3);

"볼지어다 이들은 악인이라 항상 평안하고 재물은 더 하도다"(시 73:12);

"여호와 앞에 잠잠하고 참아 기다리라 자기 길이 형통하며 악한 꾀를 이루는 자를 인하여 불평하여 말지어다"(시 37:7)

이 세상에서는 하나님의 자녀들이 더 형통하게 잘 사는 것이 아니다. 오히려 하나님을 알지 못하는 불신자들이 부자가 되어 편안하게 사는 경우가 많이 있다. 이 세상은 사탄이 지배하고 있는 영역이기 때문이다. 그러므로 진정한 생명은 이땅에 있는 것이 아니라 영원한 천국에 있다. 바울은 그점과 연관하여 로마에 있는 성도들을 향해 믿음으로 말미암는 영생에 관해 기록하고 있다.

> "내가 복음을 부끄러워하지 아니하노니 이 복음은 모든 믿는 자에게 구원을 주시는 하나님의 능력이 됨이라 첫째는 유대인에게요 또한 헬라인에게로다 복음에는 하나님의 의가 나타나서 믿음으로 믿음에 이르게 하나니 기록된바 오직 의인은 믿음으로 말미암아 살리라 함과 같으니라"(롬 1:17)

하나님의 자녀들에게 진정한 의미를 가지는 존재는 오직 예수 그리스도 한분밖에 없다. 그가 곧 복음이며 그를 통해 하나님의 의가 나타난다. 성도들은 예수 그리스도를 통해 하나님으로부터 허락되는 참된 의를 소유하게 된다. 그러므로 예수님은 인간의 몸을 입으신 자신과 성부 하나님을 동일한 위치에 두고 말씀하셨던 것이다(요 14:9).

사도 바울은 하나님의 의를 설명하면서 구약성경을 인용하고 있다. 그는 '의인은 믿음으로 말미암아 살리라' 는 하박국 선지자의 말씀을 인용했다.

> "이 묵시는 정한 때가 있나니 그 종말이 속히 이르겠고 결코 거짓되지 아니하리라 비록 더딜찌라도 기다리라 지체되지 않고 정녕 응하리라 보라 그의 마음은 교만하며 그의 속에서 정직하지 못하니라 그러나 의인은 그 믿음으로 말미암아 살리라"(합 2:3,4)

사도 바울은 하박국 선지자의 예언을 배경으로 하여 성도들에게 임하게 될 하나님의 진정한 의에 대해 기록하고 있다. 이는 악인들에 대한 심판과 경고를 동반하고 있다. 바울이 로마서에서 말하고 있는 '믿음으로 믿음에'(from faith to faith) 이르게 된다는 사실은 매우 중요하다. 이 믿음은 죄인이 된 인간이 결코 스스로 쟁취할 수 없는 것으로 하나님의 의로 말미암아 성도들을 위해 특별히 허락되는 선물이다.

  이 세상에 출생하는 모든 자연인들은 하나님을 알지 못하는 불의한 자들이었다. 그들에게는 의로운 요소가 전혀 없다. 그러나 하나님께서 베푸시는 은혜로 인해 의로운 자로 인정받아 믿음을 소유하게 되고 그 믿음으로 생명을 얻게 되는 것이다.

  이 말씀은 인간들의 종교적인 노력에 의한 선행이 아니라 하나님의 선물인 믿음을 통해 성도들이 하나님을 믿어 의지하게 된다는 사실을 말해 주고 있다. 우리는 이 놀라운 일이 전적인 하나님의 은혜로 말미암는다는 사실을 분명히 깨달아야 한다.

제2장
죄에 빠진 인간과 하나님의 심판

(롬 1:18-32)

(로마서 1:18-32)

1:18 하나님의 진노가 불의로 진리를 막는 사람들의 모든 경건치 않음과 불의에 대하여 하늘로 좇아 나타나나니

1:19 이는 하나님을 알 만한 것이 저희 속에 보임이라 하나님께서 이를 저희에게 보이셨느니라

1:20 창세로부터 그의 보이지 아니하는 것들 곧 그의 영원하신 능력과 신성이 그 만드신 만물에 분명히 보여 알게 되나니 그러므로 저희가 핑계치 못할지니라

1:21 하나님을 알되 하나님으로 영화롭게도 아니하며 감사치도 아니하고 오히려 그 생각이 허망하여지며 미련한 마음이 어두워졌나니

1:22 스스로 지혜 있다 하나 우둔하게 되어

1:23 썩어지지 아니하는 하나님의 영광을 썩어질 사람과 금수와 버러지 형상의 우상으로 바꾸었느니라

1:24 그러므로 하나님께서 저희를 마음의 정욕대로 더러움에 내어버려 두사 저희 몸을 서로 욕되게 하셨으니

1:25 이는 저희가 하나님의 진리를 거짓 것으로 바꾸어 피조물을 조물주보다 더 경배하고 섬김이라 주는 곧 영원히 찬송할 이시로다 아멘

1:26 이를 인하여 하나님께서 저희를 부끄러운 욕심에 내어버려 두셨으니 곧 저희 여인들도 순리대로 쓸 것을 바꾸어 역리로 쓰며

1:27 이와 같이 남자들도 순리대로 여인 쓰기를 버리고 서로 향하여 음욕이 불일듯 하매 남자가 남자로 더불어 부끄러운 일을 행하여 저희의 그릇됨에 상당한 보응을 그 자신에 받았느니라

1:28 또한 저희가 마음에 하나님 두기를 싫어하매 하나님께서 저희를 그 상실한 마음대로 내어 버려 두사 합당치 못한 일을 하게 하셨으니

1:29 곧 모든 불의, 추악, 탐욕, 악의가 가득한 자요 시기, 살인, 분쟁, 사기, 악독이 가득한 자요 수군수군 하는 자요

1:30 비방하는 자요 하나님의 미워하시는 자요 능욕하는 자요 교만한 자요 자랑하는 자요 악을 도모하는 자요 부모를 거역하는 자요

1:31 우매한 자요 배약背約하는 자요 무정한 자요 무자비한 자라

1:32 저희가 이같은 일을 행하는 자는 사형에 해당하다고 하나님의 정하심을 알고도 자기들만 행할 뿐 아니라 또한 그 일을 행하는 자를 옳다 하느니라

제2장 _ 죄에 빠진 인간과 하나님의 심판

(롬 1:18-32)

1. 인간의 죄와 하나님의 진노

하나님은 거룩하고 의로운 분이시다. 그는 악한 것을 결코 용납하지 않으신다. 그에 대한 하나님의 진노는 자신의 거룩한 속성에 반하는 더러운 것들을 응징하는 엄중한 심판으로 나타난다. 이에 반해 인간들은 아담 이래 죄에 빠진 더러운 존재가 되어 버렸다. 인간은 하나님의 의를 버리고 불의한 존재가 된 것이다.

타락한 인간의 죄로 말미암아 생성된 불의는 본질상 적극성을 띤다. 즉 그것은 단순히 의롭지 않은 소극적인 상태가 아니라 하나님의 의를 배척하고 그에 저항하는 것을 의미한다. 이는 처음 사람 아담으로부터 형성되어 나타났으며, 역사 가운데서 모든 인간들을 통해 지속적으로 전개되는 현상이다.

즉 타락한 인간은 단순히 하나님의 말씀을 듣지 않음으로써 소극적으로 범죄하는 것이 아니라 하나님께 덤비며 강력히 저항함으로써 적극적으로 범죄하게 된다. 하나님의 자녀가 된 성도들이라 할지라도 육신에 거하게 되면 그와 같은 속성을 완전히 버리지 못한다. 악한 성품을 지닌 인간은 하나님께서 자신의 종교적 열정과 성의를 받아주지 않는다고 판단하면 그를 향해 분노하는 존재이다. 죄에 빠진 인간은 자기 판단에 따라 언제든지 하나님을 향해 눈을 부라리며 덤벼들 수 있는 타락한 속성을 지니고 있다.[6]

이로 말미암아 범죄한 인간들은 하나님의 참된 진리가 무엇인지 알지 못한다. 저들은 자신의 이성과 경험에 의해 진리성을 따지게 된다. 그것은 참된 진리와 아무런 상관이 없지만 인간들은 그것을 진리인 양 생각하게 되는 것이다.

나아가 인간들의 그런 악한 사고는 하나님을 알지 못하는 불의와 연결되어 진리를 가로막는 역할을 한다. 이는 이땅에서 진행되는 하나님의 거룩한 구속사역을 적극적으로 방해하는 역할을 하게 된다. 그것은 하나님께 저항하는 불경不敬한 사고와 행동이 되는 것이다.

그러므로 의로운 하나님께서는 자기에게 저항하는 인간들의 불경과 불의에 대해 진노하신다. 하나님을 알지 못하는 불신자들은 자신의 악행은 물론 하나님의 진노를 인식하지도 못한 채 무서운 심판을 자초하게 된다. 사도 바울은 로마교회의 성도들에게 편지하면서 그점을 분명히 언급하고 있다.

2. 피조세계의 의미[7]

인간들이 거주하고 있는 하나님의 피조세계가 지니는 의미는 무엇인가? 우주만물은 죄에 빠진 인간들이 누리며 살아가는 방편으로 허락하

---

6) 악한 유대인들과 로마인들은 감히 하나님의 아들이신 예수님을 조롱했으며, 그의 얼굴에 침을 뱉고 구타하기를 주저하지 않았다. 결국 그들은 예수 그리스도를 십자가에 못박아 처형함으로써 저들의 분노를 드러냈다. 거룩하신 하나님의 아들을 적극적으로 모독한 그들은 악한 인간들을 대표하고 있다. 사탄의 유혹을 받아 타락한 모든 인간들에게는 하나님을 욕되게 하는 악한 성품이 존재한다.
7) 이광호, 『웨스트민스터신앙고백』(서울: 도서출판 깔뱅, 2007), pp.70-72 참조.

신 것인가? 맨 처음 천지 만물이 창조되었을 때 그 모든 것들은 하나님으로부터 인간에게 선물로 주어졌다. 하나님께서는 모든 피조세계를 자신의 형상을 닮은 인간들에게 선물로 주셨던 것이다.

> "하나님이 가라사대 우리의 형상을 따라 우리의 모양대로 우리가 사람을 만들고 그로 바다의 고기와 공중의 새와 육축과 온 땅과 땅에 기는 모든 것을 다스리게 하자 하시고 하나님이 자기 형상 곧 하나님의 형상대로 사람을 창조하시되 남자와 여자를 창조하시고 하나님이 그들에게 복을 주시며 그들에게 이르시되 생육하고 번성하여 땅에 충만하라, 땅을 정복하라, 바다의 고기와 공중의 새와 땅에 움직이는 모든 생물을 다스리라 하시니라"(창 1:26-28)

하나님의 형상을 닮은 인간은 범죄하기 전 모든 피조세계를 다스리도록 위임받았다. 하나님께서 모든 피조세계를 자신의 형상을 닮은 인간들에게 선물로 주신 것이다. 그러므로 그들에게 복을 주시며 생육하고 번성하여 땅에 충만하게 되어 모든 것을 정복하여 다스리도록 하셨다. 여기서 말하는 복이란 아직 인간이 범죄하기 전의 복으로 하나님과 인간 사이에 존재하는 관계를 의미한다.

그렇지만 인간이 범죄한 후로는 그와 연관된 모든 것이 허물어졌다. 죄에 빠진 인간은 더 이상 하나님의 피조세계를 다스릴 수 없게 되었다. 나아가 피조세계에 존재하는 모든 것들은 인간의 통치를 순순히 받아들이지 않게 되어버렸다.

그럼에도 불구하고 우주만물은 인간들을 위한 중요한 하나님의 흔적을 남겨두고 있다. 그것은 피조세계 가운데 하나님의 놀라운 솜씨와 능력이 나타나고 있기 때문이다. 물론 하나님께서 창조하신 우주만물은 인간이 범죄함으로써 그와 함께 완전히 오염되었으나 여전히 하나님의 능력을 보여주는 역할을 하고 있는 것이다.

하나님의 피조세계를 다스리도록 위임받은 인간이 타락하게 되자 그에게 속한 우주만물 역시 동시에 오염되었다. 땅이 가시덤불을 내고 엉겅퀴를 내게 되었다는 사실은 그것을 잘 말해주고 있다(창 3:18). 또한 하나님께서 세상 마지막 날 악한 인간들과 더불어 하늘의 천체들까지 심판의 대상으로 삼고 있다는 사실이 그것을 보여주고 있다.

인간의 타락으로 인해 피조세계가 소유하고 있던 원래의 모든 아름다움이 일시에 상실되었다. 따라서 죄악된 인간들이 세상에 존재하는 것들을 통해 일반적으로 느끼는 아름다움은 타락한 인간과 조화되는 감성일 따름이다. 즉 현재 우리가 경험하는 아름다움은 절대적인 성격을 지니지 않는다. 타락한 인간들의 안목과 감성에 조화되는 미美가 다수의 사람들로 하여금 그렇게 느끼도록 할 뿐이다.

이에 대해서는 인간의 도덕과 윤리성에 있어서도 동일한 이해를 할 수 있다. 인간 사회에서 생성되는 도덕과 윤리는 절대성을 지니지 않는다. 이는 도덕과 윤리가 무가치하다는 의미가 아니다. 그런 것들은 하나님의 일반은총 가운데 상호 용납하는 의미를 지닐 뿐 그것 자체가 하나님께 직접적인 기쁨이 되지는 못한다. 즉 하나님을 알지 못하는 윤리와 도덕적인 판단과 행위를 하나님께서 기쁘게 받으시지 않는 것이다.

아담이 범죄하지 않아 우주만물이 죄로 오염되기 전의 상태가 진정한 아름다움이었다. 그것은 원래 하나님께서 계획하셨던 완벽한 아름다움을 간직한 피조세계였다. 하지만 죄악 가운데서 출생한 현재의 인간들로서는 그에 대한 짐작조차 할 수 없다.

반면 우리는 하나님의 피조세계가 소유하고 있는 고유한 기능이 있음을 기억한다. 우주만물의 놀라운 규모와 자연 법칙은 인간들로 하여금 하나님의 존재를 알게 해 준다. 그 가운데 하나님을 알 만한 것들이 드러나고 있기 때문이다. 사도 바울이 말하고 있는 바는 바로 그것을 의미하고 있다.

> "이는 하나님을 알 만한 것이 저희 속에 보임이라 하나님께서 이를 저희에게 보이셨느니라 창세로부터 그의 보이지 아니하는 것들 곧 그의 영원하신 능력과 신성이 그 만드신 만물에 분명히 보여 알게 되나니 그러므로 저희가 핑계치 못할지니라"(롬 1:19,20)

바울은 여기서 매우 중요한 언급을 하고 있다. 그것은 우주만물 가운데 하나님의 영원한 능력과 신성(divine nature)이 보인다고 한 말이다.[8] 우리가 각별히 관심을 기울여야 할 내용은 만물에 하나님의 신성이 드러나고 있다는 사실이다.

피조세계가 소유하고 있는 가장 중요한 기능 가운데 하나는 그 가운데 하나님의 능력과 신성이 나타나고 있는 것이다. 하나님을 경외하는 상식적인 인간이라면 우주만물을 통해 하나님의 놀라운 능력과 신성을 볼 수 있어야 한다. 피조세계 속에 살아가면서 그에 대한 진정한 의미를 깨닫는 것보다 더 중요한 일은 없다.

그러므로 모든 인간은 하나님의 피조세계 속에 살면서 하나님을 모른다고 핑계할 수 없다. 이는 우주만물과 인간 사이에 형성된 상호관계를 말해주고 있다. 그것은 하나님께서 창조하신 우주만물이 곧 인간들을 심판하게 되는 한 근거가 된다는 점을 언급하고 있기 때문이다. 우주만물이 악한 인간들을 정죄하여 심판하는 '법적 근거의 역할' 을 하게 된다는 사실은 매우 중요한 의미를 지니는 것이다.

---

8) 다수의 학자들은 로마서 1:19에 언급된 '저희 속에' 라는 말을 인간의 마음속으로 이해하고 있다. 모든 인간들의 마음속에는 '하나님을 알 만한 것' 이 있다는 것이다. 학자들은 그것을 인간의 양심으로 해석하기도 한다. 그러나 필자는 그런 설명이 타당하지 않은 것으로 이해한다. 우선 전적으로 부패한 인간의 마음에 하나님을 알 만한 요소가 있는 것으로 볼 수 없기 때문이다. 나아가 그 의미가 로마서 1:20의 말씀에 기록된 피조세계인 만물에 연관되어 있음을 볼 때 '저희 속에' 라는 말을 '인간의 마음' 이 아니라 인간들이 그 가운데 살아가는 '피조세계' 로 이해하는 것이 자연스럽다.

3. 우상숭배에 빠진 인간들

모든 피조세계는 전능하신 하나님의 능력과 신성을 드러내 보여주고 있다. 그것은 제한적인 인간들로서는 도저히 감당할 수 없는 거대한 우주만물 전체를 통해 드러나게 된다. 하지만 죄에 빠져 눈이 어두워진 악한 인간들은 피조세계가 여전히 자신을 위해 존재하는 것으로 생각하고 있다. 그러므로 인간들은 그것을 자신의 목적을 위한 방편으로만 여기게 되는 것이다.

피조세계는 어떤 경우에도 인간으로부터 섬김의 대상이 될 수 없다. 인간은 우주만물을 보며 거기에 나타나는 하나님의 능력과 신성을 깨달음으로써 하나님을 알아 그를 경외하며 섬겨야 한다. 즉 하나님께서 창조하신 세계를 통해 본질적인 것을 깨닫는 근거로 삼아야 하는 것이다. 하지만 악한 인간들은 피조물인 자연 자체가 하나님을 위한 것이 아니라 인간들에게 의미가 있는 것으로만 생각하고 있다.

세상에는 참된 신앙이 결여된 채 지식적으로만 하나님을 알고 있는 자들이 많이 있다. 그들은 이방 종교를 따르는 불신자들을 말하는 것이 아니라 기독교 안에서 하나님을 지식적으로만 알고 있는 자들을 일컫는다. 예를 들어 구약시대 이스라엘 백성들 가운데는 하나님을 알고 있었으나 믿지 않은 자들이 많았다.

하나님을 지식적으로 알고 있는 것 자체로 참된 신앙이라 말할 수 없다. 사탄과 그의 졸개들인 귀신들도 하나님을 알고 있었다. 우리는 예수님 당시 더러운 귀신들이 예수님을 다윗의 자손 메시아로 알아보았던 사실을 기억한다. 예수님을 메시아로 알고 따르던 백성들 가운데서도 종종 그를 의심하는 자들이 있었지만 귀신들린 자들은 도리어 그가 하나님의 아들이라는 사실을 정확하게 알아보았던 것이다.

사도 바울은 이처럼 하나님의 존재와 그에 대해 알고 있으면서도 그를 영화롭게 하지도 않고 그에게 감사하지도 않는 자들에 대해 언급했다. 그들은 지식으로 하나님을 알았지만 자신을 위해 그를 이용하고자 했을 뿐 그에게 진정한 영광을 돌리지 않았다.[9] 그런 자들은 하나님께서 베푸시는 참된 은혜를 전혀 알지 못하는 자들이었다.

그들은 진심으로 하나님께 영광을 돌리거나 감사할 수 없었다. 하나님을 떠난 그런 사람들의 생각은 허망해질 수밖에 없다. 그와 같은 태도는 저들의 미련한 생각으로 인해 마음이 어두워지게 한다. 그런 어두운 마음은 혼미하여 거룩한 하나님의 뜻을 제대로 분별할 수 없도록 만들게 된다.

그럼에도 불구하고 그런 사람들은 스스로 지혜 있는 자인 양 착각하게 되는 것이 일반적이다. 실상은 어리석고 벌레처럼 우준愚蠢하면서도 그것을 지혜라 여기게 되는 것이다. 그것은 결국 하나님의 영광을 근본적으로 알지 못하게 한다. 그들은 영원한 하나님의 영광을 썩어질 사람과 짐승과 벌레의 형상의 우상으로 바꾸어 버린다.

이렇게 하여 악한 인간들은 하나님의 진리를 거짓으로 만들어 버렸다. 그들은 우주만물을 지으신 조물주보다 피조물을 더 경배하고 섬기기를 게을리하지 않는다. 그것을 통해, 마땅히 찬송과 경배를 받으셔야 할 하나님을 도리어 욕되게 했다. 죄에 빠진 인간의 허망함이 하나님에 대한 근본적인 오해와 착각을 불러일으키게 했던 것이다.

---

9) 인간이 가진 악한 성품들 가운데 하나는 하나님을 자기를 위한 도구로 활용하려는 오만한 태도이다. 그런 태도를 가진 자들은 나중에 죽어서 천국에 가서 살고자 하는 목적으로 하나님을 믿으며, 더욱 어리석은 자들은 부와 건강을 얻어 이 세상에서 여유로운 삶을 살기 위해 하나님을 이용하려 한다. 그러한 것들이 소위 기도를 통해 드러나게 된다. 그러나 성숙한 성도들은 자기 자신을 위해 하나님을 믿는 것이 아니라, 하나님의 은혜로 말미암아 그의 영광에 참여하게 된 것을 감사하며 그의 뜻이 이루어지기를 바라며 기도하게 된다.

이런 더러운 삶에 빠진 모든 불신자들은 우상숭배자이다. 유형적인 형상을 만들어놓고 그것을 섬기든 자연을 섬기든 인간의 욕망을 섬기든 간에 차별 없는 우상숭배자들인 것이다. 우리는 가시적인 우상을 만들어놓고 섬기는 것도 위험하지만 보이지 않는 정신적인 우상숭배가 더욱 위험하다는 사실을 간과해서는 안 된다.

4. 욕망에 빠져 허덕이는 인간들

하나님을 배반하고 떠난 인간들은 자기 욕망에 빠져 허덕이게 된다. 어리석은 자들은 그것을 인간이 획득한 대단한 특권인 양 생각하기도 한다. 그것이 마치 인간들의 삶을 위한 원동력이라도 되는 듯이 착각하고 있는 것이다.

그렇지만 그것은 하나님의 심판에 대한 표지標識로 이해해야 한다(롬 1:24,28 참조). 하나님께서는 사탄의 지배 아래 있으면서 죄에 빠진 인간으로 하여금 정욕대로 살게 내버려 두셨다. 이는 자기 욕망을 추구하며 살아가는 악한 인간들의 본성이다. 하나님을 알지 못하는 자들에게는 그것을 얼마나 많이 충족시키느냐 하는 것이 마치 삶의 목적처럼 되어 있다. 하지만 죄에 빠진 인간들이 제 마음대로 살도록 버려두는 것이 하나님의 무서운 심판이라는 사실을 깨달아야 한다.

하나님의 자녀가 된 우리도 여전히 자기 마음대로 살고자 하는 욕망을 지니고 있다. 하지만 우리는 자기의 마음대로 살지 못하는 것이 하나님의 은혜라는 사실을 깨달아야 한다. 그러므로 때로 어렵고 힘든 일을 당할 때 하나님의 원대한 뜻을 기억하면서 기뻐하고 감사해야 한다. 만일 하나님께서 인간의 욕망대로 모든 것을 소유하도록 허락하신다면 우리는 금방 멸망할 수밖에 없는 존재인 것이다.

악한 인간들의 특색 가운데 하나는 자신의 몸을 정욕대로 더러움에 내버려두고자 하는 태도이다. 그들은 부정한 정욕에 자신의 삶을 내맡긴다. 그러므로 욕정을 채우기 위해서는 이성異性은 물론 동성간의 사악한 음행도 마다하지 않는다.[10] 남자들도 그러하거니와 여자들도 마찬가지다. 직접 그런 악행을 저지르지 않는 자들이라 해도 어리석은 사람들은 그에 대해 극도로 무디어지게 되는 것이다.

우리 시대는 거의 예외 없이 모든 사람들이 음행을 즐기는 악한 시대가 되었다. 하나님의 자녀인 우리 역시 예외가 될 수 없다. 영화나 텔레비전 연속극, 혹은 문학작품이나 소설 같은 데서 남의 불륜을 마치 의미 있는 듯이 생각하며, 때로는 그것을 기대하면서 간접적으로 즐기고 있는 것이 일반적이다. 이 얼마나 두려운 시대인가!

하나님께서는 로마에 일어나고 있는 악하고 더러운 음행으로 말미암아 하나님의 무서운 보응이 저들에게 임하게 된다는 사실을 말하고 있다. 하나님께서는 순리를 거스르는 악행을 결코 용납하지 않으시는 것이다. 그럼에도 불구하고 죄악에 익숙한 자들은 그것을 올바르게 인식하지 못하고 있다.

그러므로 그런 사람들은 마음에 하나님 두기를 싫어하게 된다. 하나님께서는 저들을 그대로 내버려 두심으로 인해 그들은 합당치 못한 악한 일을 지속적으로 행한다. 그들에게는 모든 불의와 추악, 탐욕, 악의가 가득하게 되며, 시기와 살인, 분쟁, 사기, 악독이 가득하다(롬 1:29). 또한 그들은 수군거리며 남을 비방하기를 게을리하지 않는다. 이 모든 것

---

10) 우리 시대에 나타나는 가장 악한 것들 중 하나는 동성애를 공적으로 인정하려는 태도이다. 일반 세속국가는 물론 기독교의 이름을 가진 타락한 집단들 가운데서도 그런 분위기가 팽배해져 가고 있다. 그들은 소위 신인권주의(新人權主義) 사상을 가진 자들로서, 개인이 그렇게 함으로써 자기 인생의 만족을 추구한다면 타인이 그들의 행복을 침해할 수 없다는 것이다. 그래서 그들은 동성간의 결혼을 허용하는가 하면 모든 법적인 권리를 부여하고자 한다. 그러나 그것은 하나님께서 허락하신 가정질서를 파괴하는 무서운 죄악이라는 사실을 잊어서는 안 된다.

들은 하나님을 멀리하고 자기 욕망대로 살아가려고 하는 인간의 이기적인 본성에 기인한다.

또한 그들은 하나님을 미워하고 적극적으로 능욕하는 자들이다. 뿐만 아니라 심히 교만하여 자기를 자랑하며 악을 도모하면서 부모를 거역하는 자들이다. 이는 하나님의 언약을 상속받아야 할 거룩한 일을 포기하는 것을 의미하고 있다. 그들은 또한 우매하고 배약背約하며 무정하고 무자비한 인간들이다.

그런 인간들은 하나님을 지식적으로 알고 있으므로 그와 같은 악행을 행하게 되면 영원한 죽음의 심판에 이르게 된다는 사실을 알고 있다. 그들은 그것이 하나님의 뜻이라는 사실을 감지하고 있는 것이다. 그러나 그들은 자신의 악행을 회개하는 것이 아니라 도리어 다른 사람들로 하여금 그런 악행에 동참하도록 독려한다.

> "저희가 이 같은 일을 행하는 자는 사형에 해당하다고 하나님의 정하심을 알고도 자기들만 행할 뿐 아니라 또한 그 일을 행하는 자를 옳다 하느니라"(롬 1:32)

우리는 이 말씀 가운데서 사탄과 악한 인간들의 끔찍한 본성을 보게 된다. 사탄에 속해 죄에 빠진 인간들은 자기 자신만 멸망에 빠지는 것이 아니라 다른 인간들을 멸망으로 끌어들이기 위해 최선의 힘을 다하고 있다. 그들은 더러운 악을 행하는 것이 영원한 멸망의 길이란 사실을 알면서도 다른 사람들이 그런 행동을 하면 그것을 보고 옳은 길이라 말한다. 그것을 통해 악을 행하는 자신이 스스로 위안을 받고자 하는 것이다.

신앙이 어린 성도들은 그들의 거짓 신앙과 행동을 보며 그것이 마치 자연스러운 것인 양 오해하게 된다. 그런 악행을 방치하게 되면 마치 누룩처럼 주변의 다른 사람들에게 급속히 퍼져갈 수밖에 없다. 이 세상에 살아가는 인간들은 그가 비록 하나님의 성도라 할지라도 항상 더러운 유혹에 노출되어 있다.

우리는 이러한 악한 행위가 불신자들인 순수 이방인들 가운데서 일어나는 것이 아니라 기독교 내부에서 발생하게 된다는 사실을 기억해야 한다. 사도 바울은 로마에 있는 교회에 편지하면서 그점을 언급함으로써 하나님의 자녀들이 항상 정신을 바짝 차리지 않으면 안 된다는 사실을 일깨워 주고 있다.

제3장
하나님의 공의와 율법

(롬 2:1-29)

(로마서 2:1-29)

2:1 그러므로 남을 판단하는 사람아 무론 누구든지 네가 핑계치 못할 것은 남을 판단하는 것으로 네가 너를 정죄함이니 판단하는 네가 같은 일을 행함이니라

2:2 이런 일을 행하는 자에게 하나님의 판단이 진리대로 되는 줄 우리가 아노라

2:3 이런 일을 행하는 자를 판단하고도 같은 일을 행하는 사람아 네가 하나님의 판단을 피할 줄로 생각하느냐

2:4 혹 네가 하나님의 인자하심이 너를 인도하여 회개케 하심을 알지 못하여 그의 인자하심과 용납하심과 길이 참으심의 풍성함을 멸시하느뇨

2:5 다만 네 고집과 회개치 아니한 마음을 따라 진노의 날 곧 하나님의 의로우신 판단이 나타나는 그 날에 임할 진노를 네게 쌓는도다

2:6 하나님께서 각 사람에게 그 행한 대로 보응하시되

2:7 참고 선을 행하여 영광과 존귀와 썩지 아니함을 구하는 자에게는 영생으로 하시고

2:8 오직 당을 지어 진리를 좇지 아니하고 불의를 좇는 자에게는 노와 분으로 하시리라

2:9 악을 행하는 각 사람의 영에게 환난과 곤고가 있으리니 첫째는 유대인에게요 또한 헬라인에게며

2:10 선을 행하는 각 사람에게는 영광과 존귀와 평강이 있으리니 첫째는 유대인에게요 또한 헬라인에게라

2:11 이는 하나님께서 외모로 사람을 취하지 아니하심이니라

2:12 무릇 율법 없이 범죄한 자는 또한 율법 없이 망하고 무릇 율법이 있고 범죄한 자는 율법으로 말미암아 심판을 받으리라

2:13 하나님 앞에서는 율법을 듣는 자가 의인이 아니요 오직 율법을 행하는 자라야 의롭다 하심을 얻으리니

2:14 (율법 없는 이방인이 본성으로 율법의 일을 행할 때는 이 사람은 율법이 없어도 자기가 자기에게 율법이 되나니

2:15 이런 이들은 그 양심이 증거가 되어 그 생각들이 서로 혹은 송사하며 혹은 변명하여 그 마음에 새긴 율법의 행위를 나타내느니라)

2:16 곧 내 복음에 이른 바와 같이 하나님이 예수 그리스도로 말미암아 사람들의 은밀한 것을 심판하시는 그 날이라

2:17 유대인이라 칭하는 네가 율법을 의지하며 하나님을 자랑하며

2:18 율법의 교훈을 받아 하나님의 뜻을 알고 지극히 선한 것을 좋게 여기며

2:19 네가 율법에 있는 지식과 진리의 규모를 가진 자로서 소경의 길을 인도하는 자요 어두움에 있는 자의 빛이요

2:20 어리석은 자의 훈도요 어린 아이의 선생이라고 스스로 믿으니

2:21 그러면 다른 사람을 가르치는 네가 네 자신을 가르치지 아니하느냐 도적질 말라 반포하는 네가 도적질하느냐

2:22 간음하지 말라 말하는 네가 간음하느냐 우상을 가증히 여기는 네가 신사 물건을 도적질하느냐

2:23 율법을 자랑하는 네가 율법을 범함으로 하나님을 욕되게 하느냐

2:24 기록된 바와 같이 하나님의 이름이 너희로 인하여 이방인 중에서 모독을 받는도다

2:25 네가 율법을 행한즉 할례가 유익하나 만일 율법을 범한즉 네 할례가 무할례가 되었느니라

2:26 그런즉 무할례자가 율법의 제도를 지키면 그 무할례를 할례와 같이 여길 것이 아니냐

2:27 또한 본래 무할례자가 율법을 온전히 지키면 의문과 할례를 가지고 율법을 범하는 너를 판단치 아니하겠느냐

2:28 대저 표면적 유대인이 유대인이 아니요 표면적 육신의 할례가 할례가 아니라

2:29 오직 이면적 유대인이 유대인이며 할례는 마음에 할찌니 신령에 있고 의문에 있지 아니한 것이라 그 칭찬이 사람에게서가 아니요 다만 하나님에게서니라

제3장 _ 하나님의 공의와 율법

(롬 2:1-29)

1. 하나님의 공의

하나님은 공의로우신 분이다. 여기서 공의롭다고 하는 의미는 '선한 자'를 결코 벌하지 않으시며 '악한 자'에 대해서는 결단코 죄 없다 하지 않고 필히 심판하시는 하나님의 성품을 말한다. 그러므로 공의로운 하나님께서는 자신을 배반하여 죄에 빠진 악한 인간들을 분명히 벌하시게 된다.

물론 여기서 말하는 '선한 자'와 '악한 자'란 일반 윤리적인 관점이 아니라 하나님 보시기에 '선한 자'와 '악한 자'를 일컫고 있다. 이는 인간 본연의 개별적인 성품이나 행위 자체에 기준을 두지 않는다. 하나님 앞에서의 선악善惡이란 오로지 예수 그리스도가 그 기준이 되어 의미가 발생하게 될 따름이다.

사도 바울은 로마에 있는 교회를 향해 다른 이웃을 판단하는 일에 대해 언급하고 있다(롬 2:1). 우리는 성경에 기록된 '판단'과 '비판'에 관련된 다양한 교훈들에 대해 매우 신중하게 접근해야 한다. 이를 인간의 이성과 경험에 따라 일반화하여 적용하려는 것에 대해서는 여간 조심하지 않으면 안 된다. 그것은 오히려 성경의 진정한 가르침의 본질을 흐트러 뜨리게 될 우려가 있기 때문이다.

예수님도 산상수훈 가운데서 제자들에게 이와 유사한 말씀을 하고 계신다.[11] 함부로 남을 비판하지 말라는 것이다. 이는 남을 비판하는 그것이 곧 자신을 비판하게 되는 기준이 되고 있음을 보여주고 있다.

> "비판을 받지 아니하려거든 비판하지 말라 너희의 비판하는 그 비판으로 너희가 비판을 받을 것이요 너희의 헤아리는 그 헤아림으로 너희가 헤아림을 받을 것이니라 어찌하여 형제의 눈 속에 있는 티는 보고 네 눈 속에 있는 들보는 깨닫지 못하느냐"(마 7:1-3)

예수님은 '비판을 받지 아니하려거든 비판하지 말라'고 제자들에게 분명히 말씀하셨다. 우리는 이 말씀을 과연 어떻게 받아들여야 할까? 우리가 여기서 매우 주의깊게 이해해야 할 바는, 주님께서 제자들에게 말씀하고자 했던 것은 진리에 관한 문제가 아니라 성도들 상호간에 발생하는 일반적인 삶에 관련된 것이라는 사실이다. 이는 우리 시대의 교회 내부에서 적용되어야 할 원리이다.

하나님의 자녀들은 이웃의 일반적인 생활윤리나 습관으로 말미암는 단순한 실수에 대해서는 관대하게 대응할 필요가 있다. 그러나 하나님의 진리에 반하는 것에 대해서는 분명히 판단하고 엄격히 비판함으로써 그에 대처해야 한다. 그것을 위해서는 하나님의 말씀에 대한 명확한 지식과 더불어 선한 분별력을 갖추어야만 한다.

예수님은 진리에 저항하는 악한 자들을 준엄하게 판단하고 정죄하기를 서슴지 않으셨다. 그는 하나님의 진리를 어지럽히는 악한 유대인 지

---

11) 이광호, 『에세이 산상수훈』(서울: 칼빈 아카데미, 2005), pp.205-212 참조.

도자들을 향해 '독사의 자식들' '개' '돼지' 라는 용어들을 직접 사용하시며 강한 심판 의도를 표현하셨다. '비판하지 말라' 고 말씀하신 예수께서 곧바로 뒤이어 유대인들을 개와 돼지로 묘사한 사실(마 7:6)에 주의를 기울이지 않으면 안 된다.

따라서 주님께서 주신 이 교훈에 대해서는 매우 신중하게 성경의 전체적인 의미를 기억하며 접근해야 한다. 우리는 성도들간의 일반적인 삶에 관한 문제를 두고 이웃을 비판할 때 여간 신중하지 않으면 안 된다.

인간은 자신의 잘못과 실수에 대해서는 매우 관대한 반면 남의 작은 잘못과 실수에 대해서는 지극히 엄격한 존재이다. 즉 자신의 잘못은 스스로 수긍할 만하다고 판단하지만 남의 실수에 대해서는 결코 용납하지 않으려는 이기적인 속성을 지니고 있는 것이다.

이는 성도들 개인뿐 아니라 교회적으로도 동일하게 적용되어야 한다. 성도들의 윤리적인 문제에 대해서는 한편 관대하면서도 분명한 자세를 보이지 않으면 안 된다. 즉 교회는 본인의 자세에 따라 쉽게 용서하면서도 악한 누룩이 되어 다른 사람들에게 퍼져나가지 않도록 분명하게 대처해야 하는 것이다. 그러나 진리에 반하는 교훈을 수용하거나 가르치는 문제에 대해서는 엄격하게 대처하여 비판해야 한다.

사도 바울이 로마의 교회를 향해 언급했던 다른 사람을 판단하는 문제 역시 이와 동일한 관점에서 이해해야 한다(롬 2:1). 단순한 삶의 문제에 대해 남을 판단하는 그것이 자신을 정죄하는 근거가 된다. 즉 다른 형제의 일반적인 문제를 정죄함으로써 자기 역시 그와 동일한 죄에 빠져 있음을 드러낸다. 그러므로 결코 자신의 죄를 핑계할 수 없게 되는 것이다.

하지만 우리는 이 말이 진리에 대한 판단을 전적으로 금지하고 있는 것은 아님을 유념해야 한다. 도리어 성경은 진리를 기준으로 하여 선과 악을 엄격하게 분별하라고 가르치고 있다. 즉 진리에 대한 올바른 분별력을 요구하고 있는 것이다.

진리를 해치는 악한 것에 대해서는 기록된 말씀의 교훈을 통해 마땅히 비판해야 한다. 예수님은 배도한 유대인들을 정죄하기를 게을리하지 않으셨다. 구약의 선지자들과 신약의 사도들 역시 배도한 무리들을 향한 비판의 말을 거두지 않았다.

우리는 신실하신 하나님의 편에서 공의를 선포해야 할 의무가 있다. 물론 그것은 인간의 종교적인 취향을 배경으로 해서는 안 된다. 하지만 형제들의 일반적인 문제에 대해서는 그것을 통해 자신의 온전치 못한 삶을 되돌아 볼 수 있어야 한다. 그것으로써 오래 참으시는 하나님의 인내를 기억하는 동시에 자신의 사악한 죄성을 발견하여 회개의 자리에 앉게 되는 것이다. 그렇지 않은 태도로 함부로 남을 판단하는 행동은 자신의 죄에 대해 하나님의 진노를 쌓는 것과 다르지 않다는 사실을 기억해야 한다.

그러므로 신약시대의 교회 가운데는 이를 위해 공적인 권징 사역이 필수적으로 이루어져야 한다. 이는 올바른 말씀선포와 성례와 더불어 교회의 중요한 표지가 된다. 그러므로 말씀에 근거한 참된 권징사역이 없다면 거짓 교회인 것이다.[12] 교회가 성도들의 잘못에 대해 엄정한 권징을 시행하는 것은 성도들에 대한 참된 사랑과 더불어 하나님의 교회를 순전하게 세워가기 위해서이다.

2. 하나님의 자비와 보응

하나님은 자기 자녀들을 위해서는 마지막 구원에 이르게 되는 순간까

---

12) 『벨직신앙고백서』 제29장. 참조.

지 끝내 인내하신다. 하나님의 선택받은 성도들이라 할지라도 이 세상을 살아가면서 숱한 유혹에 노출되어 있으며 쉽게 무너지게 된다. 하나님의 오래 참으심이 아니면 결코 공의로운 하나님의 무서운 진노를 피할 수 없다.

하나님께서는 지상에 거하는 택하신 자녀들의 나약함을 아시고 오래 참으심으로 인내하신다. 그것이 성도들로 하여금 하나님의 사랑을 깨닫는 가운데 영원한 소망을 가지게 한다. 그러므로 성도들은 그것을 통해 하나님의 진정한 사랑과 은혜를 깨달아 깊이 감사하게 된다.

그런데 하나님께서는 스스로 오래 참고 인내하실 뿐 아니라 자기 자녀들에게도 이 세상을 살아가면서 참고 선을 행하도록 요구하고 계신다. 여기서 말하는 '선'이란 윤리 도덕적 개념을 바탕으로 하는 일반적인 행동이 아니라 거룩한 하나님의 뜻을 행하는 것을 의미하고 있다. 이는 이 세상에 존재하는 것들을 추구하는 욕망이 아니라 영원히 썩지 않는 하나님의 영광과 존귀한 것들을 추구하라는 것이다.

더러운 죄에 빠진 인간들은 근본적으로 자신의 욕망을 추구할 수밖에 없는 존재이다. 그러나 하나님의 성도들은 영원한 진리를 알게 됨으로써 이 세상에 대해 절제하며 인내하게 된다. 그런 자들에게는 하나님께서 예수 그리스도를 통해 궁극적인 영원한 생명을 선물로 주신다.

하지만 하나님을 알지 못하는 악한 자들의 삶은 전혀 그렇지 않다. 그들은 이 세상에서 자신의 욕망을 추구하는 것을 삶의 근본적인 목적으로 삼고 있다. 따라서 그들은 하나님으로 인해 자신을 절제하거나 인내하려 하지 않는다. 설령 외적으로 인내하는 듯한 모습이 보인다 할지라도 그것은 자기 욕망을 보호하기 위한 방편일 뿐 하나님을 기억하는 것으로 인한 참된 인내는 아니다.

그러한 삶은 하나님 앞에서 행하는 불의로 영원한 진리와는 거리가 멀다. 악한 자들은 자신의 욕망을 달성하고자 하는 방편으로 당을 지어 불의를 행하기를 게을리하지 않는다. 이는 배도한 자들이 서로 힘을 합쳐 하나님께 저항하고 있는 모습을 보여주고 있다. 그러므로 하나님의 두려운 진노가 저들 위에 임하게 된다.

우리는 여기서 당을 지어 불의를 저지르는 현실적인 문제에 대해 신중하게 생각해 보아야 한다. 자칫 잘못하면 교회가 교회라는 이름을 가지고 있으면서 불의를 행하는 당을 짓게 될 우려가 없지 않다. 즉 교회가 전체적으로 하나가 되어 말씀에 불순종하여 하나님께 저항하는 일이 발생할 수 있다는 것이다. 우리 역시 교회에 속한 자들로서 집단적인 종교적 욕망을 추구하기 위해 하나님께 저항하는 불의를 행할 수 있다는 사실을 항상 유념하지 않으면 안 된다.

하나님의 뜻과는 무관하게 자기 열정으로 종교활동을 하는 배도자들에게는 외적인 그럴 듯한 모습과는 달리 영적인 환란과 고통이 함께하고 있다. 그것은 일반적인 감정이나 정서가 아니라 파멸하는 영적인 상태를 의미한다. 설령 그들이 육체적으로 쾌락과 즐거움에 빠져 있다 할지라도 저들의 영은 고통에서 벗어날 수 없다.

이와는 반대로 진정한 선을 행하는 자들에게는 하나님으로 말미암는 참된 영광과 존귀와 평화가 임하게 된다. 이는 하나님의 말씀과 성령을 통해 이루어진다. 그들이 육체적으로 견디기 어려운 환란과 고통에 빠져있다 할지라도 그들의 영혼은 기쁨과 감사 가운데 있게 되는 것이다.

그런데 사도 바울은 이러한 일들이 유대인들로부터 이방인들에게까지 모든 사람들에게 이르게 된다는 사실을 말해주고 있다. 악을 행하는 자들과 선을 행하는 자들 공히 유대인들로부터 시작하여 이방인들에게 나타나게 된다는 것이다. 이는 하나님께서 구속사역의 목적을 위해 특별히 선택하신 유대인들을 통해 자신의 심판과 구원을 미리 선포하셨음을 말해 주고 있다.

그러던 것이 그리스도께서 이땅에 오신 후에는 유대인과 이방인에 대한 아무런 구분 없이 저들 위에 심판과 구원이 이르게 되었다. 즉 하나님의 심판과 구원은 혈통적인 유대인과 이방인 사이에 아무런 차별이 없다. 이는 하나님께서 혈통적 조건과 외모를 보고 인간들을 심판하시는 것이 아니라 하나님의 고유한 뜻에 따라 심판과 구원이 이루어지게 됨을 말해주고 있다.

3. 유대인의 율법과 구원의 조건

하나님께서는 악인과 의인을 분명히 구분하신다. 그것은 인간들의 판단과 행동에 달려 있는 것이 아니라 전적인 하나님의 작정에 달려 있다. 따라서 우리가 알 수 있는 것은 하나님의 궁극적인 관심이 인간의 구원과 심판에 밀접하게 연관되어 있다는 사실이다. 그것을 알려주시기 위해 하나님께서 유대인들에게 율법을 허락하셨다.

그러나 이방인들에게는 기록된 율법이 주어지지 않았다. 율법을 가진 유대인들은 그 율법이 심판의 기준이 되며 율법이 없는 이방인들에게는 인간의 본성 자체가 율법의 기능을 하게 된다. 그러므로 바울은 율법을 가진 자들이 그에 대한 지식이 아니라 율법에 순종함으로써 의인이 된다는 사실을 말하고 있다.

> "하나님 앞에서는 율법을 듣는 자가 의인이 아니요 오직 율법을 행하는 자라야 의롭다 하심을 얻으리라"(롬 2:13)

우리는 이 말씀을 매우 주의깊게 이해해야 한다. 이 말씀은 결코 성도들에게 율법적 행위를 강조하는 것이 아니다. 인간들이 하나님의 율법을 준수하는 것 자체가 구원의 조건이 될 수 없다. 즉 율법을 지키는 인간의 행위와 하나님으로부터 영원한 구원을 받는 것 사이에 필연적 연관성이 있지 않다. 그것을 잘못 받아들이게 되면 행위구원을 주장하는 오류에 빠지게 된다.

하지만 위의 본문은 율법을 지식적으로 알고 있는 것으로써 의인이 되는 것이 아님을 의미하고 있다. 유대인들 가운데는 자신이 유대인이라는 이유만으로 하나님의 구원에 참여한 것으로 오해하는 자들이 많았다. 바울은 그런 생각에 빠져있는 유대인 출신 교인들에게 이 말씀을 주었던 것이다.

우리 시대의 어리석은 기독교인들 가운데도 그와 유사한 오해를 하는 자들이 많이 있다. 그들은 매주일 교회에 출석하는 것으로 구원이 약속된 것으로 생각한다. 나아가 교회에서 헌신적으로 봉사하고 열심히 활동하며 교인들 상호간에 멤버십을 든든히 하는 것이 구원을 보증하는 것으로 믿는다. 그러나 교회에 대한 외적인 소속이나 종교활동이 저들의 구원을 담보하지 않는다.

사도 바울이 율법을 행하는 자라야 의롭다하심을 받는다고 한 말은 율법에 대한 순종을 뜻한다. 여기서 말하는 순종이란 율법에 대한 행위적 순종을 의미하지 않는다. 바울이 말하고 있는 율법을 행하는 자, 곧 율법에 순종한다는 진정한 의미는 율법을 통해 이땅에 오신 예수 그리스도께 모든 것을 의지하게 됨을 뜻하고 있다.

또한 인간의 양심이 증거가 되어 그 마음에 새긴 율법의 행위를 나타낸다(롬 2:15)는 기록은 십자가에 달리신 예수 그리스도 없이 구원을 받을 수 있는 가능성이 있음을 의미하지 않는다. 그것은 도리어 저들의 불의한 본성이 하나님의 심판을 위한 준거가 됨을 말해주고 있다. 그러므로 예수 그리스도와 무관한 모든 인간은 그 본성 자체가 자신의 죄성을 드러내게 되는 것이다.

하나님께서 유대인들에게 율법을 주신 유일한 목적은 예수 그리스도를 나타내시기 위해서였다. 따라서 인간의 몸을 입고 이땅에 오신 그리스도가 곧 율법의 모든 기능을 담당하게 되신 것이다. 그러므로 바울은 그리스도가 구약의 율법처럼 인간들에 대한 심판의 근거가 됨을 말하고 있다.

> "이런 일은, 내가 전하는 복음대로, 하나님께서 그리스도를 내세우셔서 사람들이 감추고 있는 비밀들을 심판하실 그 날에 드러날 것이라"
> (롬 2:16, 표준새번역)

사도 바울은 여기서 하나님께서 율법을 통해 이땅에 그리스도를 보내셨음을 말하고 있다. 이는 구약성경에 기록된 율법이 심판의 근거가 되듯이 예수 그리스도가 심판의 절대적인 기준이 됨을 의미하는 것이다. 죄에 빠진 악한 인간들은 항상 자신의 죄를 숨기고 감추고자 하는 본성을 지니고 있다.

따라서 인간은 자신의 죄된 비밀을 혼자만 알고 있는 듯이 착각하며 살아간다. 자신의 모든 죄가 항상 하나님께 발각되고 있다는 사실을 전혀 모르고 있는 것이다. 더욱 괄목할 만한 점은 인간 스스로 자신의 악한 죄성을 깨닫지 못하고 있다는 사실이다. 그러므로 마치 자신이 의인인 양 착각하게 된다.

하지만 공의로운 하나님께서는 마지막 심판날 인간들의 감추어진 모든 죄악들을 낱낱이 그대로 드러내신다. 단지 예수 그리스도 안에 있는 자들은 대속을 위한 십자가 사역을 통해 하나님으로부터 모든 죄를 용서받았다. 그리스도께서 십자가 위에서 대신 형벌을 받으심으로써 죄사함을 받게 된 것이다.

예수 그리스도가 하나님의 최종적인 모든 심판의 근거가 된다는 사실에 대해서는 사도 베드로 역시 분명히 언급하고 있다. 그는 예수님을 시온에 둔 보배로운 모퉁이돌로 묘사했다. 이는 예루살렘에 세워진 하나님의 거룩한 성전과 연관지어 예수 그리스도를 모퉁이의 머릿돌로 기술하고 있는 것이다.

> "성경에 기록되었으되 보라 내가 택한 보배로운 모퉁잇돌을 시온에 두노니 그를 믿는 자는 부끄러움을 당하지 아니하리라 하였으니 그러므로 믿는 너희에게는 보배이나 믿지 아니하는 자에게는 건축자들이 버린 그 돌이 모퉁이의 머릿돌이 되고 또한 부딪치는 돌과 걸려 넘어지게 하는 바위가 되었다 하였느니라 그들이 말씀을 순종하지 아니하므로 넘어지나니 이는 그들을 이렇게 정하신 것이라"(벧전 2:6-8)

성경은 구원과 심판에 관한 예수 그리스도의 기능에 대해 기록하고 있다. 구약시대 이사야 선지자는 시온에 두게 될 견고한 기초석이 되는 돌에 관한 예언을 했다(사 28:16). 그리고 시편 기자는 건축자의 버린 돌이 모퉁이돌이 될 것을 예언했다(시 118:22). 구약성경의 모든 말씀들은 이땅에 오시게 될 메시아에 관련된 예언이다.

사도 베드로는 건축물의 모퉁이에 놓이는 머릿돌이 되는 예수님이 구원과 심판의 절대적인 기준이 된다는 사실을 기록했다. 여기서 건축물이란 곧 그리스도로 말미암아 세워진 그의 몸된 교회를 의미하고 있다. 하나님의 자녀들은 그 돌을 보배로운 돌임을 깨닫게 되지만 하나님을 알지 못하는 자들은 쓸모없는 돌이라 생각하게 된다.

그러므로 교회에 속해 예수 그리스도를 믿는 성도들은 그 반석 위에 건축되지만, 불신자들은 그 돌에 저항함으로써 부딪쳐 깨어질 수밖에 없다. 그들은 하나님의 말씀에 순종하지 않으므로 그로 인해 영원한 멸망에 빠지게 된다. 이는 하나님께서 창세전에 예정하신 그의 놀라운 뜻에 따른 것이다.

4. 유대인 출신인 교인들의 착각

하나님의 교회에서는 성도들간에 아무런 차별이 있을 수 없다. 혈통, 신분의 지위고하, 빈부귀천, 남녀노소, 건강, 병약, 유 무능 등 아무것도 성도들을 특별히 높이거나 멸시하는 기준이 될 수 없다. 모든 성도들은 평등하며, 나아가 지상의 모든 교회들은 하나님 앞에서 평등한 지위를 가지고 있다. 만일 하나님의 교회 안에서 그런 것들로 인한 차별이 있다면 그런 교회는 이미 세속화의 길에 접어든 것과 다름이 없다.

사도 바울은 골로새 교회에 편지를 쓰면서 그에 관한 분명한 계시의 말씀을 기록하고 있다. 하나님으로 말미암아 새로 거듭난 성도들은 이제 옛날처럼 살아서는 안 된다. 하나님의 교회는 세상의 가치 기준과 전혀 다른 것이다.

> "너희가 서로 거짓말을 말라 옛 사람과 그 행위를 벗어버리고 새 사람을 입었으니 이는 자기를 창조하신 자의 형상을 좇아 지식에까지 새롭게 하심을 받는 자나라 거기는 헬라인과 유대인이나 할례당과 무할례당이나 야인이나 스구디아인이나 종이나 자유인이 분별이 있을 수 없나니 오직 그리스도는 만유시요 만유 안에 계시니라"(골 3:9-11)

위 본문에서 사도가 서로 거짓말을 하지 말라고 명한 것은 자기의 목적에 맞는 주장을 펴기 위한 옛 습성을 버리고 하나님께서 계시하신 진리를 온전히 드러내라는 의미를 지니고 있다. 그리스도의 복음으로 말미암아 새로운 사람이 되었으니 이제 모든 것이 완전히 변하게 된 것이다. 이는 과거의 모든 신분과 개인적 형편들이 하나님 안에서 완전히 무의미하게 되어버린 것을 뜻한다.

그러므로 이제 세상의 것들로 인해 자랑할 것은 아무것도 없다. 유대인들의 종교적 전통과 헬라인들의 철학적 지식도 자랑거리가 될 수 없다. 과거에 자기의 우월성을 내세우기 위해 다양한 형태의 편당을 지어 세력을 결집하려 했던 것들 역시 이제 모두 무의미한 것이 되어 버렸다.

　보통 사람들이 야만인이라 멸시하며 비웃던 것도 교회 안에서는 완전히 소멸되었다. 자유인이라 자랑스럽게 여기던 것과 종이라 멸시 당하며 부끄러워하던 과거의 습성은 완전히 사라진 것이다. 참된 하나님의 자녀들이라면 오로지 만유의 주인이신 그리스도 안에 거하고 있다는 사실이 진정한 은혜가 될 따름이다.

　그러므로 우리는 이 세상의 것들을 두고 하나님으로부터 복을 받은 것인 양 생각해서는 안 된다. 하나님께서 자신을 특별히 사랑하셔서 뭔가 더 많은 복을 베풀어 주신 듯이 생각해서는 안 되는 것이다. 나름대로 직업에 성공하고 신체 건강하여 영예를 얻는 것 자체가 교회 안에서는 자랑거리가 될 수 없다. 그것은 잘못된 신앙적 착각일 뿐 아니라 자신도 모르는 사이 그렇지 못한 성도들을 경멸하는 행위가 될 수 있음을 기억해야 한다.

　사도 바울은 로마의 교회에 속한 유대인들에게 저들의 교만한 태도에 대해 엄중한 경고의 말을 전하고 있다. 이는 불신자들이나 유대교에 속한 자들에게 말하는 것이 아니라 교회에 속해 있으면서 잘못된 편견을 가진 유대인들을 향한 질책이다. 유대인 출신의 교인들 가운데는 자신이 혈통적 유대인이라는 사실에 대해 자부심을 가지고 이방 종족 출신의 성도들을 멸시하던 자들이 있었다.

　로마의 교회에 속한 유대인 출신의 교인들 가운데는 구약의 율법에 대한 상당한 지식과 익숙한 준행을 두고 자랑하며 그것을 행하도록 다른 교인들을 가르치며 지도하는 자들이 다수 있었다. 그들은 그것을 통해 스스로 자신이 교회의 교사요 지도자라 여겼다. 그러나 그것은 종교적 형식에 지나지 않았으며 자신이 하나님 앞에서 죽어 마땅한 죄인이라는 사실을 깨닫지 못했다.

그들은 구약의 율법의 깊은 내용에 대해서는 아무것도 지킬 수 없었다. 할례의 흔적을 가진 유대인이라는 점을 스스로 자랑했지만 율법을 어김으로써 그것에 대한 진정한 의미가 사라져 버리게 된다. 그러므로 구원을 위해서는 할례를 받은 것과 받지 않은 것 사이에 아무런 차이가 없다. 하나님의 언약을 드러내는 거룩한 방편으로서 할례는 매우 중요한 의미를 지니지만 그것이 구원의 효력을 나타내는 것은 아니었다. 미숙한 유대인들은 입으로 할례를 자랑했으나 율법의 본질적 의미를 멸시함으로써 도리어 하나님을 욕되게 하는 자들이었던 것이다.

따라서 사도 바울은 표면적 유대인이 참된 유대인이 아니라 이면적 유대인이 진정한 유대인이라는 사실을 강조하고 있다. 혈통에 의한 유대인이라는 이름이 진정한 유대인으로 만들어주지 못한다는 것이다. 이는 당시 경직된 유대인들의 자존심을 건드릴 만한 매우 과격한 언어였다. 선민의식選民意識에 사로잡혀 있던 저들에게는 그것이 충격적인 말이 아닐 수 없었다.

하지만 바울은 자신이 유대인 출신이면서 그점을 언급함으로써 로마의 교회가 마땅히 깨달아야 할 바를 말했던 것이다. 교회 가운데서 혈통적 유대인임을 내세워 그것을 자랑하거나 영향력을 행사하려는 자들이 결코 있어서는 안 된다. 진정한 율법의 이행은 예수 그리스도의 복음을 통해 드러나게 될 따름이다.

> "대저 표면적 유대인이 유대인이 아니요 표면적 육신의 할례가 할례가 아니라 오직 이면적 유대인이 유대인이며 할례는 마음에 할찌니 신령에 있고 의문에 있지 아니한 것이라 그 칭찬이 사람에게서가 아니요 다만 하나님에게서니라"(롬 2:28,29)

사도 바울이 이를 강조했던 것은 유대인들의 율법이 폐기되었으니 이제 무無 율법주의자가 되라고 한 말이 아니다. 이는 도리어 율법의 진정한 의미를 발견하여 예수 그리스도를 신앙의 중심에 받아들여야 한다는 것을 강조하고 있다.

구약의 율법을 오해하던 유대인 출신 교인들은 그것을 통해 자신의 종교성을 드러냄으로써 사람들로부터 인정받으려 했다. 주변의 인간들로부터 받게 되는 인정과 칭찬은 도리어 자신의 신앙을 착각하게 만든다. 인간들의 좋은 말을 듣고 그것이 마치 하나님의 인정인 양 오해하게 되는 것이다. 그러므로 교회와 성도들은 인간들의 칭찬과 인정을 구할 것이 아니라 하나님을 진정으로 경외하는 가운데 그의 말씀에 온전히 순종하는 자세를 가져야 한다.

잘못된 현대 교회들 가운데는 교회 안에서 혈통적 집단 이기주의가 발생하고 있는 것이 현실이다. 아버지가 그럴 듯한 직업을 가지고 재력을 갖춘 자로서 소위 오랜 교인으로서 직분자이면 그 아들도 나름대로 대우를 받는다. 그러다 보니 교회에서마저도 텃새라는 말이 존재하게 된 것이다. 우리 시대에 생겨난 목회자들의 부자세습도 그와 연관된다.

뿐만 아니라 기독교 교단 내에서도 마찬가지다. 동일한 사안이라 할지라도 누구 집안의 자식이냐에 따라서 대우가 달라진다. 소위 종교적 기득권을 가진 집안에 속한 자들은 나름대로 기득권을 상속받게 된다. 목사의 경우 본가本家나 처가妻家에 교권을 가진 인사가 있으면 소위 목회에 성공할 수 있는 길이 훨씬 넓어진다. 교회를 해치는 그런 일들이 존재하는 한 올바른 교회라 할 수 없다.

5. 율법에 관한 예수님의 교훈

사도 바울의 구약 율법에 관한 이해는 예수님으로부터 받았다. 즉 바울 스스로 자의적 성경해석을 통해 그런 주장을 펼친 것이 아니라 하나님의 계시를 통해 교회 가운데 그 의미를 드러냈던 것이다.

바울이 활동하던 시기와 마찬가지로 예수님 당시에도 유대인들 가운데 율법주의자들이 많이 있었다. 그들은 율법을 지킴으로써 스스로 자신의 신앙을 확증하고자 했다. 그러나 그들 가운데는 율법 전체가 말하고 있는 예수 그리스도가 빠져 있었다. 이는 성경에서 말하고 있는 주된 내용이 그리스도라는 사실(요 5:39)을 알지 못하고 있었기 때문이다.

그들은 하나님께서 이땅에 보내시는 메시아를 통한 율법의 완성이 주는 의미가 아니라 저들의 행위를 통한 자신의 종교적 만족을 추구하고자 했다. 그런 잘못된 신앙적 사고를 가진 자들은 하나님께서 율법을 준수하는 자신의 행위를 정당한 것으로 인정하며 기뻐할 것으로 오해하고 있었다. 따라서 율법을 배경으로 한 저들의 열정적인 종교활동이 곧 하나님을 위한 삶인 양 믿었던 것이다.

예수님은 율법을 지켜 행하고자 하는 저들의 행위를 보고 그것이 하나님을 기쁘게 하는 것이 아니라 도리어 욕되게 하는 것임을 말씀하셨을 때 그들은 분노하지 않을 수 없었다. 그것으로 인해 유대인들은 예수님을 하나님의 율법을 어기는 범법자로 만들어 갔다. 그래서 예수님은 제자들에게 구약에 기록된 율법의 진정한 의미를 알려 주셨다.

> "내가 율법이나 선지자나 폐하러 온 줄로 생각지 말라 폐하러 온 것이 아니요 완전케 하려 함이로라 진실로 너희에게 이르노니 천지가 없어지기 전에는 율법의 일점일획이라도 반드시 없어지지 아니하고 다 이루리라"(마 5:17,18)

여기서 예수님은 율법과 자신의 관계에 대해 말씀하고 계신다. 이는 당시 많은 유대인들이 예수님과 그의 제자들이 율법을 어기며 모세를 경홀히 여기는 것으로 판단하고 있는 것에 대한 잘못된 주장을 바로잡는 역할을 하고 있다.

유대인 제사장과 서기관을 비롯한 지도자들은 율법을 지킴으로써 의로워진다고 생각했다. 그들은 그런 잘못된 율법주의적인 가르침을 모든 이스라엘 백성들에게 주입해 가르치며 따라 행하도록 요구했다. 그러한 의식을 가지고 있는 유대인들이 예수님을 보고 반 율법주의자로 내몰았던 것이다.

예수님은 제자들에게 자신과 율법의 의미상 일치성을 언급하셨다. 하나님의 아들인 자신이 곧 구약 율법이 의미하고 있는 결정체라는 것이다. 즉 율법의 모든 기록들이 메시아와 그의 강림에 초점이 맞추어져 있음을 말씀하셨던 것이다. 이제 인간의 몸을 입으신 그리스도께서 이땅에 오심으로써 구약의 모든 율법이 구체화되었다.

우리는 특히 천지가 없어지기 전에는 율법의 일점일획도 반드시 없어지지 않고 다 이루리라고 하신 주님의 말씀을 잘 이해해야 한다. 이는 율법이 예수 그리스도를 끝까지 증거하는 기능을 하게 됨을 의미하고 있다. 오늘 우리 시대 교회 가운데서도 율법은 일점일획도 없어지지 않고 여전히 예수 그리스도를 증거하고 있다. 그러므로 하나님의 나라가 완성될 때까지 율법은 그 기능을 지속하게 되는 것이다.

제4장
구약과 하나님의 은혜

(롬 3:1-31)

(로마서 3:1-31)

3:1 그런즉 유대인의 나음이 무엇이며 할례의 유익이 무엇이뇨

3:2 범사에 많으니 첫째는 저희가 하나님의 말씀을 맡았음이니라

3:3 어떤 자들이 믿지 아니하였으면 어찌하리요 그 믿지 아니함이 하나님의 미쁘심을 폐하겠느뇨

3:4 그럴 수 없느니라 사람은 다 거짓되되 오직 하나님은 참되시다 할지어다 기록된 바 주께서 주의 말씀에 의롭다 함을 얻으시고 판단 받으실 때에 이기려 하심이라 함과 같으니라

3:5 그러나 우리 불의가 하나님의 의를 드러나게 하면 무슨 말 하리요 내가 사람의 말하는 대로 말하노니 진노를 내리시는 하나님이 불의하시냐

3:6 결코 그렇지 아니하니라 만일 그러하면 하나님께서 어찌 세상을 심판하시리요

3:7 그러나 나의 거짓말로 하나님의 참되심이 더 풍성하여 그의 영광이 되었으면 어찌 나도 죄인처럼 심판을 받으리요

3:8 또는 그러면 선을 이루기 위하여 악을 행하자 하지 않겠느냐(어떤 이들이 이렇게 비방하여 우리가 이런 말을 한다고 하니) 저희가 정죄 받는 것이 옳으니라

3:9 그러면 어떠하뇨 우리는 나으뇨 결코 아니라 유대인이나 헬라인이나 다 죄 아래 있다고 우리가 이미 선언하였느니라

3:10 기록한 바 의인은 없나니 하나도 없으며

3:11 깨닫는 자도 없고 하나님을 찾는 자도 없고

3:12 다 치우쳐 한가지로 무익하게 되고 선을 행하는 자는 없나니 하나도 없도다

3:13 저희 목구멍은 열린 무덤이요 그 혀로는 속임을 베풀며 그 입술에는 독사의 독이 있고

3:14 그 입에는 저주와 악독이 가득하고

3:15 그 발은 피 흘리는 데 빠른지라

3:16 파멸과 고생이 그 길에 있어

3:17 평강의 길을 알지 못하였고

3:18 저희 눈 앞에 하나님을 두려워함이 없느니라 함과 같으니라

3:19 우리가 알거니와 무릇 율법이 말하는 바는 율법 아래 있는 자들에게 말하는 것이니 이는 모든 입을 막고 온 세상으로 하나님의 심판 아래 있게 하려 함이니라

3:20 그러므로 율법의 행위로 그의 앞에 의롭다 하심을 얻을 육체가 없나니 율법으로는 죄를 깨달음이니라

3:21 이제는 율법 외에 하나님의 한 의가 나타났으니 율법과 선지자들에게 증거를 받은 것이라

3:22 곧 예수 그리스도를 믿음으로 말미암아 모든 믿는 자에게 미치는 하나님의 의니 차별이 없느니라

3:23 모든 사람이 죄를 범하였으매 하나님의 영광에 이르지 못하더니

3:24 그리스도 예수 안에 있는 구속으로 말미암아 하나님의 은혜로 값없이 의롭다 하심을 얻은 자 되었느니라

3:25 이 예수를 하나님이 그의 피로 인하여 믿음으로 말미암는 화목제물로 세우셨으니 이는 하나님께서 길이 참으시는 중에 전에 지은 죄를 간과하심으로 자기의 의로우심을 나타내려 하심이니

3:26 곧 이 때에 자기의 의로우심을 나타내사 자기도 의로우시며 또한 예수 믿는 자를 의롭다 하려 하심이니라

3:27 그런즉 자랑할 데가 어디뇨 있을 수가 없느니라 무슨 법으로냐 행위로냐 아니라 오직 믿음의 법으로니라

3:28 그러므로 사람이 의롭다 하심을 얻는 것은 율법의 행위에 있지 않고 믿음으로 되는 줄 우리가 인정하노라

3:29 하나님은 홀로 유대인의 하나님뿐이시뇨 또 이방인의 하나님은 아니시뇨 진실로 이방인의 하나님도 되시느니라

3:30 할례자도 믿음으로 말미암아 또는 무할례자도 믿음으로 말미암아 의롭다 하실 하나님은 한 분이시니라

3:31 그런즉 우리가 믿음으로 말미암아 율법을 폐하느뇨 그럴 수 없느니라 도리어 율법을 굳게 세우느니라

제4장 _ 구약과 하나님의 은혜

(롬 3:1-31)

1. 유대인과 할례의 유익

사도 바울은 이스라엘 민족이 지닌 특별한 의미에 관한 설명을 하고 있다. 이스라엘 민족은 이 세상에 존재했던 어떤 민족들과도 분명히 구별된다. 세상에 있는 모든 민족들은 자연발생적 개념을 지니고 있다. 이 세상의 모든 종족과 민족들은 끊임없이 생겨났다가 없어지기도 하며, 상호 합해지거나 약한 종족이 강한 민족에 흡수 통합되기도 한다.

인간의 역사는 이렇듯이 다양한 민족들의 흥망성쇠를 되풀이하며 이어져 왔다. 이처럼 민족이란 역사적 필연성과 더불어 지역 및 정치적 상황에 따라 생성되는 것이 일반적이다. 즉 다양한 민족들의 생성과 소멸은 인위적이고 의도적인 경향성을 띠고 있을 뿐 아니라 역사적 상황과 지역적 특성에 따라 부침浮沈을 되풀이해 왔다.

하지만 과거와 현재 이 세상에 존재해 왔던 모든 민족들 가운데 이스라엘은 결코 비교될 수 없는 유일한 독특성을 지니고 있다. 이스라엘 민족은 자연적으로 생성된 것이 아닐 뿐더러 정치나 군사적 목적과 결과에 따라 세워진 것이 아니다. 그 민족은 하나님께서 특별한 목적을 이룩하기 위한 의도를 가지고 직접 조성하셨기 때문이다.

하나님께서는 아담과 셋으로부터 시작하여 노아와 셈을 통해 이어지는 구속사적 혈통13) 가운데서 갈대아 우르에 살고 있던 아브라함을 특별히 부르셨다(창 12:1,2). 하나님께서 갈대아 우르에 있는 아브라함을 부르신 것은 악한 세상과 대치하는 개념을 지닌 이스라엘 민족을 조성하기 위한 목적 때문이었다. 그 민족은 하나님의 거룩한 뜻을 이루기 위한 신령한 도구의 역할을 담당하게 된다.

> "여호와께서 아브람에게 이르시되 너는 너의 본토 친척 아비 집을 떠나 내가 네게 지시할 땅으로 가라 내가 너로 큰 민족을 이루고 네게 복을 주어 네 이름을 창대케 하리니 너는 복의 근원이 될지라"(창 12:1,2)

하나님께서는 아브라함을 악한 세상으로부터 분리시키고자 하셨다. 그러므로 원래 살고 있던 생활에 익숙한 갈대아 우르를 떠나도록 명령하셨다. 대신 그가 전혀 알지 못하는 지역 곧 하나님이 '지시하시는 땅'으로 가도록 요구하셨던 것이다.

하나님께서 아브라함을 부르신 목적은 그를 통해 자신을 위한 '큰 민족'을 조성하기 위해서였다. 하나님께서는 아브라함이 아담의 타락으로 인해 상실했던 진정한 '복의 근원'이 되게 하기를 원하셨다. 여기서 말하는 '복'은 이 세상에서 만족을 누리는 복이 아니다. 이는 하나님과의 관계회복을 위한 본질적인 복이다.

하나님께서는 천지를 창조하신 후 범죄하기 전의 아담에게 복을 약속하셨다(창 1:28). 이는 하나님과의 흠 없는 완벽한 관계를 의미하고 있다.

---

13) 하나님께서는 아브라함을 부르실 때 아무나 무작위로 부르신 것이 아니다. 하나님은 구속사적 혈통 가운데 있는 아브라함을 특별히 선택해 부르셨다. 이는 창세기 5:1-31과 11:10-26에 구체적으로 나타나고 있다.

그 복은 물론 예수 그리스도와 직접 연관되며 이스라엘 민족을 통해 하나님의 아들이신 그가 인간의 몸을 입고 이땅에 오시게 된다.

사도 바울은 로마서의 본문 가운데서 유대인들이 다른 민족과 상이한 특별한 이유를 할례와 더불어 말하고 있다. 유대인들이 선민으로서 하나님의 요청에 의해 할례를 받은 것은 다른 민족과 구별되는 의미를 지니고 있다. 즉 하나님께서 조성하신 특별한 민족과 자연 발생적으로 형성된 세상의 다른 민족들 사이에 할례를 통해 분명히 구별하셨던 것이다.

이스라엘 백성들이 받은 할례는 단순한 육체적 시술施術에 그치지 않는다. 그리고 이방 민족과 이방 종교들 가운데 존재하는 관습에 의한 할례와도 다르다. 유대인들의 할례는 하나님의 언약적 의미를 담고 있다. 이는 하나님께서 요구하시는 언약적 할례를 통해 이스라엘 민족을 구별하는 의미를 지니고 있는 것이다.

> "그런즉 유대인의 나음이 무엇이며 할례의 유익이 무엇이뇨 범사에 많으니 우선은 저희가 하나님의 말씀을 맡았음이니라"(롬 3:1,2)

하나님께서는 할례를 받은 아브라함의 자손들을 한 민족으로 조성해 저들에게 자신의 거룩한 말씀을 맡기셨다. 그것은 하나님께서 아브라함에게 약속하신 복(창 12:2)에 직접적으로 연관되어 있다. 역사상 이 세상에 존재해 온 숱한 종족과 민족들 가운데 특별히 하나님의 말씀을 맡은 언약적 민족은 유일하게 이스라엘 민족 밖에 없다.

사도 바울은 로마서에서 유대인들이 하나님의 말씀을 맡은 민족이라는 사실을 강조해 기술하고 있다. 이는 하나님의 뜻이 이스라엘 민족을 통해 구체적으로 드러났음을 말한다. 물론 그 가운데는 기록된 하나님의 계시를 포함하고 있다. 이스라엘 민족의 역사 가운데 하나님의 말씀과 그의 뜻이 분명하게 드러났던 것이다. 사도 바울은 유대인들이 가진 가장 중요한 유익은 바로 그점이라 말하고 있다.

이 말씀은 또한 신약시대의 교회와 직접 연관된다. 교회는 예수 그리스도로 말미암아 세례를 받은 성도들로 구성되어 있다. 그 교회는 곧 구약시대의 이스라엘 민족과 마찬가지로 신약시대의 말씀을 맡은 하나님의 신령한 공동체이다.

2. 하나님의 절대적인 의

하나님은 원천적으로 의로우신 분이다. 그의 의로운 성품은 결코 상대적이지 않으며 절대적이다. 그 성품은 다른 피조물들의 상태와 반응 여하에 따라 달리 변하거나 가감되지 않는다. 나아가 인간들이 가지는 종교적 태도와 반응 역시 하나님의 절대적인 의에 아무런 영향을 끼칠 수 없다.

인간들이 하나님을 믿고 섬김으로써 하나님의 의로운 성품이 더해지거나 악한 인간들이 그렇게 하지 않는다고 해서 하나님의 의로운 성품이 훼손되는 것이 아니다.[14] 성경은 그와 연관하여 '주님의 말씀에는 항상 의가 드러나고 심판의 때에 승리하게 되리라'(롬 3:4)고 증언하고 있다. 이는 하나님의 절대적인 의를 말하고 있는 것이다.

이에 반해 하나님을 배신한 인간들은 사탄의 지배아래 들어감으로써 본성적으로 거짓된 존재가 되어버렸다. 그리하여 전적으로 타락한 인간에게는 어떠한 의로움도 남아 있지 않다. 인간들의 이성과 경험에 따라

---

14) 하나님의 영광에 대해서도 이와 동일하게 이해되어야 한다. 인간들이 하나님을 얼마나 영화롭게 하느냐에 따라 하나님의 영광의 정도가 정해지는 것이 아니다. 설령 인간들이 전혀 영광을 돌리지 않는다 할지라도 하나님은 스스로 완벽하게 영화로운 분이시다.

스스로 선한 것으로 간주하는 윤리적인 행동은 하나님께서 인정하는 절대적인 선으로 볼 수 없다.

하지만 악한 인간들의 불의로 인해 하나님의 의가 더욱 분명히 드러나는 것은 사실이다(롬 3:5). 그것은 의로우신 하나님의 본질적 성품의 변화를 뜻하는 것이 아니라 의와 불의에 대한 비교적 성격을 의미한다. 그러므로 인간의 불의가 하나님의 의를 분명히 드러나게 한다고 해서 그것이 인간의 좋은 역할이라 할 수는 없다. 인간의 불의가 하나님의 의를 드러낼 수 있는 긍정적이며 훌륭한 역할을 한다고 말할 수 없는 것이다.

그렇게 되면 인간들은 자신의 의를 드러내 주는 자신에게 진노를 내리시며 세상을 심판하시는 하나님을 부당하다고 말할 것인가! 우리는 결코 그렇게 말할 수 없다. 하나님께서는 본성적으로 의로우신 분이기 때문에 불의에 가득찬 악한 죄인들을 용납하시지 않고 필히 심판하시게 된다.

타락한 인간들 가운데는 자신의 거짓됨으로 인해 하나님의 참되심이 더욱 분명하게 드러나기 때문에 도리어 그것을 통해 하나님께 영광을 돌리게 되는 것이 아니냐며 고집스런 주장을 하는 자들이 있다. 그들은 인간이 세상에 사는 동안 죄에 빠져 살아가는 것을 당연시하게 된다. 그런 자들은 자신의 죄악으로 인해 하나님의 의를 드러내는 자신이 하나님으로부터 죄인 취급받는 것을 부당한 것으로 여긴다. 이는 마치 ‘선을 이루기 위해 악을 행하자’ (롬 3:8)고 주장하는 이율배반적인 태도일 수밖에 없다.

하나님의 교회를 훼방하는 자들은 ‘인간의 죄’ 와 ‘하나님의 의’ 에 대한 사도들의 가르침을 그런 식으로 폄하하며 악한 선전을 하고 있다. 그런 인간들은 저들의 죄로 인해 마땅히 하나님의 엄중한 심판을 받을 수밖에 없다. 그들은 자기를 합리화하기 위해 어설픈 철학적 논리를 내세우는 사악한 자들이기 때문이다. 바울은 하나님의 의가 인간들의 죄와 상관없는 절대적인 의라는 사실을 강조하고 있다.

3. 인간의 불의

아담 이래 타락한 모든 인간들은 본성적으로 불의한 존재이다. 즉 인간이 나쁜 생각을 하고 악한 행위를 하기 때문에 불의한 것이 아니라 그 자체로 불의한 것이다. 그에 대해서는 어떤 예외적인 인물도 있을 수 없다. 연령이 너무 어려서 악한 것에 대한 아무런 사고능력과 행위능력이 없다고 해도 여전히 불의한 인간이다. 심지어는 아직 세상을 보지 못한 태중에 있는 아이조차도 불의한 존재일 수밖에 없다.

우리는 종종 어린아이들을 죄 없이 순수하다고 생각하는 경향이 있다. 어린아이들은 티 없이 맑고 깨끗한 것으로 착각하는 것이다. 그러나 우리는 그렇지 않다는 사실을 성경을 통해 잘 알고 있다. 모든 인간은 예외 없이 하나님 앞에서 더럽고 악한 죄인이므로 예수 그리스도를 통해 거듭나지 않고서는 결코 의로워질 수 없는 존재이다.

이 세상에 존재하고 있는 다양한 민족들에 있어서도 마찬가지다. 헬라인들을 비롯한 모든 이방 종족들뿐 아니라 하나님께서 특별히 택정해 세우신 유대인들 역시 전적으로 불의한 인간들이다. 다양한 종족에 속한 모든 인간들은 스스로는 결단코 빠져나올 수 없는 무서운 죄 아래 갇혀 살아가고 있는 것이다.

사도 바울은 또한 이에 대한 기록을 하면서 매우 중요한 언급을 하고 있다. 그것은 하나님의 교회에 속한 성도들이라 할지라도 본성적 인간으로서는 여전히 불의한 존재임을 선언하고 있다는 사실이다(롬 3:9). 인간으로 존재하는 모든 자들은 예외 없이 다 죄 아래 놓여 있으며 하나님 앞에서 불의한 존재이다. 이에 대해서는 구약성경이 이미 분명히 밝히고 있다. 사도 바울은 구약성경을 인용하며 그에 대한 가르침을 주고 있다.

> "기록한 바, '의인은 없나니 하나도 없으며 깨닫는 자도 없고 하나님을 찾는 자도 없고 다 치우쳐 한가지로 무익하게 되고 선을 행하는 자는 없나니 하나도 없도다 저희 목구멍은 열린 무덤이요 그 혀로는 속임을 베풀며 그 입술에는 독사의 독이 있고 그 입에는 저주와 악독이 가득하고 그 발은 피 흘리는데 빠른지라 파멸과 고생이 그 길에 있어 평강의 길을 알지 못하였고 저희 눈앞에 하나님을 두려워함이 없느니라' 함과 같으니라"(롬 3:11-18)

우리는 이 말씀을 매우 주의깊게 상고해야 한다. 이는 윤리와 도덕적으로 악하다고 판단되는 특별한 사람들에 대한 묘사가 아니라 이 세상의 모든 인간들에게 해당되는 보편적 의미를 지니고 있다. 즉 이에 대해서 제외될만한 예외적인 인간은 아무도 없다.

위의 본문은 '인간론'에 대한 총론이라 할 만한 내용들을 담고 있다. 인간의 존재를 알기 위해서는 이 말씀을 올바르게 이해하지 않으면 안 된다. 죄에 빠져 타락한 인간은 항상 자신을 오해하는 가운데 살아가는 이기적인 존재이기 때문이다.

성경은 인간들 가운데 의인은 단 한 사람도 없음을 명백히 밝히고 있다. 그럼에도 불구하고 스스로 상당한 의인이라 생각하는 자가 있는가 하면, 진지한 노력에 따라 어느 정도 의인이 될 수 있을 듯이 착각하는 자들도 많이 있다. 즉 인간의 삶에 대한 태도 여하에 따라 어느 정도 불의를 덜어버릴 수 있는 양 착각하고 있는 것이다. 인간들이 그렇게 생각한다는 것은 하나님을 배신한 자신의 불의를 전혀 깨닫지 못하고 있음을 증거한다.

인간의 또 다른 죄악된 본성 가운데 하나는 결코 참된 하나님을 찾지 않는다는 사실이다. 인간은 스스로 진정한 하나님을 찾으려고 하는 마음을 가질 수 없다.[15] 종교적으로 그렇게 하는 듯이 보이는 것은 죄된 인간의 욕구와 자신의 판단에 의한 종교적 추구일 뿐 참 하나님을 찾는 것과 그 성격이 다르다. 즉 하나님의 은혜를 동반하지 않은 상태에서 하나님을 찾는 사고 행위는 자기 세계 속에서 '조작된 하나님 만들기'[16]에 집착하는 것에 지나지 않는다.

이에 대해서는 하나님의 자녀가 된 인간들 역시 예외일 수 없다. 부르심을 입은 성도가 되어 있음에도 불구하고 우리는 여전히 자기가 원하는 하나님을 창조하기에 여념이 없다. 하나님의 기록된 말씀을 벗어나 인간적인 상상과 경험세계 가운데서 하나님을 찾는 것은 자기가 원하는 하나님을 만들어가는 과정일 따름이다. 죄악된 인간은 항상 성경이 말하는 참된 하나님이 아니라 자기가 원하는 신을 만들어가기에 급급한 존재라는 사실을 기억하지 않으면 안 된다.

나아가 인간은 본성적으로 참된 선善을 행할 수 있는 존재가 되지 못한다. 그러므로 성경은 선을 행하는 자가 단 한 사람도 없음을 밝히고 있다(롬 3:10). 그럼에도 불구하고 인간들은 자기의 이성과 경험에 의한 판단에 따라 나름대로 윤리적인 선한 행위를 하려고 한다. 그러나 그것은 진정한 선이 아니라 불의한 인간의 '욕망 추구'에 지나지 않는다. 인간은 자신이 판단하는 선행을 행하면서 그것에 의미를 부여하며 그것을 통해 삶의 위안을 받기를 즐겨한다.

---

15) 이 세상에는 무수히 많은 종교들이 있어 왔다. 불교, 힌두교, 유교, 이슬람교 등 다양한 종교의 구도자들은 나름대로 진리를 찾기 위해 진지한 수행을 한다. 그리고 참된 신을 찾아 그에게 가까이 나아가고자 노력을 하고 있다. 그러나 죄에 빠진 인간들은 결코 스스로 진리를 발견할 수 없으며 참된 하나님을 찾으려고 하는 마음조차 가질 수 없다.

16) 죄에 빠진 인간들은 항상 진정한 하나님이 아니라 자기의 취향에 맞는 종교적인 신을 찾는다. 그것이 여의치 않다는 사실을 깨닫게 되면 다음 단계로 기존에 존재하는 관념상의 신을 끊임없이 조작하기 시작한다. 결코 그러지 말아야 할 기독교인들조차도 성경에 계시된 하나님을 자신의 구미에 맞는 신으로 조작하기를 쉬지 않는 것이 현실이다.

하나님의 자녀들 역시 이와 다르지 않다. 하나님을 알고 믿는 자라고 해서 인간적인 판단과 능력으로써 어떤 선을 행할 수 없다. 단지 거룩하신 하나님께서 성도들 가운데 역사하실 때 성령 하나님에 의해 진정한 선이 발생할 따름이다. 그러므로 그것은 결코 인간의 개인적인 공로나 자랑거리가 될 수 없는 것이다.

하나님으로 말미암은 진정한 선을 알지 못하는 어떤 유대인이 예수님께 나아와 영생에 관한 질문을 했다. 그는 예수님이 그에 대해 무언가 답변해 줄 것이라 생각하고 있었다. 그래서 그는 예수님을 '선한 선생님'으로 불렀다. 하지만 예수님은 그가 '선'에 대해 아무것도 알지 못하고 있음을 지적하셨다.

> "어떤 관원이 물어 가로되 선한 선생님이여 내가 무엇을 하여야 영생을 얻으리이까 예수께서 이르시되 네가 어찌하여 나를 선하다 일컫느냐 하나님 한 분 외에는 선한 이가 없느니라"(눅 18:18,19)

예수님은 자기를 찾아와 질문을 하는 그의 신앙을 높이 평가한 것이 아니라 도리어 책망하며 꾸짖으셨다. 이는 그가 영생을 얻고자 하는 자신의 욕망을 채우기 위해 예수님을 찾아왔을 뿐 진정한 복음에 대한 관심이 없었기 때문이다.

죄악에 가득찬 인간은 그 자체로서 욕망의 덩어리이다. 사도 바울은 인간의 목구멍을 '열린 무덤'(open grave)으로 표현하고 있다. 무덤은 죽은 자의 시체를 놓아두는 특별한 공간이다. 열린 무덤이란 죽은 시체를 받아들이는 장소를 의미한다. 이땅에 살아있는 사람이 무덤에 들어가게 될 리는 만무하다.

바울이 인간의 목구멍을 열린 무덤이라고 묘사한 것은 그 목구멍을 통해 죽은 시체들이 한 없이 들어간다는 점을 상징적으로 말하고 있다. 즉 더러운 죄로 인해 타락한 인간은 죽은 시체와 같은 세상의 부패하고 썩은 것들을 끊임없이 흡수해가고 있는 것이다.

이는 인간들의 추악한 욕망은 끝이 없음을 잘 말해주고 있다. 인간의 사악한 욕망을 통해 저들의 삶 속에 들어가는 것은 썩은 시체와 같이 더러운 것들 밖에 없다. 죄에 빠진 인간들은 그것도 모르는 채 더러운 욕망을 추구하기에 급급하다. 나아가 욕망을 충족하는 정도에 따라 자신의 삶에 대한 만족감을 느끼며 나름대로 의미를 부여한다. 이는 인간이 스스로 적극적으로 죽음의 길을 재촉하고 있는 존재라는 사실을 보여주고 있다.

나아가 타락한 인간들은 끊임없이 남을 속이며 자기를 위해 모든 변명을 아끼지 않는 존재이다. 인간의 입술은 사람을 죽이는 독사의 독을 머금고 있다. 저들의 입에는 저주와 악독이 가득하다. 여기서 말하는 저주와 악독이란 단순한 윤리적인 것을 말하는 것이 아니라 진리를 벗어난 인간의 본성을 의미하고 있다. 그러므로 인간들끼리 '하나님의 말씀 없이' 서로 간 위로하고 격려하며 살아가는 것 가운데도 실상은 무서운 독이 들어 있는 것이다.

그런 사악한 본성을 지닌 인간들은 자신의 목적을 이룩하기 위해 온갖 수단과 방법을 가리지 않는다. 따라서 바울은 죄된 인간들의 발은 피 흘리는 데 빠르다는 사실을 언급하고 있다(롬 3:15). 이는 자기의 목적과 욕망을 채우기 위해서 무자비하게 남을 짓밟는 것에 대한 표현이다. 이것은 특정 부류의 사람들이 지니고 있는 악한 습성을 일컫는 것이 아니라, 타락한 모든 인간들의 자기중심적이며 이기적인 삶이 예외 없이 그렇다는 것이다.

악한 인간들의 이러한 습성의 결과는 영원한 파멸과 비참한 심판을 초래한다. 그들은 하나님께서 예비하고 계시는 참된 평강의 길에 대해서는 무지하다. 그러므로 저들의 눈에는 하나님을 진정으로 두려워하는 자세가 전혀 보이지 않는다. 인간의 이러한 모습은 죄로 인해 타락한 모든 인간들이 가지고 있는 본성에 따른 것이다.

4. 율법과 죄

이스라엘 왕국 가운데는 하나님께서 계시하신 특별한 율법이 존재하고 있었다. 그것은 인간들의 합의에 의해 제정된 것이 아니며 최고 통치자인 왕이 단독으로 제정한 것도 아니다. 이스라엘 민족의 율법은 하나님께서 직접 제정하신 신령한 법이다.

그러므로 그 율법은 단순히 시민들의 질서유지를 위한 것이 아니며 국가를 지탱하기 위한 수단도 아니었다. 물론 그런 성격을 어느 정도 담고 있다고 할지라도 그 법의 궁극적인 목적은 이땅에서 하나님의 거룩한 뜻을 이루어가기 위한 방편으로 주어진 것이다.

구약성경의 율법은 이스라엘 백성들이 날마다의 일상적인 삶 가운데 구체적으로 적용하도록 주어졌다. 하나님의 율법을 준수한다는 것은 거룩한 하나님의 뜻에 조화되는 삶은 산다는 의미를 지니고 있다. 그러므로 그 율법은 단순한 상징이 아니라 실제적이어야 한다. 그것은 순간순간마다 확인되고 적용되어야 했던 것이다.

하나님의 율법은 그 자체로서 완벽하다. 따라서 죄악에 가득 찬 인간이 그 법을 온전히 지킨다는 것은 불가능한 일이다. 그럼에도 불구하고 모든 이스라엘 백성들은 하나님께서 주신 그 법테두리 안에 들어와 있었다. 그러나 하나님의 거룩한 법테두리 안에 들어와 있으면서도 그것을 온전히 지키지 못한다는 사실은 하나님으로부터 죄에 대한 심판을 받을 수밖에 없음을 의미하고 있다.

하나님께서는 율법을 통해 이스라엘 민족 뿐 아니라 온 세상이 하나님의 무서운 심판아래 놓여있음을 깨닫게 하고자 하셨다. 하나님의 율법은 이 세상에 존재하는 모든 인간들과 모든 왕국에 대해 실제적인 효력을 가지고 있다. 이방인들을 포함한 모든 인간들은 하나님의 율법에 비추어 보아 죄의 본질을 확인하게 되는 것이다.

또한 사도 바울은 하나님으로부터 율법이 주어진 것이 인간들로 하여금 죄를 깨닫는 은혜를 베풀기 위해서였다고 말한다. 인간은 결코 자신의 종교적 행동으로 말미암아 하나님 앞에 의롭다함을 받을 수 있는 존재가 아니다.

> "그러므로 율법의 행위로 그의 앞에 의롭다 하심을 얻을 육체가 없나니 율법으로는 죄를 깨달음이니라"(롬 3:20)

그렇다면 하나님께서는 이스라엘 백성들이 그 율법을 어떻게 저들의 삶에 적용하기를 원하셨는가? 우리가 본질적으로 깨달아야 할 바는 하나님의 거룩한 율법을 타락한 인간 스스로는 도저히 지킬 수 없다는 사실이다. 즉 인간은 하나님의 율법을 지킴으로써 의로워지고자 노력하는 존재가 아니다. 도리어 악한 인간으로서는 그 법을 도저히 지킬 수 없으므로 하나님께서 베푸시는 크신 은혜를 기다려야 했다.

그 은혜는 하나님께서 아담이 타락한 이후에 구체적으로 언약하신 메시아 곧 '여자의 후손'(창 3:15)과 직접 연관된다. 죄된 인간들은 스스로 도저히 지킬 수 없는 율법을 하나님께서 보내신 메시아를 통해 해결해야 한다. 하나님의 율법을 가진 이스라엘 백성들은 바로 그점을 분명히 깨달아야만 했다.

기록된 하나님의 율법 없이는 아무도 죄를 진정으로 깨달을 수 없다. 율법 없이 깨닫는 죄에 연관된 것들은 윤리적 의미를 지니게 될 뿐 진리와는 아무런 상관이 없다. 하나님의 율법으로 말미암아 깨닫게 되는 죄는 하나님께 저항하는 인간 본성의 죄를 알게 한다. 성경에서 말하는 죄란 바로 그 죄를 의미하고 있는 것이다.

사도 바울은 그 율법으로 말미암는 무서운 정죄를 해결하기 위해 '하나님의 의'(the righteousness of God)가 나타났음을 말하고 있다(롬 3:21). 그 의는 율법과 선지자들에 의해 구속사 가운데 끊임없이 증거되어 왔다. 이는 예수 그리스도를 믿음으로 말미암아 모든 믿는 자들에게 미치는 하나님의 의를 말한다. 바울이 말하고 있는 그 '의'는 인간들의 외모와 형편에 따라 차별을 두는 것이 아니라 오직 하나님의 영원한 뜻으로 말미암는 것이다.

그러므로 신약시대의 교회 역시 구약시대와 마찬가지로 하나님의 법 테두리 안에 존재해야 한다. 교회와 그에 속한 성도들은 하나님의 뜻을 벗어난 인위적인 종교적 욕망을 추구하려 해서는 안 된다. 교회는 항상 계시된 말씀의 테두리 안에서 먼저 그의 나라와 의를 추구하는 일에 최선을 다할 수 있을 따름이다.

5. 하나님께서 허락하신 믿음으로 말미암는 의

타락한 인간은 스스로 하나님의 거룩한 의를 추구하거나 쟁취할 수 없는 존재이다. 인간이 의로워지기 위해서는 하나님의 절대적인 은혜를 요구한다. 즉 하나님께서 허락하시는 은혜가 없이는 결코 불의한 인간이 의로워질 수 없다. 인간들이 하나님의 율법을 통해 깨달아야 할 가장 중요한 것이 바로 그점이다.

죄에 빠진 인간들은 하나님으로부터 완전히 떠났다. 그것은 하나님의 영광으로부터 인간이 완전히 단절된 상태에 놓여 있음을 말해주고 있다. 물론 여기서 말하는 하나님의 영광이란 인간의 경험상 이해하는 영광과 비교될 수 있는 성질의 것이 아니다.

> "모든 사람이 죄를 범하였으매 하나님의 영광에 이르지 못하더니 그리스도 예수 안에 있는 구속으로 말미암아 하나님의 은혜로 값 없이 의

롭다 하심을 얻은 자 되었느니라"(롬 3:23)

타락한 모든 인간들에게는 저주와 심판으로 인한 처참한 상태가 남아 있을 따름이다. 하지만 언약에 신실하신 하나님께서는 창세전에 택하신 자기 자녀들을 영원한 멸망 가운데 방치하지 않으신다. 그는 택한 자녀들로 하여금 자신의 무궁한 영광에 이르도록 은혜를 베푸시기로 작정하셨던 것이다.

그것을 위해 하나님께서는 이땅에 약속하신 그리스도 예수를 보내셨다. 범죄한 인간에 대한 구원은 오직 예수 그리스도 안에 존재한다. 그리스도 밖에서는 저주가 있을 뿐 결코 영원한 구원이 있을 수 없다. 그러므로 세상에 존재하는 자기 자녀들을 인간의 몸을 입은 예수 그리스도 안으로 불러 의로운 자로 인정해 주셨다.

여기에는 우리가 결코 간과하지 말아야 할 중요한 사실이 있다. 그것은 하나님께서 자기 자녀들에게 값없이 베푸신 은혜에 관한 문제이다. 우리에게 값없는 은혜가 허락된 것은 단순한 언어적 선포에 근거하는 것이 아니라 하나님께서 그에 상응하는 엄청난 값을 대신 치렀기 때문이다. 사망에 빠져 허덕이는 자기 백성들을 구원하시기 위해 하나님께서는 자신의 독생자를 대신 죽게 하는 엄청난 대가를 치르셨던 것이다.

따라서 예수 그리스도께서 이 세상에 오신 주된 목적은 '하나님의 거룩한 어린양'이 되시기 위해서였다. 이는 구약성경에서 그림자로서 행해진 성전 제사를 통해 지속되었던 상징적 사역을 구체적으로 실현하시기 위해 하나님의 아들이 친히 인간의 몸을 입고 오신 것이다. 이에 대해서는 세례자 요한이 분명히 말하고 있다.

"요한이 예수께서 자기에게 나아오심을 보고 가로되 보라 세상 죄를 지고 가는 하나님의 어린 양이로다"(요1:29)

　예수께서 인간의 몸을 입고 이땅에 오신 주된 목적은 하나님의 어린 양이 되어 하나님을 위한 화목제물和睦祭物이 되기 위해서였다. 그가 십자가에 달려 죽음으로써 하나님을 위한 거룩한 제물이 되어 성전에 바쳐지게 되었다. 예수님은 십자가에 달려 가시면류관을 쓰고 날카로운 창에 찔려 고통 중에 돌아가셨다. 그는 십자가 위에서 물과 피를 흘리셨으나 그의 뼈는 부러뜨려지지 않았다(요 19:34-36; 시22:17; 34:20).

　이를 통해서 우리가 깨달아야 할 점은 예수께서 십자가 위에서 스스로 하나님을 위한 화목제물이 되어 바쳐졌다는 사실이다. 그것으로써 하나님의 진노가 풀리게 되어 자기 자녀들을 용납하시게 되었다. 하나님께서 완벽한 희생 제물이신 예수 그리스도의 몸을 받으시고 범죄한 자기 자녀들과 화해의 은혜를 베푸셨던 것이다.

　우리는 여기서 범죄한 인간들의 종교적 제사행위와 윤리적인 선행으로 인해 하나님께서 진노를 푸신 것이 아니라는 사실을 알아야 한다. 죄에 물든 인간의 어떠한 종교적인 노력도 하나님의 진노를 풀지 못한다. 하나님께서는 자신의 거룩한 작정과 섭리에 따라 영원한 어린 양이신 예수 그리스도를 제물로 받으심으로써 타락한 자기 자녀들을 용서하고 저들과 화목을 이룩하셨던 것이다.

　하나님께서는 예수님의 십자가 사역을 통해 화목제물을 받으시고 자기 백성들의 그 전에 지은 모든 죄들을 간과하시게 되었다. 거기에는 자신의 의로우심을 나타내시고자 하는 하나님의 놀라운 뜻이 담겨 있다. 즉 하나님께서는 십자가에 달리신 예수님을 화목제물로 받아들여 자기 자녀들의 죄를 용서하심으로써 자신의 의로우심을 드러내셨다.

　이는 예수 그리스도를 통해 나타나는 하나님의 의가 구원에 참여하게 될 성도들의 의를 인정하는 필연적 과정이 된다. 이렇게 하여 하나님의 자녀들은 예수 그리스도로 말미암아 의로운 존재로 인정받아 영원한 삶을 누리게 된 것이다.

그러므로 하나님의 백성들은 자신이 의롭게 된 사실에 대해 스스로 자랑할 만한 것이 아무것도 없다. 그것은 전적인 하나님의 무한한 은혜로 말미암은 것이기 때문이다. 즉 우리가 의롭게 된 것은 하나님의 율법을 준수했기 때문이 아니며 하나님을 위한 특별한 종교적인 선행을 했기 때문이 아니다.

그것은 인간으로서는 도저히 상상조차 할 수 없는 엄청난 대가를 치르신 하나님으로부터 아무런 값없이 선물로 받은 믿음으로 인한 것이다. 사도 바울은 로마에 있는 성도들에게 쓴 편지 가운데서 그와 연관된 사실을 분명히 말하고 있다.

> "그러므로 사람이 의롭다 하심을 얻는 것은 율법의 행위에 있지 않고 믿음으로 되는 줄 우리가 인정하노라"(롬 3:28)

바울은 하나님의 자녀들이 의로운 자로 인정된 것은 율법의 행위에 있지 않음을 강조하고 있다. 여기서 말하는 율법의 행위란 인간으로부터 발생하는 모든 선행들을 포함한다. 그런 것들을 통해서는 결코 죄인이 의롭다고 하는 인정을 받지 못한다.

그런데 우리가 여기서 간과하지 말아야 할 점은 그것이 신체적 행위뿐 아니라 정신적 행위까지 포함하고 있다는 사실이다. 즉 하나님과 그의 모든 것을 믿어야겠다고 하는 종교적인 의지가 인간을 의롭게 하지 않는다. 성경이 말하는 믿음이란 인간들의 판단력에 의한 종교적 결단으로서의 믿음이 아니라 하나님께서 엄청난 대가를 치르고 값없이 주시는 선물로서의 믿음을 의미하고 있다.

유대인이라고 해서 이방인들보다 더 자랑할 만한 것이 아무것도 없다. 하나님은 유대인들을 위한 하나님이 아니라 이방 지역 가운데 살고 있는 백성들을 포함한 선택된 모든 자녀들의 하나님이기 때문이다. 따라서 할례와 무할례의 차이가 있지 않으며, 하나님께서 허락하시는 선물인 믿음으로 말미암아 의로운 자로 인정받게 된다.

그렇다고 해서 유대인들에게 주신 하나님의 율법이 무용無用한 것은 아니다. 하나님께서 주신 선물인 믿음이 구약의 율법을 폐하지는 않는다. 도리어 참된 믿음은 하나님의 율법의 의미를 더욱 굳게 세우게 된다(롬 3:31). 그러므로 우리는 하나님께서 계시하신 모든 진리의 말씀을 교회의 절대적인 표준으로 삼고 있는 것이다.

제5장
아브라함의 믿음

(롬 4:1-25)

(로마서 4:1-25)

4:1 그런즉 육신으로 우리 조상된 아브라함이 무엇을 얻었다 하리요

4:2 만일 아브라함이 행위로써 의롭다 하심을 얻었으면 자랑할 것이 있으려니와 하나님 앞에서는 없느니라

4:3 성경이 무엇을 말하느뇨 아브라함이 하나님을 믿으매 이것이 저에게 의로 여기신바 되었느니라

4:4 일하는 자에게는 그 삯을 은혜로 여기지 아니하고 빚으로 여기거니와

4:5 일을 아니할지라도 경건치 아니한 자를 의롭다 하시는 이를 믿는 자에게는 그의 믿음을 의로 여기시나니

4:6 일한 것이 없이 하나님께 의로 여기심을 받는 사람의 행복에 대하여 다윗의 말한 바

4:7 그 불법을 사하심을 받고 그 죄를 가리우심을 받는 자는 복이 있고

4:8 주께서 그 죄를 인정치 아니하실 사람은 복이 있도다 함과 같으니라

4:9 그런즉 이 행복이 할례자에게뇨 혹 무할례자에게도뇨 대저 우리가 말하기를 아브라함에게는 그 믿음을 의로 여기셨다 하노라

4:10 그런즉 이를 어떻게 여기셨느뇨 할례시냐 무할례시냐 할례시가 아니라 무할례시니라

4:11 저가 할례의 표를 받은 것은 무할례시에 믿음으로 된 의를 인친 것이니 이는 무할례자로서 믿는 모든 자의 조상이 되어 저희로 의로 여기심을 얻게 하려 하심이라

4:12 또한 할례자의 조상이 되었나니 곧 할례 받을 자에게뿐 아니라 우리 조상 아브라함의 무할례시에 가졌던 믿음의 자취를 좇는 자들에게도니라

4:13 아브라함이나 그 후손에게 세상의 후사가 되리라고 하신 언약은 율법으로 말미암은 것이 아니요 오직 믿음의 의로 말미암은 것이니라

4:14 만일 율법에 속한 자들이 후사이면 믿음은 헛것이 되고 약속은 폐하여졌느니라

4:15 율법은 진노를 이루게 하나니 율법이 없는 곳에는 범함도 없느니라

4:16 그러므로 후사가 되는 이것이 은혜에 속하기 위하여 믿음으로 되나니 이는 그 약속을 그 모든 후손에게 굳게 하려 하심이라 율법에 속한 자에게뿐 아니라 아브라함의 믿음에 속한 자에게도니 아브라함은 하나님 앞에서 우리 모든 사람의 조상이라

4:17 기록된바 내가 너를 많은 민족의 조상으로 세웠다 하심과 같으니 그의 믿은 바 하나님은 죽은 자를 살리시며 없는 것을 있는 것같이 부르시는 이시니라

4:18 아브라함이 바랄 수 없는 중에 바라고 믿었으니 이는 네 후손이 이같으리라 하신 말씀대로 많은 민족의 조상이 되게 하려 하심을 인함이라

4:19 그가 백 세나 되어 자기 몸의 죽은 것 같음과 사라의 태의 죽은 것 같음을 알고도 믿음이 약하여지지 아니하고

4:20 믿음이 없어 하나님의 약속을 의심치 않고 믿음에 견고하여져서 하나님께 영광을 돌리며

4:21 약속하신 그것을 또한 능히 이루실 줄을 확신하였으니

4:22 그러므로 이것을 저에게 의로 여기셨느니라

4:23 저에게 의로 여기셨다 기록된 것은 아브라함만 위한 것이 아니요

4:24 의로 여기심을 받을 우리도 위함이니 곧 예수 우리 주를 죽은 자 가운데서 살리신 이를 믿는 자니라

4:25 예수는 우리 범죄함을 위하여 내어줌이 되고 또한 우리를 의롭다 하심을 위하여 살아나셨느니라

제5장 _ 아브라함의 믿음

(롬 4:1-25)

1. 아브라함의 믿음과 의가 가지는 의미

아브라함은 '믿음의 조상'으로 일컬어진다. 그가 믿음의 조상인 것은 단순히 그의 믿는 정신적 행위行爲가 다른 사람들에 비해 탁월했기 때문이 아니다. 그의 믿음이 순전한 믿음이기는 했으나 자신의 인간적인 결단에 의한 것이 아니라 하나님의 선물을 온전히 붙잡은 결과로써 얻은 믿음이다.

아브라함이 하나님으로부터 의로운 자로 인정받은 것은 그의 종교적인 행위 때문이 아니었다. 만일 그가 훌륭한 종교적 행위를 했기 때문에 의로운 자로 인정받았다면 그에게 나름대로 자랑할 만한 내용이 존재한다. 그것이 설령 하나님의 말씀에 순종하는 신앙적 행위라 할지라도 마찬가지다.

우리가 여기서 분명히 기억해야 할 중요한 내용은 하나님으로부터 의로운 자로 인정받는 사실과 하나님께 순종하는 성도의 삶은 분리하여 이해되어야 한다는 것이다. 즉 하나님께 순종했기 때문에 의로운 자로 인정받는 것이 아니라 의로운 자로 인정받은 자의 삶의 결과로써 순종이 자연스럽게 따르게 된다.

사도 바울은 로마서의 본문 가운데서 그점을 강조하여 말하고 있다. 바울은 아브라함에게 있어서 행위로써 자랑할 만한 것이 전혀 없다는 사실을 분명히 밝히고 있다. 그것은 믿음의 조상 아브라함에 대한 언급으로서 매우 중요한 의미를 지닌다. 바울이 자신의 부족한 행위를 두고 말하는 것이 아니라 감히 믿음의 조상 아브라함의 행위를 두고 말하고 있기 때문이다.

> "만일 아브라함이 행위로써 의롭다 하심을 얻었으면 자랑할 것이 있으려니와 하나님 앞에서는 없느니라"(롬 4:2)

이 말은 경우에 따라서는 매우 주제넘게 들릴 수도 있다. 그것이 마치 아브라함의 행위를 폄하하는 듯이 오해할 수도 있기 때문이다. 지금도 마찬가지지만 당시 유대인들은 아브라함을 거의 절대적인 인물로 생각했다. 그런데 사도 바울은 아브라함을 언급하며, 그의 행위 가운데는 자랑할 만한 것이 아무것도 없음을 말했다. 오늘날 우리의 신앙이 성숙해 간다고 말할 때 그 가운데는 하나님 앞에서 전혀 자랑거리가 있을 수 없는 인간에 대한 깨달음의 의미를 포함한다.

바울은 이에 관한 설명을 하는 과정에서 남을 위해 일하는 노동자를 예로 들고 있다. 어떤 사람이 일을 해주고 삯을 받는다면 그것은 정당한 대가일 뿐 은혜가 아니라는 것이다. 누군가를 위해 아무런 일을 해주지 않고도 그로부터 값없이 그냥 받는 것이 은혜이다. 이처럼 하나님께서 아브라함을 의롭게 여긴 것도 그의 종교적인 행위 때문이 아니라 하나님께서 허락하신 은혜로 인해 소유한 그의 믿음으로 말미암은 것이다.

이에 대해서는 오늘날 우리에게도 동일하게 적용된다. 우리가 의로운 자로 인정받은 것은 우리 자신의 신앙적 결단이나 행위 때문이 아니라 전적인 하나님의 은혜로 말미암아 예수 그리스도 안에 존재하기 때문이다. 이는 인간들의 종교적 신념에 따른 것이 아닌 하나님으로부터 선물로 주어진 순전한 믿음에 근거한다.

이에 반해 타락한 인간은 본질상 참다운 은혜를 베풀 수 없는 이기적인 존재이다. 외견상 타인에게 은혜를 베푸는 듯이 보이는 인간들의 행위는 나름대로의 '조건'에 배경을 두고 있다. 이는 행동이나 물량적인 것뿐 아니라 '인간관계'에 있어서도 마찬가지다. 그럴만한 심성이 작용하도록 하는 '조건'에 변화가 생기면 인간들의 은혜는 언제든지 다른 형태로 변질될 수밖에 없다. 이를 통해 유리가 깨달아야 할 바는 오직 하나님 한분만 진정한 은혜를 베풀 수 있는 분이라는 사실이다.

2. 다윗의 고백에 관한 기록

사도 바울은 아브라함의 의에 관한 기록을 하면서 다윗의 고백을 예로 들고 있다. 이는 비록 아브라함과 다윗 뿐 아니라 모든 성도들에게 적용된다. 또한 구약시대와 신약시대의 모든 믿음의 선배들이 동일하게 고백하는 내용이다.

다윗은, 하나님으로부터 의롭다고 인정받는 것은 인간의 노력 때문이 아님을 명백히 밝히고 있다. 즉 그것을 위해 열심히 노력하거나 행한 일이 아무 것도 없음에도 불구하고 의로운 자로 칭함을 받는 성도가 복된 자임을 선포했던 것이다.

> "일한 것이 없이 하나님께 의로 여기심을 받는 사람의 행복17)에 대하여 다윗의 말한 바 '그 불법을 사하심을 받고 그 죄를 가리우심을 받는 자는 복이 있고 주께서 그 죄를 인정치 아니하실 사람은 복이 있도다' 함과 같으니라"(롬 4:6-8)

---

17) 한글 개역성경에서 사용된 '행복'이란 올바른 번역이 아니다. 행복(happiness)은 인간들이 삶 가운데 누리는 만족감에 연관되는 의미를 지닌다. 그러나 본문에서 말하고 있는 복(blessedness)은 하나님께서 자기 자녀들에게 베푸신 영원한 복에 연관되는 의미를 지니고 있다.

인간의 진정한 복은 과연 무엇인가? 이 세상에서 남부럽지 않고 성공적으로 보이는 삶을 누리는 것이 복된 것인가? 나아가 종교적인 관점에서 많은 사람들로부터 인정받는 자가 복이 있는 사람인가?

성경은 세상에서 인간들이 누릴 수 있는 그런 것들을 두고 복이라 말하지 않는다. 하나님을 알지 못하는 사람들 가운데서도 이 세상에서 나름대로 성공한 사람들이 많이 있다. 그리고 온전한 신앙을 가진 것이 아님에도 불구하고 많은 사람들로부터 종교적인 인정과 칭찬을 받은 자들은 부지기수不知其數로 많다.

하지만 그런 것들은 하나님께서 인정하실 만한 궁극적인 의미를 지니지 않는다. 진정으로 복이 있는 자는 근본적인 죄를 용서받아 하나님으로부터 의로운 자로 인정받는 사람이다. 더러운 죄로 인해 완전히 부패한 인간이 거룩한 하나님으로부터 의로운 자로 칭함을 받는 것보다 더 큰 복은 있을 수 없다. 이는 거룩한 하나님과 온전한 교제를 회복하게 되었음을 의미하고 있기 때문이다.

다윗은 그의 시편에서 이와 관련된 것에 대한 심중의 노래를 하고 있다. 세상에서 큰 권력을 누리는 자나 재물이 부유한 자, 신체적으로 건강한 자가 복이 있는 것이 아니다. 하나님을 전혀 알지 못하는 불신자들 가운데도 그런 것들을 풍족히 소유함으로써 세상의 행운을 누리는 자들이 얼마든지 많이 있다. 다윗은, 진정으로 복이 있는 사람은 그런 자들이 아니라 하나님으로부터 죄를 용서받은 성도들임을 노래한다.

> "허물의 사함을 얻고 그 죄의 가리움을 받은 자는 복이 있도다 마음에 간사가 없고 여호와께 정죄를 당치 않은 자는 복이 있도다"(시 32:1,2)

아담이 사탄으로 말미암아 타락한 이래 태어난 모든 인간들은 본성적으로 하나님을 욕되게 한 죄인들이다. 그들은 자신이 소유한 인간의 죄로 인해 하나님의 심판과 정죄를 피할 수 없다. 그러나 하나님의 자녀들은 예수 그리스도를 통해 영원한 구원을 받게 된다. 그의 십자가 사역이 선택받은 자녀들의 죄를 용서하고 가리게 되는 것이다. 그에 관한 복음이 모든 성도들에게 믿음의 선물로 주어졌다.

그리하여 우리는 하나님께서 허락하신 믿음으로 말미암아 의롭다고 인정받게 되었다. 우리는 죄에 대한 아무런 대가를 치루지 않은 채 하나님의 크신 은혜를 입은 것이다. 하지만 하나님께서는 우리에게 의를 위한 믿음의 선물을 공짜로 주시기 위해 자신의 사랑하시는 독생자 예수 그리스도를 끔찍한 십자가의 죽음에 내어 주셨다. 그것은 인간의 죄를 해결하기 위한 엄청난 대가의 지불이다. 우리를 위한 하나님의 놀라운 사랑이 예수 그리스도의 십자가 위에서 온전히 드러나게 된 것이다.

3. 아브라함과 할례의 의미

바울은 '아브라함의 할례'에 관한 의미를 기술하고 있다. 이는 물론 하나님께서 허락하신 의와 아브라함의 믿음을 설명하기 위해서였다. 하나님께서는 아브라함에게 자신이 준 언약을 지키도록 명령하셨다. 나아가 아브라함 자신 뿐 아니라 그의 후손들도 대대로 그것을 지켜야 한다고 말씀하셨다.

하나님께서는 또한 아브라함과 그의 모든 후손들이 할례를 받아야 한다는 사실을 언급하셨다. 그것은 단순한 요구가 아니라 이스라엘 민족을 위한 언약적 명령이었다. 할례는 이스라엘 자손의 집안에 속한 모든 남자들의 육체에 마땅히 있어야만 할 흔적이다.

"하나님이 또 아브라함에게 이르시되 그런즉 너는 내 언약을 지키고 네 후손도 대대로 지키라 너희 중 남자는 다 할례를 받으라 이것이 나와 너희와 너희 후손 사이에 지킬 내 언약이니라 너희는 양피를 베어라 이것이 나와 너희 사이의 언약의 표징이니라"(창 17:9-11)

이스라엘 백성들은 할례를 통해 아브라함에게 허락하신 하나님의 언약을 기억하며 그가 가졌던 믿음을 마음속에 새겼다. 할례는 하나님께서 아브라함과 특별히 맺은 언약의 표징이다. 그것은 하나님의 아들 예수 그리스도께서 이땅에 오실 때까지 이스라엘 민족 가운데 철저하게 행해졌다.

이스라엘 백성에게 하나님의 거룩한 율법이 주어진 것은 이방의 애굽을 탈출하여 시내산에 이르렀을 때였다. 이는 그 전에는 성문화된 하나님의 율법이 존재하지 않았다는 의미이다. 그렇다면 기록된 하나님의 말씀이 계시되기 전의 이스라엘 백성들은 과연 무엇을 통해 하나님을 섬기며 신앙생활을 했을까?

물론 그것을 위해서 다양한 은혜의 방편들이 있었다. 천지창조와 에덴동산, 아담의 범죄로 인한 타락, 여자의 후손에 관한 약속, 에녹의 승천, 노아홍수 사건 등은 실제로 발생한 일들이지만 가시적으로 확인할 수 없는 내용들이다. 그러나 그 내용들은 선택받은 자녀들에게 하나님의 은혜 가운데 계시로 전승되었다.

그리고 시내산에서 모세를 통해 하나님의 율법이 주어지기 전에도 눈으로 확인할 수 있는 가시적인 언약의 방편들이 존재했다. 비온 뒤 하늘에 나타나는 무지개는 노아를 통해 허락된 하나님의 언약을 기억하는 중요한 방편이 되었다. 애굽에 거주하던 이스라엘 백성들에게는 '헤브론에 있는 조상들의 묘소'와 이스라엘의 장자가 된 '요셉의 유골'은 하나님의 약속을 기억하는 중요한 방편이 되었다.[18]

그 가운데 가장 중요한 것은 이스라엘 백성의 모든 남성들의 몸에 지닌 할례의 흔적이었다. 모세를 통해 하나님의 율법이 주어지기 전의 이스라엘 백성들은 그것으로 말미암아 아브라함에게 허락하신 언약을 기억하며 영원한 하나님 나라를 소망했던 것이다. 이로써 우리가 알 수 있

---

18) 이광호, 『구약신학의 구속사적 이해』(서울: 도서출판 갈뱅, 2006), pp.164-
169. 참조.

는 것은 아브라함의 할례가 이스라엘 모든 민족을 대표하는 언약적 의미를 지닌다는 사실이다.

　우리가 또한 여기서 주의깊게 기억해야 할 점은 할례가 다른 이방 족속들로부터 구별됨을 보여주고 있다는 점이다. 즉 할례를 통해 아브라함과 그의 후손들이 악한 세상을 떠나 하나님께 연관된 자들임이 만방에 선포되었다. 하나님으로부터 세워진 언약의 백성들은 육체에 하나님께서 요구하신 특별한 흔적을 지님으로써 가시적可視的 정체성을 유지하게 되었던 것이다. 그런데 사도 바울은, 할례가 그것 자체로서 구원에 연관된 직접적인 의미를 지니는 것이 아니라고 말했다. 즉 그것은 아브라함에게 주어진 하나님의 언약과 선물로 허락하신 믿음에 대한 표징이라는 점을 말하고 있다. 이는 아브라함이 신체에 할례를 받았기 때문에 의롭게 된 것이 아니라 그에게 주어진 언약에 대한 징표로써 할례가 베풀어졌음을 말해주고 있는 것이다.

　아브라함이 의로운 자로 인정받은 것은 하나님으로부터 주어진 순전한 믿음으로 말미암은 것이며 육체에 행한 할례로 인한 것이 아니었다. 그는 할례를 받기 전에 이미 하나님에 의해 의로운 자로 인정받은 상태였다. 그러므로 할례를 받은 자들은 하나님을 진정으로 경외함으로써 저들의 삶을 통해 자연스럽게 하나님의 의가 드러날 수밖에 없었다.

　사도 바울은 여기서 할례에 관한 매우 중요한 의미를 설명을 하고 있다. 그것은 우선 할례란 믿음으로 말미암아 의롭게 된 백성에게 인친 표라는 사실이다. 그리고 아브라함이 할례를 받기 전에 믿음으로 의로운 자로 인정받은 것은, 믿음을 소유한 이방인들인 무할례자들을 위한 조상이 되기 위해서라는 것이다(롬 4:11,12). 그러므로 아브라함은 육체에 할례의 흔적을 가진 이스라엘 백성들의 조상일 뿐 아니라 할례를 받지 않은 모든 믿는 이방인들의 영적인 조상이 된다. 즉 이는 아브라함이 이방인들의 조상이 아닌데도 조상으로 간주한다는 의미가 아니라 그를 저들의 실제적인 조상으로 이해해야 한다는 것이다.

하나님께서 아브라함으로 하여금 그의 자손들에게 시행하도록 요구하셨던 할례는 그리스도께서 구약의 율법을 완성하심으로써 끝이 났다. 따라서 신약시대의 성도들은 더 이상 육체에 할례를 받을 필요가 없게 되었다. 예수 그리스도의 십자가를 통해 하나님께서 말씀하신 구약의 모든 언약이 성취되었기 때문이다.

그 대신 신약시대의 교회에 속한 성도들은 할례가 아니라 세례를 통해 하나님의 언약을 확인하며 기억하게 된다.[19] 더 이상 육체에 할례의 흔적을 가지는 대신 그 본질적인 의미를 심령에 새겨야만 한다. 즉 예수 그리스도와 성령께서 강림하신 후의 교회에 속한 모든 성도들은 육체에 할례의 흔적을 남기는 것이 아니라 심비心碑에 하나님의 언약의 의미를 새겨야 하는 것이다.

신약교회의 세례는 믿음에 대해 인치는 하나님의 성례이다. 그러므로 세례를 받게 되는 성도는 성령과 말씀에 의한 고백을 동반하게 되며 그것으로써 하나님으로부터 의롭게 된 자로서 교회의 인침을 받게 되는 것이다. 그것은 단순한 상징이 아니라 그리스도께서 피로 값 주고 사신 교회에 속하는 실제적인 의미를 지니게 된다.

1. 하나님의 약속과 믿음

하나님께서 허락하신 성도들을 위한 약속의 근거는 전적으로 거룩하

---

19) 구약시대의 할례가 구원의 조건이 되지 못했듯이 신약시대의 세례 또한 그 자체로서 구원의 조건이 되는 것이 아니다. 그러나 이스라엘 민족 가운데 행해진 할례가 언약적 의미를 드러냈듯이 신약의 교회 가운데 베풀어진 세례 또한 하나님의 언약을 드러내고 있다. 유아세례가 소중한 이유가 바로 거기에 있다(이광호, "유아세례에 대하여", 『손에 잡히는 신앙생활』(서울: 도서출판 깔뱅, 2007), pp.70-73 참조).

신 하나님 자신의 신실하심에 달려 있다. 그 약속은 거룩한 약속으로써 결코 변하지 않는다. 우리가 일반적으로 '불변하는 하나님'이라 일컬을 때 이를 두고 말한다. 그러므로 죄에 빠진 인간들이 행하는 약속과는 본질적으로 다를 수밖에 없다.

하나님께서는 아브라함과 그의 후손이 '세상의 상속자'가 되리라 약속하셨다(롬 4:13). 이것은 이땅에 임하게 될 메시아 언약과 연관된다. 즉 그 말씀 가운데는 아브라함과 그의 후손이 하나님께서 건립하시게 될 언약적 왕국의 상속자가 되게 하시리라는 약속이 들어 있다. 그것은 율법과 아브라함의 행위에 의한 것이 아니라 하나님께서 아브라함에게 주어진 믿음에 따른 의로 말미암는 것이다.

만일 율법과 행위를 통해 종교적 열심을 가진 자들이 하나님의 상속자가 된다면 믿음과 약속은 아무런 의미가 없어져 버린다(롬 4:14). 율법은 타락한 죄인들을 위해 필요한 것이며 의로운 백성들을 위해 요구되는 것이 아니다. 즉 율법은 그것을 어기는 자들에 대한 하나님의 진노를 불러일으키게 된다.

그러므로 하나님의 상속자가 되는 것은 인간들의 종교적 행위에 의해서가 아니라 하나님의 은혜로 말미암는다. 그것이 진정한 은혜가 되기 위해서 오직 하나님께서 선물로 허락하신 믿음에 의해 이루어져야만 한다. 이는 아브라함의 믿음 뿐 아니라 그와 그의 믿음에 속한 모든 백성들의 믿음과 연관된다. 아브라함은 구약시대뿐 아니라 신약시대의 교회에 속한 모든 성도들의 조상이 되기 때문이다.

하나님께서는 아브라함에게 언약의 자식이 생겨나기도 전에 이미 저를 많은 백성의 조상으로 세우셨음을 말씀하셨다. 이는 태어나지 않아 아직 아무런 율법적 행위를 알지 못하는 자들을 마치 있는 자처럼 부르신 것과도 같다(창 15:4,5. 참조). 더구나 아브라함의 독자 이삭은 언젠가 태어나게 될 기대 가운데 존재했던 것이 아니라 그 가능성 자체가 아예 포기된 상태였다.

그런 가운데서 아브라함은 하나님의 말씀으로 인해, 아무 것도 바랄 수 없는 중에 하나님의 약속을 믿었다. 아직 독자 이삭이 존재하기 전에 자기가 큰 민족의 조상이 될 것이라 믿었던 것이다. 나이가 백 살이 되어 자녀를 생산하기 위해서는 자신의 몸이 죽은 것 같이 된 상태와, 아내 사라의 태가 완전히 죽은 것 같이 된 사실을 분명히 알면서도 하나님에 대한 아브라함의 믿음은 약해지지 않았다.

아브라함은 인간적인 충성심으로 인해 자신의 종교적 방법을 강구하려는 잦은 실수를 했지만[20] 하나님의 약속에 대한 믿음은 결코 약해지지 않았던 것이다. 그럴수록 하나님에 대한 그의 믿음은 도리어 더욱 견고해졌으며 그것을 통해 하나님께 영광을 돌렸다. 하나님께서는 바로 그것을 아브라함의 의로 여기셨던 것이다.

5. 아브라함의 믿음이 지니는 대표성

믿음의 조상 아브라함은 구속사적 대표성을 띤 인물이다. 성경에는 지상의 모든 성도들에 대한 대표성을 띤 인물들이 많이 있다. 그 중 아담과 예수 그리스도가 대표적이다. 그리고 셋, 노아 등이 대표성을 띠고 있으며 아브라함 역시 마찬가지다. 아브라함은 특히 앞으로 세워지게 될 이스라엘 왕국에 관한 직접적인 언약을 받은 인물로서 대표성을 띤다.

아브라함에게 주어진 언약은 모세의 시내산 언약에 직접 연관되어 있다. 하나님께서는 모세를 통해 기록 계시로 율법을 주심으로써 앞으로 세우실 왕국에 대한 기틀을 허락하셨다. 나중 다윗 왕이 아브라함에게

---

20) 아브라함이 다메섹 출신의 엘리에셀을 후사로 삼으려 했던 것(창 15:2)과 사라의 몸종 하갈을 통해 이스마엘을 얻었던 것(창 16:2,15)은 인본적인 충성심으로 인한 실수였다. 그러나 하나님께서 약속하신 말씀 자체에 대한 믿음은 결코 약해지지 않았다.

약속하신 가나안 땅을 완전히 정복하고 솔로몬이 예루살렘에 거룩한 성전을 건축한 것은 아브라함 언약의 일차적인 완성을 의미하고 있다. 솔로몬이 건축한 성전은 아브라함이 하나님의 요구에 따라 독자 이삭을 바쳤던 모리아 산 바로 그 자리에 세워짐으로써 언약의 본질이 드러나게 되었던 것이다.

우리가 사도 바울의 기록 가운데서 특별히 관심을 기울여야 할 점은 구속사적 의미를 지닌 아브라함의 모든 것들이 하나님의 자녀들을 위한 대표성을 띠고 있다는 사실이다. 즉 그의 인물로서의 위치뿐 아니라 그의 믿음과 그것으로 말미암아 주어진 하나님의 의義 역시 믿음의 자손들을 위한 대표성을 띠고 있는 것이다.

> "저에게 의로 여기셨다 기록된 것은 아브라함만 위한 것이 아니요 의로 여기심을 받을 우리도 위함이니 곧 예수 우리 주를 죽은 자 가운데서 살리신 이를 믿는 자니라"(롬 4:23,24)

성경에 계시된 아브라함에 관련된 모든 기록은 아브라함의 혈통적 직계 자손들뿐 아니라 이방인 출신 성도들을 포함한 모든 믿음의 자녀들에게 연관되어 있다. 아브라함의 독자로 인정된 이삭과 그의 아들 야곱 그리고 그의 열두 아들들은 혈통을 이어받은 아브라함의 자손들로서 실체적 이스라엘 왕국의 백성들이 되지만, 그보다 더욱 중요한 것은 교회를 통해 드러나게 되는 영적인 이스라엘 백성들이다.

그러므로 오늘날 하나님의 몸된 교회에 속해 그의 백성이 된 우리는 아브라함을 믿음의 조상으로 고백하고 있다. 그것은 혈통적인 것과 비교해 볼 때 상징적인 것이라 생각할 수 있다. 하지만 영적인 측면에서 기억할 때는 그것이 실제적인 상태이다. 즉 아브라함은 우리가 지닌 믿음의 뿌리를 가진 구체적인 조상인 것이다.

여기서 특별한 주의를 기울여 생각해 보아야만 할 바는 '아브라함의 믿음'이 모든 성도들을 위한 대표성을 띠고 있다는 사실이다. 즉 구속사적 인물로서 아브라함뿐 아니라 그의 믿음이 대표성을 띤다는 것이다.

이는 하나님께 속한 모든 성도들의 믿음이 아브라함의 믿음과 동질의 성격을 지녀야만 함을 의미한다. 나아가 우리의 모든 믿음은 우리 시대에 자생自生한 것이 아니라 아브라함의 믿음에 예속된 것으로 이해해야 한다. 즉 현대에 살고 있는 우리의 믿음도 아브라함의 믿음 안에 예속된 믿음이어야 하는 것이다.

6. 아브라함과 예수 그리스도의 죽음 및 부활

아브라함의 믿음은 일반적인 종교성을 기초로 한 신앙적인 결단을 말하지 않는다. 앞에서도 언급했듯이 그것은 전적인 하나님의 선물로써 은혜로 우리 가운데 소유된 것이다. 이는 범죄한 아담 이래 하나님께서 말씀하신 사탄의 머리를 쳐부수고 자기 자녀들을 사망 가운데서 구원하시게 될 '여자의 후손'(창 3:15)에 대한 약속에 근거한다. 이 약속은 앞으로 하나님께서 친히 인간의 몸을 입고 오심으로써 영원한 왕국의 메시아가 될 예수 그리스도에 대한 소망에 직접 연결되어 있다.

그래서 사도 바울은 아브라함의 의에 관한 설명을 하면서 궁극적으로는 예수 그리스도에 대한 기록을 하고 있다. 이는 아브라함이 가진 믿음의 중심에는 예수 그리스도가 존재하며 그를 통해 아브라함에게 하나님의 의가 전가되었음을 말해준다(롬 4:18-24). 즉 예수 그리스도가 없는 상태에서 아브라함의 믿음이 존재할 수 없으며 다른 것을 통해 그가 의롭다고 인정받을 수 없는 것이다.

이는 비록 아브라함 뿐 아니라 구약시대의 모든 신앙인들이 가져야 했던 본질적인 신앙의 요소이다. 따라서 성경에 기록된 모든 믿음의 선배들은 아브라함과 동질의 믿음을 소유하고 있었다. 이와 같은 신앙을 소유하지 않은 상태에서 종교적 열심을 내는 자들은 자기의 목적을 위한 우상숭배적 신앙인에 지나지 않는다. 구약시대의 많은 선지자들이 외쳤던 예언의 말씀들은 이와 밀접하게 연관되어 있다.

이에 대해서는 오늘날 신약시대의 모든 성도들에게도 동일하게 적용된다. 우리 시대 교회의 본질 역시 여기에 달려 있다. 즉 우리의 진정한 신앙은 아브라함의 믿음에 예속되어 있으며, 오신 메시아에 대한 믿음과 연관되어 있다. 그래서 사도 바울은 아브라함의 믿음을 설명하면서 예수 그리스도의 십자가 사역에 대한 언급을 했던 것이다.

> "예수는 우리 범죄함을 위하여 내어줌이 되고 또한 우리를 의롭다 하심을 위하여 살아나셨느니라"(롬 4:25)

우리는 예수께서 자기 자녀들의 죄를 대속代贖하기 위해 십자가에 달려 죽으셨다는 사실을 이미 잘 알고 있다. 그리고 그가 죽음을 이기고 부활하심으로써 우리에게 하나님의 의가 전가되었음을 안다. 예수께서 인간의 몸을 입고 이 세상에 오신 목적은 바로 그것을 이룩하기 위해서였다. 그런데 사도 바울이 우리에게 교훈해 주고 있는 중요한 점은 그것이 아브라함의 언약과 깊이 연관되어 있다는 사실이다. 또한 아브라함이 소유한 믿음의 본질은 아직 발생하지도 않은 구속사적 사건, 곧 앞으로 있게 될 예수 그리스도의 십자가 사건에 기초하고 있다는 것이다. 이는 오늘날의 교회에 매우 중요한 진리를 깨우쳐 주고 있다.

그것은 우리의 믿음이 시대적 현실과 상황에 의존하고 있지 않다는 점이다. 도리어 우리의 진정한 신앙은 오랜 역사를 거슬러 올라가 아브라함에게 허락된 믿음에 기인하고 있다. 그러므로 우리의 믿음은 하나님으로 말미암는 언약적인 신앙이어야 하며 아브라함이 가졌던 그 믿음과 동질적인 믿음이어야 하는 것이다.

제6장
그리스도 안에서의 삶

(롬 5:1-21)

(로마서 5:1-21)

5:1 그러므로 우리가 믿음으로 의롭다 하심을 얻었은즉 우리 주 예수 그리스도로 말미암아 하나님으로 더불어 화평을 누리자

5:2 또한 그로 말미암아 우리가 믿음으로 서 있는 이 은혜에 들어감을 얻었으며 하나님의 영광을 바라고 즐거워하느니라

5:3 다만 이뿐 아니라 우리가 환난중에도 즐거워하나니 이는 환난은 인내를,

5:4 인내는 연단을, 연단은 소망을 이루는 줄 앎이로다

5:5 소망이 부끄럽게 아니함은 우리에게 주신 성령으로 말미암아 하나님의 사랑이 우리 마음에 부은 바 됨이니

5:6 우리가 아직 연약할 때에 기약대로 그리스도께서 경건치 않은 자를 위하여 죽으셨도다

5:7 의인을 위하여 죽는 자가 쉽지 않고 선인을 위하여 용감히 죽는 자가 혹 있거니와

5:8 우리가 아직 죄인 되었을 때에 그리스도께서 우리를 위하여 죽으심으로 하나님께서 우리에게 대한 자기의 사랑을 확증하셨느니라

5:9 그러면 이제 우리가 그 피를 인하여 의롭다 하심을 얻었은즉 더욱 그로 말미암아 진노하심에서 구원을 얻을 것이니

5:10 곧 우리가 원수 되었을 때에 그 아들의 죽으심으로 말미암아 하나님으로 더불어 화목되었은즉 화목된 자로서는 더욱 그의 살으심을 인하여 구원을 얻을 것이니라

5:11 이뿐 아니라 이제 우리로 화목을 얻게 하신 우리 주 예수 그리스도로 말미암아 하나님 안에서 또한 즐거워하느니라

5:12 이러므로 한 사람으로 말미암아 죄가 세상에 들어오고 죄로 말미암아 사망이 왔나니 이와 같이 모든 사람이 죄를 지었으므로 사망이 모든 사람에게 이르렀느니라

5:13 죄가 율법 있기 전에도 세상에 있었으나 율법이 없을 때에는 죄를 죄로 여기지 아니하느니라

5:14 그러나 아담으로부터 모세까지 아담의 범죄와 같은 죄를 짓지 아니한 자들 위에도 사망이 왕 노릇하였나니 아담은 오실 자의 표상이라

5:15 그러나 이 은사는 그 범죄와 같지 아니하니 곧 한 사람의 범죄를 인하여 많은 사람이 죽었은즉 더욱 하나님의 은혜와 또는 한 사람 예수 그리스도의 은혜로 말미암은 선물이 많은 사람에게 넘쳤으리라

5:16 또 이 선물은 범죄한 한 사람으로 말미암은 것과 같지 아니하니 심판은 한 사람을 인하여 정죄에 이르렀으나 은사는 많은 범죄를 인하여 의롭다 하심에 이름이니라

5:17 한 사람의 범죄를 인하여 사망이 그 한 사람으로 말미암아 왕 노릇 하였은즉 더욱 은혜와 의의 선물을 넘치게 받는 자들이 한 분 예수 그리스도로 말미암아 생명 안에서 왕 노릇하리로다

5:18 그런즉 한 범죄로 많은 사람이 정죄에 이른 것 같이 의의 한 행동으로 말미암아 많은 사람이 의롭다 하심을 받아 생명에 이르렀느니라

5:19 한 사람의 순종치 아니함으로 많은 사람이 죄인 된 것같이 한 사람의 순종하심으로 많은 사람이 의인이 되리라

5:20 율법이 가입한 것은 범죄를 더하게 하려 함이라 그러나 죄가 더한 곳에 은혜가 넘쳤나니

5:21 이는 죄가 사망 안에서 왕 노릇 한 것같이 은혜도 또한 의로 말미암아 왕노릇하여 우리 주 예수 그리스도로 말미암아 영생에 이르게 하려 함이니라

제6장 _ 그리스도 안에서의 삶

(롬 5:1-21)

1. 성도들이 살아가는 삶의 자세

1) 하나님과 화평한 삶

이 세상의 모든 인간들은 태생적으로 하나님과 원수 관계에 놓여 있었다. 그 문제에 대한 근본적인 해결 없이는 결코 그 불행한 관계가 청산될 수 없다. 예수 그리스도가 이땅에 오신 목적은 바로 그것을 해결하기 위해서였다. 그를 통해 성도들은 하나님과 화해되어 그로부터 의로운 자로 인정받게 되었다.

예수 그리스도 안에 살고 있는 성도들은 하나님과 온전히 화해한 자들이다. 물론 그것은 인간들의 노력과 정성으로 이룩된 것이 아니라 하나님께서 십자가에 달리신 예수 그리스도를 통해 허락하신 은혜이다. 하나님의 자녀가 된 자들은 범죄하기 전 하나님과의 원래 관계를 회복하게 된 것이다.

그러므로 하나님으로 말미암은 관계 회복을 제대로 이해한다면 우리는 결코 하나님 앞에서 자만할 수 없다. 하나님과 원수가 된 것은 하나님이 그렇게 하신 것이 아니라 인간이 그렇게 했던 것이다. 하지만 무서운 심판의 뿌리가 된 그 문제를 해결하신 분은 하나님이었다. 즉 범죄한 인간이 결자해지結者解之한 것이 아니다. 따라서 우리는 죄인을 향한 하나님의 놀라우신 은혜에 감사할 따름이다.

사도 바울은 본문 가운데서 믿음으로 의롭다고 인정받은 성도들은 하나님과 더불어 화평을 누려야 할 것을 언급하고 있다. 여기서 말하는 화평이란 특별한 이해관계가 없는 인간들 사이의 화평이 아니며 평면적 관계에서 일컬어지는 것이 아니다. 바울이 말하고 있는 하나님과의 화평은 원수 관계를 완벽히 청산한 용서와 연관된 화평이다.

그것은 하나님의 자녀들이 소유해야 할 새로운 삶의 바탕이 된다. 하나님을 알기 전과 후에 우리에게 있어서 삶의 의미는 완전히 다르다. 예수 그리스도의 사역으로 말미암아 하나님을 알게 되었다는 사실은 더러운 죄에 빠져 하나님과 원수가 되었던 인간이 그와 완전히 화해했음을 의미한다.

바울이 이 말을 한 것은 하나님의 자녀가 된 성도로서 다시 원수의 자리에 되돌아가 앉지 말아야 한다는 사실을 강조하는 의미를 지닌다. 물론 성도가 된 자들은 결코 다시금 더러운 원수의 자리로 내몰리지 않는다. 어떤 경우에도 하나님께서는 인내하면서 자기 자녀들을 끝까지 지켜 보호하신다. 그것은 하나님의 신실하심과 창세전에 그가 베푸신 영원한 언약으로 인한 것이다.

그렇지만 타락한 아담의 속성을 지닌 악한 인간들은 신자가 되었음에도 불구하고 여전히 옛 속성을 완전히 버리지 못한다. 그것을 잘 알고 있는 바울은 성도들에게 항상 하나님과 더불어 화평을 누려야 한다는 사실을 강조하여 말하고 있다.

예수 그리스도의 은혜로 하나님의 자녀로 부르심을 입은 자들은 그로부터 형성된 새로운 관계를 온전히 지켜 보존함으로써 하나님과 화평을 누리게 되는 것이다. 이는 하나님의 놀라운 은혜를 입은 성도들이 취해야 할 마땅한 도리이다.

하지만 이 세상의 유혹 가운데 살아가고 있는 성도들은 그것을 잘 알고 있음에도 불구하고 복음을 알기 전의 옛 생활로 되돌아가는 행위를 되풀이하게 된다. 반면에 성숙한 성도들은 그런 잘못된 삶을 자기합리화 하지 않고 자신의 죄된 모습을 되돌아보는 가운데 회개하며 하나님과 더불어 화평을 누리는 삶을 추구한다. 이 역시 하나님의 은혜로 말미암아 누리게 되는 성도들의 놀라운 특권이다.

2) 하나님의 영광을 구하는 삶

하나님의 성도들은 궁극적으로 자신의 인생살이를 위해서가 아니라 하나님의 영광을 바라보며 살아간다. 그들은 예수 그리스도를 통한 믿음으로 말미암아 하나님의 은혜에 들어갈 수 있었다. 그 은혜는 성도들로 하여금 이 세상에서 풍요로운 삶을 살아가도록 하는 방편이 아니라 영원한 천국과 연결되는 것이다.

따라서 하나님의 백성들이 소유할 수 있는 즐거움은 이땅에 존재하지 않는다. 성도들은 이 세상에 살아가고 있지만 이땅에 궁극적인 소망을 두지 않는다. 그러므로 이 세상에서 성공하기 위해 집착하지 않으며 그로부터 궁극적인 기쁨을 취하려하지 않는다. 그 대신 성령으로 거듭난 참된 성도들은 영원한 하나님의 영광을 바라며 즐거워하게 된다.

이는 인간의 욕망을 추구하는 연장선상에서는 결코 이해될 수 없는 신령한 내용이다. 하나님의 영광은 도리어 말씀을 통해 인간의 모든 욕망을 포기할 때 깨달아지게 된다. 그것이 세상에 존재하는 현상들과는 도저히 비견될 수 없는 진정한 즐거움을 성도들에게 제공하게 되는 것이다.

그럼에도 불구하고 연약한 인간들은 한꺼번에 두 마리 토끼를 잡으려는 망상에 사로잡히기 일쑤다. 그들은 하나님의 영광을 추구하면서 동시에 이땅에서의 풍요로운 삶을 추구한다. 스스로 어느 정도 그에 이르렀다고 판단하면 그것을 하나님께서 주신 축복이라 주장하기를 주저하지 않는다. 그러나 성경은 우리가 하나님과 세상 두 주인을 동시에 섬길 수 없음을 분명히 말하고 있다.

> "한 사람이 두 주인을 섬기지 못할 것이니 혹 이를 미워하며 저를 사랑하거나 혹 이를 중히 여기며 저를 경히 여김이라 너희가 하나님과 재물을 겸하여 섬기지 못하느니라"(마 6:24)

예수님은 제자들에게 하나님과 재물을 동시에 섬길 수 없음을 분명히 말씀하셨다. 여기서 말하는 재물이란 돈(money)을 의미하며 곧 세상을 지칭하고 있다. 우리는 예수께서 제자들에게 교훈하신 말씀을 귀담아 들어야 한다. 따라서 성숙한 성도들에게는 잠시 지나가는 세상이 아니라 오직 영원한 하나님만 계실 따름이다.

3) 세상에서의 환난

거룩한 하나님의 자녀가 된 성도들은 사탄의 통치 영역인 악한 세상에서 군림하며 화려한 삶을 살도록 허락받지 않았다. 도리어 세상 가운데서는 상당한 환난을 당하게 된다. 여기서 말하는 환난이란 단순히 정치, 경제, 사회적 박해를 말하는 것이 아니다.

물론 그와 관련된 환난을 배제하지는 않는다 할지라도 거기에는 그보다 훨씬 넓은 영적인 의미가 담겨 있다. 또한 성도들이 받게 되는 환난은 하나님을 전혀 알지 못하는 불신자들로부터 말미암는 경우도 있겠지만 도리어 기독교 배도자들로부터 가해지는 경우가 많다.

하나님을 모르는 불신자들은 성도들의 삶을 도저히 이해하지 못한다. 영적인 측면에서 본다면 그들은 하나님의 자녀들과 완전히 분리된 상이한 삶을 살게 된다. 그러나 형식적인 기독교의 맛을 보고 경험한 배도자들은 그와 다르다. 그들은 참된 성도들을 사악한 자기들의 편으로 끌어들이기 위해 안간힘을 쓰게 된다.

우리가 여기서 주의깊게 생각해 보아야 할 사실은 신실한 성도들 가운데 세상에서 환난을 당하지 않는 자가 과연 있을까 하는 점이다. 즉 모든 성도들은 세상에서 그리스도로 인해 환난을 당하는 것인지 아니면 성도들 가운데 일부가 그런 고통을 겪는 것인지에 대한 문제이다.

이는 성경이 말하는 환난의 본질적인 내용이 무엇인가 하는 점을 생각하게 한다. 그것이 만일 정치, 경제, 사회적인 일반 현상적인 환난을 염두에 둔다면 부분적인 것이 되지만, 세상과 상이한 가치관으로 말미암는 것이라 이해한다면 모든 성도들은 세상으로부터의 환난을 피할 수 없다.

우리는 일단 진정으로 거듭난 모든 성도들이 세상에서 환난을 당하는 것으로 이해해야 한다. 사도 바울은 로마서에서 로마의 교회에 속한 성도들의 현실적인 삶을 일차적으로 염두에 두고 있지만 그것은 지상에 있는 모든 성도들에게 공히 적용되는 교훈이다. 즉 바울이 기록한 하나님의 계시는 사도교회시대 당시 로마교회뿐 아니라 지상에 존재하는 모든 교회들을 대상으로 하고 있는 것이다.

우리는 이에 관한 언급을 하면서 육체적 환난뿐 아니라 정신적 환난에 대한 깊은 이해를 하지 않으면 안 된다. 모든 성도들은 죄악 세상이 가진 것과 다른 가치관으로 인해 심한 환난을 당할 수밖에 없다. 주변의 이웃들이 세상의 가치관을 당연시 하는 분위기 가운데 살아가는 어리석은 교인들은 세상의 잘못된 가치관을 교회 내부로 유입하려 한다. 그럴 경우 그에 대해 강하게 항변함으로써 저항하는 것 자체가 세상으로부터의 환난인 것이다.

사도 바울은 성도들로 하여금 그런 환난 가운데서도 하나님으로 인해 즐거워할 것을 요구하고 있다. 그 말은 즐겁지 않은데도 억지로 즐거운 마음을 가지라는 의미가 아니다. 거기에는 훨씬 본질적이며 영적인 의미가 내포되어 있다. 성도들이 세상에서 당하는 환난 중에서도 즐거워할 수 있는 것은 환난은 인내를, 인내는 연단을, 연단은 소망을 이루게 되기 때문이다.

> "우리가 환난 중에도 즐거워하나니 이는 환난은 인내를, 인내는 연단을, 연단은 소망을 이루는 줄 앎이로다"(롬 5:3,4)

이 말씀은 구약시대와 신약시대의 모든 선지자들과 사도들의 교훈과 조화를 이루고 있다. 사도 바울은 데살로니가 교회에 편지를 쓰면서도 "항상 기뻐하라"(살전 5:16)고 요구했다. 영원한 구원을 받게 된 하나님의 자녀들이 항상 즐거워하고 기뻐하는 것은 마땅한 일이다. 하지만 그것은 단순한 감정적인 문제가 아니다.

우리가 잘 알고 있듯이 사도 바울은 유대인들로부터 엄청난 폭행들을 여러 차례 당했으며 로마인들에 의해 감옥에 갇히는 경험을 수도 없이 많이 했다. 지상에서의 그의 삶은 한 마디로 환난과 고통의 연속이었다. 사도행전에 기록된 바울의 사역들과 그가 계시 받아 기록한 모든 서신들을 살펴볼 때 그의 생애 중 일반적으로 생각하는 평온하고 안락한 삶을 살았던 적이 거의 없는 사실을 알게 된다.

그런 어려운 형편들 가운데서도 사도 바울은 항상 기뻐했다. 그가 환난 중에 진정으로 기뻐할 수 있었던 까닭은 감정적인 태도로 인한 것이 아니라 영원한 천국에 소망을 두고 있었기 때문이다. 바울이 가졌던 진정한 기쁨과 소망은 지상의 모든 성도들이 본질적으로 가져야 할 내용들이다.

하지만 그 소망은 십자가에 달리신 예수 그리스도를 통해 확정되며 하나님의 성령으로 인해 성도들에게 선물로 허락된다. 즉 인간들이 억지로 그것을 쟁취하는 것이 아니라 하나님의 놀라운 사랑이 성령의 사역에 의해 성도들의 마음에 주어지는 것이다. 세상으로부터 당하는 모든 환난은 그것이 아무리 크고 위험해 보인다 할지라도 결코 하나님의 놀라운 사랑을 능가하지 못한다.

우리는 영생을 소유한 성도로서 성경이 말하는 환난을 적절하게 피함으로써 세상에서 안락을 누리려 해서는 안 된다. 타락하여 이기적인 욕망에 익숙한 인간들은 세상의 환난을 피하여 얻게 된 불순한 자기만족을 하나님께서 주신 복이라 주장한다. 그것이 하나님에 대한 불순종의 결과라는 사실을 깨닫지 못하고 도리어 그것을 즐기는 어리석음에 빠지게 되는 것이다. 따라서 성숙한 성도들은 세상으로부터 받게 되는 환난에 대한 올바른 깨달음을 가지지 않으면 안 된다.

2. 성도들이 살아가는 삶의 근거

1) 예수 그리스도의 십자가 사역

예수 그리스도께서는 '우리가 아직 연약할 때' 하나님의 약속에 따라 십자가에 달려 돌아가셨다(롬 5:6). 이는 성도들이 스스로 할 수 있는 일이 아무 것도 없을 때 하나님께서 전적인 은혜를 베푸셨음을 의미한다. 즉 그때는 인간들이 하나님을 경배하고 그를 위해서 무엇을 한다는 생각조차 할 수 없었다. 모든 인간들은 하나님에 관한 아무런 지식이 없는 사악한 존재였을 따름이다.

하나님께서는 인간들에게 그럴만한 조건이 있어서 사랑하시는 독생자의 고귀한 생명을 죽음에 내어주신 것이 아니었다. 모든 인간들은 여전히 하나님께 강하게 저항하며 하나님을 욕되게 하는 자리에 머물고 있었다. 하나님께서는 자기에게 우호적인 태도를 가진 인간들을 위해 자신의 생명을 내어주신 것이 아니라 불경건하여 배도의 자리에서 자기에게 저항하고 있는 인간들을 구원하기 위해 십자가에 달리셨던 것이다.

일반적인 경우를 생각해 볼 때, 인간들은 의로운 사람을 위해서라 할지라도 결코 대신 죽으려 하지 않는다. 그런 일은 쉽게 일어나지 않는 것으로 보아야 한다. 간혹 선한 사람을 위해 용감하게 자신의 생명을 던지는 사람들이 있기는 하지만 그런 경우는 매우 드물다. 그것도 충분히 사려 깊은 생각에 의한 것이 아니라 대개는 순간적인 판단에 의한 돌발적인 행동으로 말미암는다. 만일 나중에 동일한 사건이 발생한다면 여전히 그전과 같이 자신의 생명을 아끼지 않고 내어놓을지는 알 수 없다.

하물며 포악한 살인자를 구출하기 위해 어떤 사람이 자발적으로 자신의 소중한 생명을 바친다는 것은 결코 있을 수 없다. 앞뒤 정황을 전혀 알지 못하여 그렇게 한다면 모르거니와 사악한 인간이라는 사실을 분명히 알면서 악행을 저지르고 있는 그 사람의 생명을 구하기 위해 자신의 생명을 바쳐 대신 죽지는 않는다. 파렴치하고 잔혹한 살인자가 죽음에 처한 것을 보고 자신의 귀한 생명을 내어놓고 대신 그를 구출할 자가 어디 있겠는가? 그것은 상식적으로 생각할 때 결코 있을 수 없는 일이다. 그런데 거룩한 하나님께서는 그 놀라운 일을 행하셨다.

예수 그리스도께서는 하나님을 배도하고 파렴치한 자리에 있는 악하고 더러운 인간들을 위해 자신의 거룩한 생명을 내놓으셨다. 더구나 그것은 인간들의 간곡한 요청에 의한 것이 아니었다. 십자가를 통해 이루어진 그 놀라운 사건은 전적으로 자발적인 주님의 사역이었다. 그것을 통해 하나님의 진정한 사랑을 표현하셨던 것이다.

우리가 흔히 일컫는 하나님의 '아가페'(사랑)란 바로 이를 두고 말한다. 악한 인간들로서는 도저히 본받을 수 없고 흉내조차 낼 수 없는 하나님의 놀라운 사랑이다. 하나님께서는 우리가 아직 더러운 살인자로서 사악한 존재일 때 사랑하는 독생자 예수 그리스도의 몸을 십자가에 못 박히게 한 것을 통해 자신의 참 사랑을 확증하셨던 것이다. 이와 같은 놀라운 사랑은 결코 이 세상에 존재할 수 없으며 더러운 인간들이 본받을 수 있는 성질의 것이 아니다.

2) 거룩한 화목제물로 인한 회복

하나님께서는 자신의 독생자를 보내 자기를 위한 거룩한 제물로 삼으셨다. 구약시대 예루살렘 성전을 통해 동물들을 바치도록 하며 자신의 뜻을 드러내신 하나님께서 이제 자신의 완벽한 어린양을 화목제물로 예비하셨다. 이는 인간들에게 의존하신 것이 아니라 친히 행하신 하나님의 사역이었다.

구약시대 이스라엘 백성들은 제사장들을 통해 하나님께 드려지는 제사와 제물들로써 하나님의 메시아 사역에 대한 진정한 의미를 깨달을 수 있어야 했다. 그것은 단순한 제사행위가 아니라 앞으로 있게 될 영원한 제물이 되실 메시아에 대한 예표였다. 만일 그에 관한 올바른 깨달음이 없는 상태에서 지내는 제사라면 아무런 의미가 없다. 그것은 도리어 우상 숭배적 제사행위로 변질될 수 있는 위험한 행위였을 따름이다.

하나님께서는 단순히 종교 윤리적인 제사장을 원치 않으셨다. 백성들을 억압하지 않고 뇌물을 받지 않으며 성실한 성품을 지닌 것만으로 홀

룡한 제사장으로서 요건이 갖추어지는 것이 아니다. 이러한 모든 것들이 갖추어진 제사장이 최대한 정성스런 제사를 지낸다 할지라도 그 제물들이 지향하고 있는바 예수 그리스도에 대한 본질적인 의미가 빠져 있다면 그 제사는 허탄한 종교행위일 수밖에 없다. 나아가 그런 제사장이 주관하는 형식적인 제사는 도리어 더욱 위험할 수 있다. 어리석은 백성들은 겉으로 드러나는 형식만을 보고 훌륭한 제사인 것으로 오해할 수 있기 때문이다.

그러므로 구약시대의 선지자들은 그에 대한 강한 교훈을 주고 있다. 하나님께서 원하시는 것은 인간들이 바치는 제사와 제물 자체가 아니었다. 구약의 모든 제사들은 실체에 대한 그림자였던 것이다. 시편기자와 호세아 선지자가 그에 대해 잘 말했다.

> "주께서 나의 귀를 통하여 들리시기를 제사와 예물을 기뻐 아니하시며 번제와 속죄제를 요구치 아니하신다 하신지라"(시 40:6);
> "나는 인애를 원하고 제사를 원치 아니하며 번제보다 하나님을 아는 것을 원하노라"(호 6:6)

실체에 대한 구체적인 기대 없이 그림자 자체를 숭상하게 되면 그것은 우상 숭배 행위에 지나지 않는다. 그러므로 성전에서 제물을 바치는 제사장들과 그 의미에 참여하는 모든 이스라엘 백성들은 그 제사를 통해 하나님의 궁극적인 뜻을 깨달아야 했다.

이에 대해서는 신약시대인 우리의 시대 역시 마찬가지다. 우리가 매주일 공예배를 드리게 되는 것은 성전의 지성소에 들어가는 것과 연관된다. 이는 물론 구약 제사제도의 기능이 우리 시대에 그대로 유효하게 존속한다는 의미가 아니다. 그러나 십자가에 달려 돌아가신 예수 그리스도의 피가 찢어진 성소 휘장을 지나 언약궤 위에 뿌려진 사실은 신약시대의 예배가 지성소에 뿌려진 그 피와 직접 연관되어 있음을 말해 주고 있다.

이처럼 그리스도의 본질이 분명히 드러나지 않는 예배 행위라면 아무런 의미가 없다. 목사의 웅변적인 설교가 있고 교인들이 정열적으로 찬송가를 부르며 고액의 연보를 한다고 할지라도 그 가운데 예수 그리스도의 몸이 존재하지 않는다면 참된 예배가 될 수 없다. 우리의 공 예배 가운데 예수 그리스도의 몸과 피를 상징하는 성찬이 있는 것은 그와 연관된다. 그것은 단순한 종교의례나 형식이 아니라 결코 없어서는 안 될 본질적인 은혜의 방편이다.

하나님께서 구약시대에 행해졌던 많은 제사와 예물을 기뻐하지 않으셨으며 번제와 속죄제를 요구치 않으셨다는 사실은 바로 그것을 의미하고 있다. 하나님이 원하시는 것은 제사와 제물 가운데 드러나는 메시아를 통해 자기 자녀들과 영원한 화해를 이룩하는 것이었다. 즉 하나님의 백성들은 하나님께서 진정으로 원하시는 것이 제사행위 자체가 아니라 그것을 통해 하나님의 뜻을 아는 것임을 깨닫지 않으면 안되었다.

구약시대 율법을 통해 하나님의 뜻을 온전히 알고 있던 신실한 성도들은 항상 메시아를 진정으로 소망하며 기다렸다. 그러므로 예수께서 이땅에 오셨을 때 참된 유대인들은 하나님의 어린양이신 메시아를 알아보았다. 물론 그것은 하나님의 은혜에 따른 것이었다.

하지만 제사와 제물의 진정한 의미를 알지 못하던 예루살렘의 제사장들을 비롯한 많은 유대인들은 예수님을 알아보지 못했다. 그들은 예루살렘 성전과 거기서 행해지는 형식적인 제사를 중시했지만 그것을 통해 하나님의 궁극적인 뜻을 알아갔던 것이 아니다. 그 사람들은 자신의 종교적인 욕망에 충실했을 따름이다. 그들에게는 이땅에 강림하신 예수 그리스도를 진정한 소망으로 받아들인 것이 아니라 저들의 종교적 신앙 활동에 방해가 되는 인물에 지나지 않는 견제의 대상으로 간주했다.

예수님은 하나님의 어린양으로서 영원하고 거룩한 제물로 이 세상에 오셨다. 그가 십자가에 달려 돌아가신 것은 하나님의 완벽한 제물이 되어 예루살렘 성전에 바쳐지는 것을 의미했다. 예수께서 십자가 위에서 마지막 숨을 거두실 때 예루살렘 성전의 휘장이 찢어진 것은 바로 그 사실을 보여주고 있다. 하나님의 거룩한 어린양이 비로소 언약궤가 놓여 있는 지성소에 바쳐지게 되었던 것이다. 이로써 구약성경의 모든 약속이 성취되어 하나님과 그의 자녀들 사이에 화목이 이루어지게 되었다.

이는 거룩한 하나님과 그에게 범죄한 인간 사이에 존재했던 원수관계가 해소되어 영원한 화해가 이루어졌음을 말해주고 있다. 하나님의 전적인 은혜가 아니고는 결코 이루어질 수 없는 놀라운 일이었다. 즉 하나님께서 자신의 작정과 예정에 따라 예수 그리스도를 통한 사역을 완성했던 것이다.

> "곧 우리가 원수 되었을 때에 그 아들의 죽으심으로 말미암아 하나님으로 더불어 화목되었은즉 화목된 자로서는 더욱 그의 살으심을 인하여 구원을 얻을 것이니라 이뿐 아니라 이제 우리로 화목을 얻게 하신 우리 주 예수 그리스도로 말미암아 하나님 안에서 또한 즐거워하느니라"
> (롬 5:10,11)

우리는 이 말씀 가운데서 하나님의 놀라운 은혜를 깨닫지 않을 수 없다. 우리가 하나님 앞에서 자신의 죄를 깨닫고 하나님에 대해 겸손해졌기 때문에 하나님께서 독생자의 생명을 가지고 자신을 위한 화목제물로 허락하셨던 것이 아니다. 도리어 우리가 하나님께 강하게 저항하고 덤벼들며 욕되게 하고 있는 원수일 때 하나님께서 사랑하시는 자기 아들을 화목제물로 죽음에 내어주심으로써 우리에게 화목의 길을 열어주셨다.

그것은 우리에게 허락된 영원한 구원을 의미한다. 이제는 창세전에 선택된 하나님의 자녀들이 사탄이 지배하는 사망의 구렁텅이로부터 건져졌다. 죄에 빠진 인간들로서는 결코 알 수 없는 새로운 생명이 그들에게 공급되었던 것이다. 이로 말미암아 하나님의 백성들은 세상에서 경험할 수 없는 기쁘고 즐거운 삶을 제공받게 되었다.

따라서 성도들의 궁극적인 삶의 의미는 이땅이 아니라 영원한 천국에 있다. 그것은 전적으로 하나님께서 베푸신 놀라운 은혜로 말미암는다. 하나님께서 독생자 예수 그리스도를 화목제물로 십자가에 내어줌으로써 창세전에 선택받은 그의 자녀들은 영원한 기쁨과 즐거움을 소유하여 누리게 되는 것이다.

3) 죄와 율법의 문제

사도 바울은 창세전에 선택된 하나님의 자녀들에 대한 구원을 언급하고 있다. 그것을 설명하기 위해 바울은 죄와 율법에 관한 의미를 밝혔다. 하나님께서는 죄에 빠진 자기 백성들을 멸망으로부터 구원하시기 위해 인간들의 역사歷史 가운데 친히 역사役事하셨다.

인간의 범죄는 단순한 개념의 소극적인 상태를 넘어서고 있다. 즉 인간이 지닌 죄는 스스로 자신을 더럽힌 것에 국한된 의미에 머물지 않는다. 그 죄는 인간을 더럽히고 오염시킨 차원이 아니라 거룩하신 하나님께 적극적으로 대항하는 악한 속성을 띠게 된다. 그것은 멸망당할 수밖에 없는 극한 상황을 보여준다.

사도 바울은 인간들을 지배하게 된 이 무서운 죄가 어떻게 하여 세상에 들어오게 되었는가 하는 점을 밝히고 있다. 우리가 여기서 주의깊게 이해해야 할 것은, 모든 인류의 조상인 아담이 죄의 통로가 된다는 사실이다.

"이러므로 한 사람으로 말미암아 죄가 세상에 들어오고 죄로 말미암아 사망이 왔나니 이와 같이 모든 사람이 죄를 지었으므로 사망이 모든 사람에게 이르렀느니라"(롬 5:12)

죄는 한 사람 아담을 통해 이 세상에 들어오게 되었다. 이는 하나님의 형상대로 지어진 인간이 창조주 하나님을 버리고 사탄의 말을 들어 그의 편에 섰음을 의미한다. 그러므로 하나님께서는 원수와 짝이 된 타락한 인간을 심판하시게 된다. 이로써 인간은 영원한 멸망을 피할 수 없게 되었다.

우리가 여기서 간과하지 말아야 할 점은 죄가 다른 동식물들을 통해 들어오지 않았다는 사실이다. 죄는 하나님의 형상에 따라 특별히 지음을 받아 인격과 자유의지를 소유한 인간을 통해 들어왔다. 이는 하나님을 배신한 인간들이 타락한 만물보다 더욱 사악한 존재가 되어 버렸음을 말해준다. 이에 대해서는 구약시대 예레미야 선지자를 통해 예언된 하나님의 말씀에서 잘 드러나고 있다.

"만물보다 거짓되고 심히 부패한 것은 인간의 마음이라 누가 능히 이를 알리요"(렘 17:9)

나아가 우리가 분명히 기억해야 할 바는 아담 한 사람이 지은 범죄 행위에 그의 모든 후손들이 참여하게 되었다는 사실이다. 아담의 자손인 이상 그 더러운 죄에 가담하지 않은 사람은 아무도 없다. 따라서 이 세상에 존재하는 모든 인간들은 죄의 지배를 받아 하나님의 무서운 심판 아래 놓이게 된 것이다.

바울은 또한 그와 관련하여 죄와 율법의 관계에 대한 설명을 하고 있다. 하나님께서 허락하신 율법을 통해 죄가 드러나게 되지만 율법이 곧 죄를 있도록 하는 것은 아니다. 율법이 있기 전에도 여전히 죄는 있었다. 즉 겉으로 드러나는 죄상으로 인해 그 존재가 발생하게 되는 것이 아니다. 기록된 계시로서 이스라엘 백성들에게 주어진 모세의 율법이 있기 전에도 죄는 모든 인간들 가운데 내재해 있었던 것이다.

이는 역사적인 관점에서 설명될 수 있는 것이지만 보편적인 관점에서도 그대로 적용된다. 일반적으로 사람들은 율법에 따라 죄를 규정하지 않으면 그것을 죄로 여기지 않는다. 특히 로마서 5장 13절에서 말하는 '율법이 없을 때에는 죄를 죄로 여기지 아니하느니라' 는 말은 우리가 주의깊게 이해해야 한다. 이 말은 율법이 없을 때는 하나님께서 인간을 죄인으로 보지 않으신다는 의미가 아니다.

이 말의 진정한 의미는 율법이 없으면 인간들은 죄 가운데 살면서도 스스로 그것을 죄로 여기지 않는다는 것이다. 이는 하나님의 율법이 없이는 죄에 대한 진정한 깨달음을 가질 수 없음을 말해주고 있다. 하나님을 알지 못하는 불신자들은 성경이 말하는 죄의 개념에 대한 아무런 깨달음을 가질 수 없다.

그들은 일상에서 발생하는 현상적인 죄를 나름대로 인식하고 있지만 거룩하신 하나님께 범죄한 인간 존재에 대해서는 알지 못한다. 그러므로 하나님께서 율법을 주신 것은 자기 백성들로 하여금 죄를 깨닫게 하기 위한 것이었다. 그런 측면에서 본다면 하나님의 율법은 성도들에게 주어진 최상의 은혜의 방편이다.

아담의 죄는 모든 인간들에 대한 대표성을 띠고 있으므로 아담의 범죄행위에 직접 가담하지 않았다고 주장하는 사람들 위에도 사탄으로 말미암은 죄가 지배하게 되었다. 이는 모든 인간들이 하나님의 진노 아래 놓이게 되었음을 말해주고 있다. 그 결과 사망이 모든 사람들 위에 왕 노릇하며 그들을 지배하게 되었던 것이다.

그런데 사도 바울은 범죄하기 전의 바로 그 아담이 앞으로 오시게 될 예수 그리스도의 표상이라 일컫고 있다. 이는 그가 하나님의 형상대로 지음 받은 존재로서 하나님의 영광을 회복하기 위한 모형이 되고 있음을 의미한다. 그 가운데는 하나님께서 창세전에 택하신 백성들을 구원하시기 위해 두 번째 아담을 보내실 것에 대한 언약이 드러나고 있다.

4) 하나님의 정죄와 칭의

한 사람 아담의 범죄로 인해 모든 인간들은 멸망의 자리에 놓이게 되었다. 이는 아담이 모든 인류에 대한 대표성을 띠고 있음을 분명히 밝혀 주고 있다. 그가 범죄함으로써 자기의 모든 자손들은 죄와 사망의 굴레를 벗어날 수 없었던 것이다.

그렇다면 우리는 조상 아담을 원망해야 할까? 아니면 그를 원망할 수 있을까? 이는 범죄에 대한 모든 책임을 아담에게 돌릴 수 있을까에 관한 문제이다. 우리가 분명히 깨달아야 할 점은 그것은 그렇지 않다는 분명한 사실이다. 우리는 인간의 범죄에 대해 아담에게 모든 책임을 전가할 수 없다.

만일 그렇게 생각하는 자가 있다면 그것은 매우 위험한 경우이다. 우리는 조상 아담 때문에 무죄한 '나' 자신이 억울한 심판 아래 놓이게 된 것이 아니다. 도리어 아담 안에 속한 '나' 자신이 그 무서운 범죄에 직접 가담한 것으로 이해해야 한다.[21] 따라서 우리는 자신의 무죄를 핑계할 수 없을 뿐더러 아담에게 모든 책임을 돌릴 수 없는 것이다.

한편 하나님께서는 인간의 범죄에도 불구하고 여전히 창세전에 자기 자녀들을 향해 맺은 언약을 기억하고 계셨다. 인간들은 아무런 기억도 할 수 없는 상태였지만 하나님은 기억하셨던 것이다. 그것은 전적으로 하나님의 신실하심에 기초하고 있다.

---

[21] 우리가 아담이 범죄할 때 그와 함께했던 것은 예수 그리스도께서 십자가에 달려 돌아가셨다가 부활하실 때 그와 함께 동참했던 것과 동일한 이치이다; "내가 그리스도와 함께 십자가에 못 박혔나니 그런즉 이제는 내가 산 것이 아니요 오직 내 안에 그리스도께서 사신 것이라 이제 내가 육체 가운데 사는 것은 나를 사랑하사 나를 위하여 자기 몸을 버리신 하나님의 아들을 믿는 믿음 안에서 사는 것이라"(갈 2:20).

그러므로 하나님께서는 범죄하기 전 아담이 가졌던 하나님의 형상을 완벽하게 소유한 예수 그리스도를 이땅에 보내시기로 작정하셨다. 아담은 범죄함으로써 하나님의 형상의 기능을 완전히 상실하게 되었다. 그는 이제 더 이상 하나님을 온전히 경배할 수 없었다. 뿐만 아니라 스스로는 하나님에 대한 아무런 지식을 가질 수도 없었다. 그것이 범죄한 인간이 처하게 된 비참한 상태이다.

그러나 하나님의 자녀들은 예수 그리스도를 통해 다시금 하나님의 형상의 기능을 온전히 회복하게 되었다. 이는 그가 두 번째 아담으로서 그에게 속한 모든 인간들을 대표하고 있기 때문이다. 하나님의 백성들은 예수 그리스도를 통해 의로운 자로 인정을 받아 그와 더불어 영원한 생명 안에서 왕 노릇 하게 된다.

그러므로 한 사람 아담으로 말미암아 모든 인간들이 하나님의 진노로 인해 사망에 이르게 되었으며, 또 다른 한 사람 예수 그리스도를 통해 하나님의 선택을 받은 모든 사람들이 영원한 생명에 이르게 되었다. 인간들의 참 생명은 자기 자신이 아니라 하나님의 아들 예수 그리스도께 달려 있는 것이다.

> "그런즉 한 범죄로 많은 사람이 정죄에 이른 것 같이 의의 한 행동으로 말미암아 많은 사람이 의롭다 하심을 받아 생명에 이르렀느니라 한 사람의 순종치 아니함으로 많은 사람이 죄인 된것 같이 한 사람의 순종하심으로 많은 사람이 의인이 되리라"(롬 5:18,19)

우리는 이 말씀을 보며 성경 전체를 지배하고 있는 매우 중요한 상징적인 의미를 떠올리게 된다. 그것은 첫 번째 아담과 연관된 특별한 나무와 두 번째 아담인 예수 그리스도와 연관된 또 다른 특별한 나무이다. 이는 곧 아담이 하나님의 명령을 어기고 손을 대 따먹었던 선악을 알게 하는 나무와 예수께서 지고 돌아가셨던 나무 십자가이다.

처음 나무는 살아있던 나무로 선악을 알게 하는 나무로 과일을 맺었지만 나중에 있었던 나무는 생명이 없는 죽은 나무였다. 그러나 두 번째 나무는 하나님의 자녀들에게 영원한 생명을 공급하는 역할을 했다. 즉 인간들은 선악을 알게 하는 나무로부터 먹음으로써 영원한 멸망에 이르렀지만 십자가 위에서 돌아가신 예수 그리스도를 통해 영원한 생명을 공급받게 되었던 것이다.

이것은 모세의 율법과 연관하여 우리에게 어떤 교훈을 주고 있는가? 우리는 구약시대 하나님의 언약궤 안에 들어있었던 아론의 싹난 지팡이를 기억한다(히 9:4). 그 나무는 분명히 죽은 나무 막대기에 불과했지만 하나님께서 생명을 불어넣어 산 나무가 되게 하셨다. 언약궤 안에 아론의 싹난 지팡이가 들어있었다는 사실은 죽은 나무를 통해 공급되는 새로운 생명을 상징적으로 보여주고 있는 것이다.

우리는 여기서 아론이 제사장 계열의 혈통적 조상이라는 사실을 염두에 두어야 한다. 홍해 바다를 갈랐던 모세의 지팡이가 아니라 아론의 지팡이가 싹을 내고 특별히 언약궤에 들어있게 되었던 것은 구약의 제사제도와 연관된 분명한 구속사적 의미를 지니고 있다. 아론의 싹난 지팡이가 구약시대 이스라엘 백성들의 신앙의 중심에 자리 잡고 있었던 사실은 생명의 공급에 대한 하나님의 언약을 보여주는 것이었다.

역사상 이땅에 오신 예수께서는 친히 나무 십자가를 지고 돌아가신 사역을 통해 많은 백성들에게 영원한 생명을 공급하시게 되었다. 이처럼 한 사람 아담의 불순종과 더불어 모든 사람들이 정죄 받아 사망에 놓이게 되었으나, 또 다른 한 사람 예수 그리스도의 순종을 통해 많은 사람들이 의인이 되어 생명을 얻게 된 것이다.

첫 번째 아담은 살아있는 나무로 말미암아 죄를 세상에 끌어들여 인간들을 사망의 자리에 놓이게 했지만, 두 번째 아담인 예수 그리스도께서는 죽은 나무 위에서 자기의 생명을 버림으로써 인간들을 지배하고 있는 죄와 사망의 권세를 깨뜨리고 택하신 백성들에게 의와 생명의 길을 허락하셨다.

3. 모세의 율법과 예수 그리스도의 은혜

사도 바울은 하나님의 율법과 은혜에 관한 기록을 하고 있다. 하나님께서는 이스라엘 백성에게 율법을 허락하심으로써 죄에 대한 깨달음을 가지게 하셨다. 율법이 없는 상태에서는 인간들이 자기에게 있는 죄의 악한 모습을 분명하게 깨달을 수 없다. 인간들은 자신의 이성과 경험에 따라 죄성 여부를 따지는 습성이 있어서 죄를 제대로 볼 수 없는 것이다.

하나님의 율법을 받은 언약의 백성들은 그것을 통해 죄를 더욱 선명하게 깨닫게 된다. 기록된 계시인 실정법으로 말미암아 자신의 죄를 부인하거나 거절할 수 없기 때문이다. 바울은 이에 대해 분명히 말하고 있다.

> "율법이 가입한 것은 범죄를 더하게 하려 함이라 그러나 죄가 더한 곳에 은혜가 더욱 넘쳤나니 이는 죄가 사망 안에서 왕 노릇 한것 같이 은혜도 또한 의로 말미암아 왕 노릇 하여 우리 주 예수 그리스도로 말미암아 영생에 이르게 하려 함이니라"(롬 5:20,21)

율법이 가입한 것은 범죄를 더하게 한다는 의미가 과연 무슨 뜻인가? 율법으로 인해 죄의 양이 더 많아진다는 것인가? 물론 그런 의미가 아닌 것은 분명하다.

이 말의 진정한 의미는 하나님의 율법을 통해 성도들은 죄를 더욱 선명하게 깨닫게 되며 그전에 죄가 아니라고 생각하던 것조차도 죄로 이해됨으로써 죄가 더 많아진다는 뜻이다.[22] 그러므로 성숙한 성도들은 율법을 통해 본질적인 죄를 더 분명히 깨닫게 됨으로써 하나님의 은혜를 더욱 풍성하게 깨닫게 된다.

이것을 통해 과거에는 죄가 사망 안에서 인간들 위에 군림하며 왕 노릇했으나 이제는 하나님의 의가 왕 노릇하며 성도들의 삶을 지배하게 된다. 이로써 하나님의 자녀들은 예수 그리스도로 말미암아 영생에 이르게 되었다. 이는 택하신 하나님의 백성들에게 특별히 주어진 가장 큰 선물일 수밖에 없다.

우리는 사도 바울이 말하고 있는 바 하나님께서 모세를 통해 이스라엘 백성에게 주신 율법과 예수 그리스도로 말미암는 영원한 은혜를 올바르게 깨달을 수 있어야 한다. 그 둘은 상호 불가분의 관계에 있으며 그에 대한 진정한 깨달음이 없이는 결코 하나님의 말씀에 온전히 순종할 수 없다. 그것으로 인해 하나님의 성도들은 삶 가운데 허락된 구원역사를 풍성히 누릴 수 있게 되는 것이다.

---

22) 인간들은 현상적으로 드러나는 죄만을 죄로 인정하려는 경향이 있다. 그러나 우리는 그에 대해 좀더 깊은 이해를 해야 한다. 즉 인간들이 죄라고 인정하는 것만 죄가 되는 것이 아니라, 그렇지 않다고 판단하는 것들 가운데 더욱 무서운 죄가 들어있을 수 있다. 특히 인간들이 자신의 죄를 회개할 때 그에 대한 의미가 두드러진다. 자기가 죄라고 인정하는 것에 대해서만 회개하고 자기가 미처 죄인 것을 알지 못하는 부분에 대해서는 회개하지 못하는 것이다. 우리는 스스로 어떤 일에 대해 자랑스럽게 생각하며 나중에 하나님으로부터 큰 상을 받으려는 욕망을 가지기도 하지만 사실은 그것이 무서운 죄일 수 있는 것이다.

제7장
예수 그리스도와 연합한 성도들

(롬 6:1-23)

(로마서 6:1-23)

6:1 그런즉 우리가 무슨 말 하리요 은혜를 더하게 하려고 죄에 거하겠느뇨

6:2 그럴 수 없느니라 죄에 대하여 죽은 우리가 어찌 그 가운데 더 살리요

6:3 무릇 그리스도 예수와 합하여 세례를 받은 우리는 그의 죽으심과 합하여 세례 받은 줄을 알지 못하느뇨

6:4 그러므로 우리가 그의 죽으심과 합하여 세례를 받음으로 그와 함께 장사되었나니 이는 아버지의 영광으로 말미암아 그리스도를 죽은 자 가운데서 살리심과 같이 우리로 또한 새 생명 가운데서 행하게 하려 함이니라

6:5 만일 우리가 그의 죽으심을 본받아 연합한 자가 되었으면 또한 그의 부활을 본받아 연합한 자가 되리라

6:6 우리가 알거니와 우리 옛 사람이 예수와 함께 십자가에 못박힌 것은 죄의 몸이 멸하여 다시는 우리가 죄에게 종노릇하지 아니하려 함이니

6:7 이는 죽은 자가 죄에서 벗어나 의롭다 하심을 얻었음이니라

6:8 만일 우리가 그리스도와 함께 죽었으면 또한 그와 함께 살 줄을 믿노니

6:9 이는 그리스도께서 죽은 자 가운데서 사셨으매 다시 죽지 아니하시고 사망이 다시 그를 주장하지 못할 줄을 앎이로라

6:10 그의 죽으심은 죄에 대하여 단번에 죽으심이요 그의 살으심은 하나님께 대하여 살으심이니

6:11 이와 같이 너희도 너희 자신을 죄에 대하여는 죽은 자요 그리스도 예수 안에서 하나님을 대하여는 산 자로 여길지어다

6:12 그러므로 너희는 죄로 너희 죽을 몸에 왕 노릇 하지 못하게 하여 몸의 사욕을 순종치 말고

6:13 또한 너희 지체를 불의의 병기로 죄에게 드리지 말고 오직 너희 자신을 죽은 자 가운데서 다시 산 자같이 하나님께 드리며 너의 지체를 의의 병기로 하나님께 드리라

6:14 죄가 너희를 주관치 못하리니 이는 너희가 법 아래 있지 아니하고 은혜 아래 있음이니라

6:15 그런즉 어찌하리요 우리가 법 아래 있지 아니하고 은혜 아래 있으니 죄를 지으리요 그럴 수 없느니라

6:16 너희 자신을 종으로 드려 누구에게 순종하든지 그 순종함을 받는 자의 종이 되는 줄을 너희가 알지 못하느냐 혹은 죄의 종으로 사망에 이르고 순종의 종으로 의에 이르느니라

6:17 하나님께 감사하리로다 너희가 본래 죄의 종이더니 너희에게 전하여 준 바 교훈의 본을 마음으로 순종하여

6:18 죄에게서 해방되어 의에게 종이 되었느니라

6:19 너희 육신이 연약하므로 내가 사람의 예대로 말하노니 전에 너희가 너희 지체를 부정과 불법에 드려 불법에 이른 것같이 이제는 너희 지체를 의에게 종으로 드려 거룩함에 이르라

6:20 너희가 죄의 종이 되었을 때에는 의에 대하여 자유하였느니라

6:21 너희가 그 때에 무슨 열매를 얻었느뇨 이제는 너희가 그 일을 부끄러워하나니 이는 그 마지막이 사망임이니라

6:22 그러나 이제는 너희가 죄에게서 해방되고 하나님께 종이 되어 거룩함에 이르는 열매를 얻었으니 이 마지막은 영생이라

6:23 죄의 삯은 사망이요 하나님의 은사는 그리스도 예수 우리 주 안에 있는 영생이니라

제7장 _ 예수 그리스도와 연합한 성도들

(롬 6:1-23)

1. 하나님의 성도들과 죄악 세상

하나님을 알지 못하는 사람들에게는 궁극적인 소망이 없다. 인간들이 이 세상의 현실적 양상에 집착하는 것이 그에 대한 단적인 증거이다. 저들에게는 이 세상에서 행복하게 살다가 인생을 마치는 것이 최상의 보람이다. 물론 종교를 가진 이교도들은 죽음 이후의 세상에 대해 나름대로 관심을 가진다. 하지만 그들의 모든 사고는 허상虛像을 향한 것이며 이 세상에서 소유하지 못한 것을 다음 세상에서 가지려고 하는 욕망에 기인한다.

그러나 하나님의 백성들에게 있어서는 그렇지 않다. 성도들은 본질적인 측면에서 사탄의 통치 영역에 속한 이 세상 왕국과 결별한 자들이다. 그러므로 세상에 대해 궁극적인 목적을 두고 살아가지 않는다. 물론 세상에서 성도의 도리를 다하며 여러 이웃들과 더불어 살아가지만 거기에 궁극적인 소망을 두지 않는 것이다. 그래서 성도들은 하나님께서 허락하신 은혜 가운데 이 세상을 살아가고 있다.

신앙이 어리거나 연약한 교인들은 눈으로 볼 수 없고 손으로 만질 수 없는 무형인 하나님의 은혜를 자신의 감정을 통해 더욱 강렬하게 느끼고자 하는 욕심에 사로잡히게 된다. 그들은 기록된 말씀을 통해 하나님의 언약을 인격적으로 받아들임으로써 은혜를 깨닫고자 하는 아니라 강렬한 종교적 느낌과 감성에 의해 은혜를 체험하고자 하는 것이다. 이러한 생각은 매우 위험할 수 있다. 왜냐하면 그들은 하나님의 은혜를 상대적인 비교 개념을 동원해 확인하고자 하기 때문이다.

예를 들어 인간은 항상 다른 사람들의 형편을 지켜보며 자신의 상태를 비교한다. 즉 타인의 삶보다 자기의 삶이 못하지 않음을 확인하면서 안도감을 느끼게 되는 것이다. 그러므로 어려움에 빠진 주변을 보며 그렇지 않은 자신을 인식할 때 그것을 은혜로 여긴다. 인간들의 이러한 습성은 죄에 있어서도 마찬가지다. 즉 삶에 대한 감정은 그 자체로부터 발생하기보다 주변의 상대적인 정황에 의존하게 되는 것이다.

사도 바울은 상대화된 비교적 사고에 빠질 우려가 있는 성도들에게 그런 미숙한 사고를 버리도록 요구하고 있다. 하나님의 은혜는 절대적이며 주변의 상황과 상관없이 항상 성도들 가운데 존재한다. 바울이 로마에 있는 성도들에게 '은혜를 더하게 하려고 죄에 거하겠느냐'(롬 6:1)고 한 말은 바로 그와 연관된 맥락에서 주어졌다.

상대적인 비교 개념을 바탕으로 한 종교적 감성을 통해 느끼게 되는 은혜란 영속성이 없다. 일시적으로 그렇게 느끼는 듯 하다가도 다른 형태의 감성이 개입되면 곧 그것을 잊어버리거나 무의미하게 만드는 오류에 빠지게 되는 것이다. 신앙이 어린 교인들은 그런 정신적 행위를 되풀이 하면서 스스로 은혜를 가늠하며 즐거워한다. 그런 식으로 느끼게 되는 주관적 은혜는 자신의 감정이나 행동의 지배를 받지 않을 수 없다.

신앙이 성숙한 성도들은 개별적인 삶에 따르는 감정과 느낌을 통해 하나님의 은혜를 논하거나 해석하지 않는다. 진정한 하나님의 은혜는 일시적인 것이 아니라 상시적인 의미를 지니고 있기 때문이다. 장성한 교인들은 자신의 개인적인 감정이나 행동 여부에 관계없이 항상 하나님의 놀라운 은혜 가운데 거한다는 사실을 알고 있다. 설령 우리가 잠을 자거나 그것을 전혀 의식하지 못하는 상황에 처할지라도 하나님의 은혜는 절대로 우리를 떠나지 않는다.

바울은 하나님의 은혜를 더욱 강렬하게 느끼기 위해 더러운 죄에 거할 수 없음을 분명히 말하고 있다. 죄는 더럽고 무서운 것이며 하나님의 자녀들에게는 본질적으로 어울리지 않는 속성을 지니고 있다. 따라서 성도가 된 우리는 더 이상 죄 가운데 거할 수 없으며 그것을 통해 비교적 개념에서 하나님의 은혜를 더 크게 하려 해서는 안 된다.

2. 예수 그리스도와 연합한 자

1) 세례와 연합

하나님의 자녀들은 예수 그리스도와 본질적으로 연합한 자들이다. 그리스도와 연합됨이 없이는 결코 진정한 하나님의 백성이 될 수 없다. 그것은 인위적이며 의도적인 인간들의 종교행위가 아니라 하나님의 부르심을 통해 자연스럽게 일어나는 영적인 현상이다. 사도 바울은 그것을 세례와 더불어 설명하고 있다(롬 6:3).

이 세례는 예수님과 세례자 요한을 통해 그 역사적 의미가 이미 드러났다. 그것은 구약시대 이스라엘 민족 가운데 존재하던 할례와 연관되는 것으로 하나님께 속한 성도들은 그것을 통해 자신을 고백하고 있다. 즉 할례와 세례는 자기 포기를 의미하는 동시에 하나님께 속한 자임을 언약 가운데서 구체적으로 고백하는 것이다.

세례자 요한은 이스라엘 백성들을 향해 회개를 촉구했으며, 예수님께서도 회개하라고 외치셨다. 예수님과 세례자 요한은 요단강에서 이스라엘 백성들에게 세례를 베풀면서 곧 도래하게 될 새로운 왕국에 대한 선포를 하셨던 것이다.

"회개하라 천국이 가까왔으니라"(마 3:2; 4:17)

이는 일반적인 죄에 대한 단순한 뉘우침을 요구하고 있는 것이 아니다. 우리가 주의깊은 관심을 기울여야 할 사실은 여기서 말하는 회개가 곧 도래하게 될 천국과 연관되어 있다는 점이다. 또한 천국은 하나님께서 보내시는 메시아가 통치하시는 새로운 왕국시대를 일컫고 있다. 세례와 더불어 이스라엘 백성들에게 주어진 특별한 메시지는 이전과 전혀 다른 새로운 나라의 도래에 대한 선포이다. 그러므로 주님의 메시지에 참여하는 모든 백성들은 이제 옛 왕국과 단절을 꾀할 수밖에 없다.

또한 사도 바울은 하나님의 자녀가 된 모든 성도들이 십자가를 지신 예수 그리스도와 연합하여 세례를 받은 것으로 말하고 있다. 즉 구속사의 중심에 있는 언약적인 세례의 중심에는 예수 그리스도의 십자가 사역이 존재한다. 이는 오늘날 우리가 교회에서 시행하는 의식적 세례를 직접 의미하지는 않는다. 물론 바울이 언급하고 있는 세례의 의미가 보편교회에서 시행되는 세례의 중요한 기반이 된다. 하지만 바울이 로마의 성도들에게 언급한 것은 예수님의 십자가 사역을 두고 말하는 것이다.

예수님은 홀로 십자가 위에서 죽음을 당하셨지만 그 안에는 하나님의 자녀인 우리 모두가 포함되어 있었다. 이는 아담이 에덴동산에서 홀로 하나님을 배반하고 선악을 알게 하는 나무에서 먹을 때 그의 후손인 모든 인간들이 불법적으로 저항하는 그와 그의 행동 안에 포함되어 있었던 것과 동일한 이치이다.

그러므로 오늘날 우리가 교회에서 의례로 받게 되는 세례는 그에 대한 고백적 확인이다. 즉 예수께서 십자가에 달려 돌아가실 때 우리도 그와 함께 죽었음을 징표로서 확인하는 것이다. 이는 그와 함께 죽었을 뿐 아니라 그와 함께 부활하게 된 사실을 동시에 말해주고 있다. 이것은 단순한 상징 이상의 의미를 지닌다. 즉 그것은 실체로써 우리의 삶 가운데 구체적으로 드러나고 있는 것이다. 사도 바울은 로마에 있는 성도들에게 편지하면서 그점을 분명히 말하고 있다.

"그러므로 우리가 그의 죽으심과 합하여 세례를 받음으로 그와 함께 장사되었나니 이는 아버지의 영광으로 말미암아 그리스도를 죽은 자 가운데서 살리심과 같이 우리로 또한 새 생명 가운데서 행하게 하려 함이라 만일 우리가 그의 죽으심과 같은 모양으로 연합한 자가 되었으면 또한 그의 부활과 같은 모양으로 연합한 자도 되리라"(롬 6:4,5)

하나님의 자녀들은 결코 십자가에 달리신 예수 그리스도를 잠시도 떠날 수 없다. 그것은 상징적인 차원이 아닐 뿐더러 인간들의 감성적 느낌을 말하는 것이 아니다. 우리는 예수 그리스도와 더불어 성도들의 몸이 십자가에 못 박혔노라고 단언하는 바울의 음성을 귀담아 들어야 한다(롬 6:6). 우리의 몸은 분명코 예수께서 십자가에 달려 돌아가실 때 그와 더불어 죽었다가 그가 부활하실 때 그와 함께 다시 살아났다.

사도 바울은 또한 골로새 교회에 편지하면서도 그점을 분명히 기록하고 있다. 그는 구약시대의 할례와 더불어 신약의 세례의 의미를 언급하고 있다. 구속받은 하나님의 자녀들은 예수 그리스도의 십자가와 부활 사역에 직접 연관되어 있음을 말했던 것이다.

"또 그 안에서 너희가 손으로 하지 아니한 할례를 받았으니 곧 육적 몸을 벗는 것이요 그리스도의 할례니라 너희가 세례로 그리스도와 함께 장사한바 되고 또 죽은 자들 가운데서 그를 일으키신 하나님의 역사

를 믿음으로 말미암아 그 안에서 함께 일으키심을 받았느니라"(골 2:11,12)

사도 바울은 성도들이 예수 그리스도와 함께 십자가에 못박힌 사실을 상징적인 의미가 아니라 구체적인 현실로 설명한다. 그리고 자연인으로서 인간은 죽었으며 심령에는 부활하신 예수 그리스도께서 살아계신다고 언급했다. 이는 모든 하나님의 자녀들에게 동일하게 적용되는 말이다. 성도로 살아가는 삶의 의미는 자신을 위해 몸을 버리신 하나님의 아들을 믿는 믿음 안에서 발견될 수 있는 것이다.

다시 언급하지만 이는 아담이 에덴동산에서 하나님께서 금지하신 선악을 알게 하는 나무에서 먹을 때 우리도 그와 함께 먹었으며, 그가 처참한 사망의 자리에 놓일 때 우리도 그와 한 자리에 있었다는 사실과 동일한 위치에서 이해해야 한다. 그것은 결코 상징적인 의미가 아니라 모든 인간들이 처한 실체적인 현실이다. 이처럼 예수 그리스도의 모든 사역도 우리에게 구체적인 의미를 지니고 있는 것이다.

우리가 예수 그리스도와 함께 십자가에 못박혀 죽어 장사되고 그와 더불어 부활한 것은 아담이 상실했던 새로운 삶을 부여받았음을 말해주고 있다. 하나님의 자녀들이 예수 그리스도와 더불어 죽은 것은 타락한 아담에게 속한 죄의 몸이 죽었음을 의미한다. 따라서 우리는 본질상 더 이상 죄의 몸을 가지지 않았으므로 죄에게 종노릇해서는 안 된다. 즉 본질적인 측면에서 죄와 상관이 없는 새로운 몸을 부여받게 되었기 때문이다.

하나님의 자녀들은 죄로부터 벗어나 의로운 존재가 되었다. 하나님의 거룩하신 아들이신 예수 그리스도께 속함으로써 그와 조화되는 새로운 삶을 제공받았다. 아담이 가졌던 하나님의 형상이 사탄으로 말미암은 범죄로 인해 그 기능이 완전히 마비되었으나 이제 완벽한 하나님의 형상이신 예수 그리스도를 통해 다시금 우리 가운데 활동하게 된 것이다.

하나님의 자녀들은 사망으로부터 자유롭게 되었으므로 이제 사망이 그들 위에 군림할 수 없다. 예수께서 십자가에 달려 죄에 대해 단번에 죽으시고 하나님께 대해 다시 살아나신 것처럼 우리의 삶도 그와 같다. 우리도 죄에 대해서는 죽은 자요 그리스도 예수 안에서는 하나님께 대해 살아 있다. 이는 그리스도의 십자가 사역을 통해 그 안에 존재하는 성도들은 죄와 사망에 대해 무관한 자가 되었으며, 하나님과는 새로운 관계가 회복되었음을 의미한다.

2) 교회와 세례

우리는 이와 연관하여 보편교회에서 행해지는 세례의식에 대해 올바른 이해를 할 필요가 있다. 참된 교회에 있어서 세례는 성례 가운데 하나로서 말씀선포 및 권징사역과 더불어 교회의 중요한 표지가 된다. 즉 올바른 말씀선포, 권징사역, 성례의 시행이 없다면 교회란 이름만 가졌을 뿐 거짓 교회일 따름이다.[23]

그러므로 세례는 하나님의 교회의 상속을 이루어가기 위해 절대로 중요한 의례이다. 하나님의 부르심을 받은 성도들은 교회의 보증을 통해 자신의 신앙을 공적으로 고백함으로써 세례를 받게 된다. 그것은 단순한 형식적인 종교의례가 아니다. 신약교회에 있어서 세례는 말씀을 맡은 교사, 즉 목사가 물로써 공적으로 세례를 베풀게 된다. 물로 세례를 베푼다는 의미는 매우 소중한 의미를 담고 있다.

사도 바울은 고린도 교회에 편지하면서 이스라엘 백성들이 홍해바다를 건넌 사건을 두고 세례라 표현하고 있다. 그리고 사도 베드로는 그의

---

23) 『벨직신앙고백서』, 제29장 참조.

서신에서 노아의 가족들이 대 홍수 때 방주를 통해 생명을 건진 사건을 두고 세례라 묘사했다. 바울과 베드로가 예로 든 두 가지 구속사적 사건에 연관된 기록은 세례에 관해 매우 중요한 점을 시사하고 있다.

사도 바울은 모든 성도들이 받는 세례는 하나님의 심판 및 구원에 연관되어 있음을 설명한다. 즉 홍해바다가 갈라진 사건을 설명하는 가운데 이스라엘 백성의 구원은 곧 애굽에 대한 심판을 의미하는 것임을 말하고 있다. 즉 하나님께서 언약으로 세우신 이스라엘 민족을 억압하는 애굽과 그에 속한 자들을 홍해의 물로써 심판하고, 동일한 그 물로써 이스라엘 백성들에게 생명과 더불어 새로운 삶을 허락하셨던 것이다.

> "형제들아 너희가 알지 못하기를 내가 원치 아니하노니 우리 조상들이 다 구름 아래 있고 바다 가운데로 지나며 모세에게 속하여 다 구름과 바다에서 세례를 받고"(고전 10:1,2)

이스라엘 백성들이 애굽을 탈출해 나올 때 홍해 바다 가운데 있었던 것은 생명보존을 위한 하나님의 은혜였다. 그들이 홍해 바다의 땅바닥을 밟고 선 것과 바닷물이 양쪽으로 갈라져 벽을 만들고 그 위에 구름이 뒤덮고 있었던 것은 전적인 하나님의 능력으로 말미암는 것이었다. 바울은 그것을 두고 이스라엘 민족의 세례와 연관지어 표현하고 있다.

우리는 사도 바울이 세례에 관한 설명을 하면서 이스라엘 백성들이 '모세에게 속하여' 세례를 받았다고 말한 점과 그들이 '집단적으로' 세례를 받은 것으로 묘사하고 있는 점에 특별한 관심을 기울일 필요가 있다. 이는 우리 시대에 세례를 받는 성도들 역시 예수 그리스도와 하나님의 말씀에 속해 세례를 받아야 한다는 점과 세례는 개인 뿐 아니라 교회의 집단적 의미를 지니고 있음을 보여주고 있기 때문이다.

애굽을 떠나 홍해 바다를 건넘으로써 세례를 받은 이스라엘 백성들의 삶은 과거 애굽에서의 생활로부터 완전히 분리되었다. 그들은 애굽에서 가졌던 세속적인 즐거움에 관련된 모든 기억을 지워야만 했다. 그러나 이스라엘 백성들 가운데는 탈출한 애굽을 도리어 그리워하는 자들이 많이 있었다.

그들은 시내 광야의 단조로운 생활에 대해 심하게 불평했다. 날마다 먹는 만나와 메추라기에 싫증을 내면서 애굽에서 먹었던 맛있는 고기와 과일 및 야채들을 먹고 싶어 했다. 그러므로 그들은 모세를 원망하며 척박한 사막에서의 단조로운 삶이 지속된다면 차라리 애굽으로 되돌려 보내달라고 요구했다. 물론 하나님께서는 그런 자들에 대해 크게 진노하셨다.

오늘날 우리 시대 역시 마찬가지다. 그리스도와 함께 세례를 받음으로써 세상으로부터 떠나 세속적 가치를 버렸음에도 불구하고 여전히 세상에 미련을 두고 거기 있는 것들을 탐한다면 그것은 하나님을 진노케 하는 일이다. 세례를 받는다는 것은 이스라엘 백성들이 애굽을 완전히 떠났듯이 세상을 완전히 떠났음을 말해주고 있는 것이다.

사도 베드로 역시 노아 홍수사건을 세례와 연관지어 설명하고 있다. 홍수사건은 하나님의 심판과 구원에 직접 연관된다. 즉 홍수를 통해 세상을 짝하는 불신자들을 심판하고 하나님께서 계획하신 메시아 사역을 위해 노아의 가족들에게 구원의 은혜를 베푸셨던 것이다.

> "그들은 전에 노아의 날 방주 예비할 동안 하나님이 오래 참고 기다리실 때에 순종치 아니하던 자들이라 방주에서 물로 말미암아 구원을 얻은 자가 몇 명 뿐이니 겨우 여덟 명이라 물은 예수 그리스도의 부활하심으로 말미암아 이제 너희를 구원하는 표니 곧 세례라 육체의 더러운 것을 제하여 버림이 아니요 오직 선한 양심이 하나님을 향하여 찾아가는 것이라"(벧전 3:20,21)

베드로는 노아시대와 홍수 때의 방주에 대한 설명을 하면서 물로 베풀어지는 세례에 심판과 구원의 의미가 포함되어 있음을 분명히 언급하고 있다. 또한 세례는 구약시대의 할례가 육체에 베풀어지는 것과는 달리 성도의 심령에 베풀어짐에 대한 설명을 하고 있다. 위 본문에서 '육체의 더러운 것을 제하여 버림'에 관해 기록된 부분은 구약시대의 할례와 연관하여 말하는 것으로 이해된다.

이처럼 바울과 베드로는 공히 하나님께서 물을 통해 악한 자들을 심판하고 자기 백성들을 구원하는 것과 연관지어 세례의 의미를 밝혔다. 이스라엘 백성은 애굽으로부터 홍해바다를 건너 새로운 생명을 공급받았으며, 노아의 가족은 홍수를 통해 악한 자들로부터 떠나 새로운 생명을 공급받았다. 하나님께서는 자기 백성들을 홍해바다와 대 홍수를 거치게 함으로써 옛 사람은 죽고 새사람으로 태어나게 하셨다. 이는 곧 악한 자들에 대한 심판과 하나님의 백성들에 대한 구원의 선포를 의미한다.

오늘날 교회 가운데서 베풀어지는 세례 역시 이와 동일한 관점에서 이해되어야 한다. 하나님의 백성들은 물로 세례를 받음으로써 옛 사람은 죽고 새 사람으로 다시 태어나게 된다. 실제적으로 새로운 성도에게 세례를 베풀 때 당사자의 머리에 물을 뿌리는 것은 사람의 몸을 물에 완전히 잠그는 침례浸禮에 대한 상징적인 의미를 지니고 있다.

목사가 공예배 시간에 세례를 집례하는 것은 목사 개인의 권한 때문이 아니다. 목사는 하나님의 말씀을 맡은 직분자로서 그 일을 담당하게 된다. 따라서 세례를 베풀고 받는 것은 하나님의 말씀과 직접적으로 연관된다. 말씀 사역자로 세움을 받은 목사가 예배에 참여한 허다한 증인들이 보는 가운데 세례자를 물에 빠뜨리고 건져내는 것을 통해 당사자는 옛 사람이 죽고 새 사람으로 살아났음을 고백하게 되는 것이다.

그것은 죄악 세상으로부터의 구출된 것에 대한 언약적인 의미를 지니고 있다. 동시에 세상의 악한 자들을 향한 하나님의 심판이 선언됨을 보여주고 있다. 그러므로 세례를 받은 성도들의 회합인 주님의 몸된 교회는 새로운 생명을 소유한 거룩한 집단적 공동체로서 항상 하나님의 놀라운 은혜에 감사하며 그를 경배하게 되는 것이다.

3. 의의 병기兵器로서 성도들

하나님의 성도들은 전쟁에서 사용되는 병기 혹은 무기와도 같다. 즉 성도의 몸 자체가 전쟁에 사용되는 병기로 이해된다. 이는 성도의 몸이 적군과 맞서 싸우는 군인들의 총이나 칼과 같다는 의미이다. 그런데 누가 성도의 몸을 병기로 들어 사용하는가에 따라 그 결과는 엄청난 차이가 난다.

사도 바울은 로마에 있는 교회를 향해 저들의 몸이 곧 병기라는 사실을 분명히 묘사하고 있다. 즉 바울이 본문에서 말하고 있는 것은 성도가 병기를 올바르게 잘 사용해야 한다고 언급하는 것이 아니다. 그는 성도의 몸 자체가 전쟁을 위해 싸우는 군인들의 손에 들려 사용되는 병기와 같다는 사실을 말하고 있다(롬 6:13).

우리가 특별히 유념해야 할 점은 무기의 성능이 좋다는 것 자체에 의미가 있는 것이 아니라 누가 그것을 사용하는가 하는 것이 더욱 중요하다는 사실이다. 따라서 능력이 뛰어나고 재주가 많은 교인이라면 그렇지 못한 자들보다 더욱 주의해야 한다. 만일 성능이 탁월한 무기처럼 뛰어난 능력을 가진 교인이 하나님이 아니라 원수인 사탄의 손에 의해 움직이게 된다면 엄청난 문제가 발생하게 된다.

사도 바울이 교훈하고 있는 이 말이 두렵게 들리지 않는가? 하나님의 성도인 나의 몸이 예기치 못한 무서운 살상무기로 돌변할 수도 있다면 정말 두려운 일이 아닐 수 없다. 물론 동일한 나 자신이 하나님께서 사용하신다면 의의 병기가 될 수 있다. 즉 나의 몸을 하나님께 온전히 맡기면 의의 병기가 될 것이며, 사탄이 지배하는 죄악에 나를 맡기게 되면 나의 몸은 사람을 해치는 무서운 흉기가 된다.

그러므로 사도 바울은 로마에 있는 교회를 향해 성도의 몸을 사탄이 지배하는 인간적인 욕망에 맡기지 말도록 당부하고 있다(롬 6:12). 하나님의 백성인 나의 몸이 다른 사람들의 생명을 해하는 무서운 흉기가 될 위험이 있다는 것은 정말 두려운 일이다. 그러므로 구약성경 시편에는 그에 관련된 노래가 기록되어 있다.

> "주의 이름을 사랑하는 자에게 베푸시던 대로 내게 돌이키사 나를 긍휼히 여기소서 나의 행보를 주의 말씀에 굳게 세우시고 아무 죄악이 나를 주장치 못하게 하소서"(시 119:132,133)

시편 기자는 더러운 죄악이 자신을 주장하지 못하도록 하나님께 간구하며 노래하고 있다. 그는 무서운 죄악이 자신을 주장하게 되면 자신의 몸이 흉기가 될 것이란 사실을 잘 알고 있었던 것이다. 이는 인간의 연약함을 되돌아보게 하는 매우 적극적인 표현이다.

하나님의 성도라 할지라도 세속적인 욕망에 노출되어 있으므로 자신의 몸을 그에 맡겨서는 안 된다. 그러므로 사도 바울은 성도들의 몸을 죄에게 불의의 병기로 내주지 말고 오로지 사망을 이기신 하나님께 의의 병기로 드리라고 요구한다(롬 5:13). 이는 우리가 결코 가볍게 생각할 문제가 아니다.

총이나 칼이 어떤 사람의 손에 들려지게 되는가 하는 것은 매우 중요한 문제이다. 그 물건의 성능이 좋으면 좋을수록 더욱 그렇다. 그것이 경찰의 손에 들려졌을 때와 강도의 손에 들려졌을 때 그 용도는 완전히 달라진다. 치안을 담당하는 경찰의 손에 그것이 들려질 때는 정의를 위해 사용되지만, 동일한 그것이 강도의 손에 들려지게 되면 사람들을 끔찍하게 해치는 악한 불의의 흉기가 된다.

하나님의 백성들이 기록된 말씀을 의지하여 정신을 바짝 차리면 더러운 죄가 성도들을 마음대로 주장하지 못한다. 믿음을 가진 성도들은 성령의 도우심에 따라 강력한 하나님의 은혜 가운데 살고 있다. 이는 예수 그리스도와 함께 세례를 받은 성도들은 더 이상 율법이 아니라 은혜 아래 살아가고 있음을 의미한다. 또한 율법 아래 있지 않다는 말은 법 규정을 어긴데 대한 심판을 받지 않는다는 의미를 포함하고 있다. 이는 하나님의 은혜 가운데 있는 자는 정죄를 당치 않는다는 말과 상통한다.

하나님의 은혜 아래 살아가고 있는 성도들의 몸은 하나님을 위한 의의 병기로 사용되어야 한다. 그것을 위해서는 계시된 말씀을 통한 성도들의 온전한 순종이 요구된다. 우리는 자신의 몸이 '병기'라는 사실을 결코 잊어서는 안 된다. '병기'인 자신을 누구의 손에 들리게 하느냐에 따라 하나님께서 사용하시는 의의 병기가 될 수도 있으며, 무서운 흉기가 되어 살상무기로 악용될 수도 있다는 사실을 꼭 기억해야 한다.

4. 의義의 종이 된 성도

하나님의 자녀들은 죄악 세상을 장악하고 있는 사탄의 지배에서 완전히 벗어났다. 이로써 악마로부터 해방되어 진정한 자유를 얻게 된 것이다. 하지만 성도들이 소유한 자유는 자기 마음대로 살아가도록 허락된 방종을 의미하지 않는다. 도리어 하나님께 온전히 붙잡힌바 된 영적인 순종의 삶을 의미한다.

하지만 이 세상에 살아가는 인간은 하나님의 성도가 되었다 할지라도 여전히 나약하며 숱한 유혹들이 따른다. 타락한 아담의 형상을 입은 인간들은 본성적으로 현실적 죄악으로부터 완전히 자유로울 수 없는 존재들이다. 거기다가 사탄은 자기의 수하를 떠난 하나님의 자녀들을 미혹하기 위해 부단한 노력을 하고 있다. 따라서 베드로는 이땅에 살아가는 성도들을 향해 그에 대한 강한 경고를 하고 있다.

"근신하라 깨어라 너희 대적마귀가 우는 사자 같이 두루 다니며 삼킬 자를 찾나니 너희는 믿음을 굳게 하여 저를 대적하라 이는 세상에 있는 너희 형제들도 동일한 고난을 당하는 줄을 앎이니라"(벧전 5:8,9)

악한 사탄은 자기의 수하에 있던 인간들 가운데 일부가 하나님의 편으로 옮겨간데 대해 나름대로 화가 머리끝까지 치밀어 있다. 그는 하나님의 자녀가 된 자들을 다시금 미혹하여 자기의 편으로 끌어들이기 위해 온갖 계략을 동원하기를 게을리 하지 않는다. 따라서 하나님의 백성이 된 성도들은 결코 안일한 자세로 이 세상을 살아갈 수 없다.

그러므로 악한 세상을 살아가는 우리는 잠시도 방심하지 말고 항상 깨어있어야만 한다. 자칫 잘못하면 사탄의 교묘한 공격을 받아 쓰러지기 쉽다. 그렇게 되면 하나님의 은혜를 핑계 삼아 이기적인 방종으로 흐를 위험이 따르게 된다. 그것은 사탄의 유혹을 받아 자신의 몸을 불의의 병기로 내어주는 것과 마찬가지다.

사도 바울은 우리가 율법 아래 있지 않고 은혜 아래 있다고 해서 죄에 대해 소홀하게 여겨서는 안 된다는 사실을 분명히 언급하고 있다. 이는 예수 그리스도를 통해 구약의 율법이 완성되었지만 여전히 하나님의 말씀에 순종해야 한다는 사실을 강조하고 있는 것이다. 그러므로 하나님의 율법을 완전히 무용한 것으로 간주하는 율법폐지론자들의 폐단은 우리가 정신 차려 경계해야 할 대상이다.[24]

---

24) 우리는 비단 율법폐지론자들뿐 아니라 율법주의자들을 경계하지 않으면 안 된다. 나아가 신율(新律)주의자들 역시 경계해야 할 대상이다. 그들은 구원받은 성도들이라 할지라도 성경에 기록된 율법의 일부분을 지키는 것이 구원의 조건이 되는 양 가르치고 있다. 특히 신약성경에 기록된 여러 내용들을 지켜야만 구원에 이르게 된다고 말한다. 그러나 만일 그런 것들이 구원의 조건이 된다고 말하게 되면 그리스도의 십자가 사역만으로는 구원을 이루기 위해 충분하지 않다는 결론에 이르게 된다. 하나님의 자녀들이 선행을 행하며 도덕적인 사람으로 되어가는 것은 불신자들의 가치기준과 다르다. 하나님의 계명에 대한 진정한 이행은 전적인 하나님의 은혜로 말미암아 이루어지게 되는 것이다.

인간에게 특별히 순종해야 할 어떤 대상이 존재한다는 사실은 그의 종이 되었음을 입증한다. 타락한 아담의 형상을 입은 모든 인간들은 본성적으로 죄를 따르는 죄의 종들이었다. 하나님의 자녀들도 부르심을 입기 전에는 역시 죄의 노예로 살았다. 즉 죄가 요구하며 시키는 대로 그에 순종하는 삶을 사는 것을 자연스럽게 여겼다.

그렇지만 예수 그리스도에 의해 부르심을 받은 성도들은 악하고 더러운 옛 주인이었던 사탄을 떠나 거룩한 하나님의 종이 되었다. 모든 성도들은 하나님의 말씀에 온전히 순종해야 할 의무를 지닌 선한 노예가 된 것이다. 그러므로 하나님의 노예인 백성들은 주인의 명령과 요구에 절대적으로 순종해야 할 의무를 가진다.

타락한 인간들은 하나님을 알지 못했을 때 죄의 노예가 되어 자신의 몸을 불법과 부정에 내어준 채 살았었다. 하지만 하나님을 알고 난 후에는 예수 그리스도를 통해 저들의 몸이 하나님께 온전히 바쳐진 바가 되었다. 그러므로 성도들은 자신이 하나님께 순종해야 할 의의 종이라는 사실을 분명히 기억해야 한다. 거룩한 하나님을 섬길 수 있는 종이 되었다는 사실이 우리에게는 놀라운 복이 아닐 수 없다.

5. 영생의 열매

거룩한 하나님의 자녀가 되었다는 사실은 하나님으로부터 영생의 열매를 얻었음을 의미한다. 이는 아담이 에덴동산에서 따먹었던 선악과와 완전히 대비된다. 첫 사람 아담은 사탄의 유혹을 받아 자기의 욕망을 채우기 위해 하나님께서 금하신 선악과를 따먹었다. 하지만 그 결과는 그가 기대했던 풍성하고 화려한 삶이 아니라 무서운 사망의 올가미였다.

사도 바울은 본문 가운데서 아담이 따먹은 열매에 연관된 언급을 하고 있다. 그것을 따먹은 결과는 진정한 생명이 아니라 영원한 사망이었다. 악한 인간들이 이 세상에서의 일상적인 삶을 통해 얻게 되는 숱한 열매들은 아담이 선악과를 따먹음으로 인해 맺게 된 열매의 결과이다(롬 6:21 참조). 그러므로 바울이 그에 관해 언급하고자 했던 것은 단순히 일반적인 경우만을 두고 했던 말이 아니다.

> "죄의 삯은 사망이요 하나님의 은사는 그리스도 예수 우리 주 안에 있는 영생이니라"(롬 6:23)

사도 바울이 본문에서 말하는 '죄의 삯' 이란 평상적인 죄에 대한 결과에 관련된 것과 다르다. 이는 하나님의 율법을 멸시한 채 사탄의 유혹을 받아들여 선악과를 따먹은 아담의 원초적인 범죄와 밀접하게 연관되어 있다. 하나님의 형상을 닮게 지음 받은 아담이 하나님의 금령을 어기고 선악과를 따먹은 것은 죽음에 이르는 길이었다. 그로 인해 아담의 모든 후손들이 죄와 사망의 굴레에 갇히게 되었던 것이다.

그러나 하나님께서는 예수 그리스도의 십자가 사역을 통해 자기 백성들에게 영원한 생명을 허락하셨다. 하나님께서 신실한 자신의 언약에 따라, 사망에 빠진 자기 자녀들을 구원하시기 위해 무궁한 생명의 은혜를 베푸셨던 것이다. 이로 말미암아 창세전에 선택받은 하나님의 백성들은 죄와 사망으로부터 의와 영생으로 옮겨지게 되었다.

예수 그리스도께서는 그 전에 제자들과 대화하시면서 구약성경에 관련된 말씀과 더불어 그에 연관된 언급을 하셨다. 물론 그것은 에덴동산에 있었던 선악과와 아담의 범죄를 직접 언급하신 것이 아니지만 그에 대한 어느 정도의 교훈을 얻을 수 있다. 자기의 목숨과 욕망에 대한 강한 집착으로 인해 인간이 멸망당하게 된다는 사실은 그와 별반 다르지 않기 때문이다.

"무릇 자기 목숨을 보존하고자 하는 자는 잃을 것이요 잃는 자는 살리리라"(눅 17:33)

더러운 죄에 빠진 인간들은 본성적으로 자신의 생명을 보존하고자 하는 욕망을 가진다. 그것은 자신의 생명이 완전하지 못하다는 인식과 더불어 존재하는 인간의 간악한 이기심으로 말미암는 것이다. 그러나 자기의 생명을 보존하기 위해 스스로 애쓰는 모든 인간들은 상당한 노력에도 불구하고 결코 영원한 참 생명을 소유할 수 없다.

이와 달리 예수께서는 자신의 생명을 잃는 자가 살게 되리라고 말씀하셨다. 이는 예수 그리스도로 말미암아 이 세상에 대해 자기의 생명을 잃고 죽게 되는 자를 일컫고 있다. 즉 인간의 생명은 스스로 보장할 수 없으므로 그리스도께 자신의 생명을 온전히 맡겨야 하는 것을 의미한다. 그것이 영원한 참 생명을 보장하게 된다.

오늘날 하나님의 교회에 속한 진정한 성도들은 아담의 선악과로 인한 저주와 심판으로부터 구출된 자들이다. 그들은 하나님의 아들 예수 그리스도께서 십자가에 달려 대신 저주를 받음으로써 영원한 생명을 공급받았다. 그러므로 우리는 아담의 선악과를 넘어 그리스도의 생명의 열매를 맺어 영생을 누리는 하나님의 참된 백성들이다.

제8장
율법의 기능
(롬 7:1-25)

(로마서 7:1-25)

7:1 형제들아 내가 법 아는 자들에게 말하노니 너희는 율법이 사람의 살 동안만 그를 주관하는 줄 알지 못하느냐

7:2 남편 있는 여인이 그 남편 생전에는 법으로 그에게 매인 바 되나 만일 그 남편이 죽으면 남편의 법에서 벗어났느니라

7:3 그러므로 만일 그 남편 생전에 다른 남자에게 가면 음부라 이르되 남편이 죽으면 그 법에서 자유케 되나니 다른 남자에게 갈지라도 음부가 되지 아니하느니라

7:4 그러므로 내 형제들아 너희도 그리스도의 몸으로 말미암아 율법에 대하여 죽임을 당하였으니 이는 다른 이 곧 죽은 자 가운데서 살아나신 이에게 가서 우리로 하나님을 위하여 열매를 맺히게 하려 함이니라

7:5 우리가 육신에 있을 때에는 율법으로 말미암는 죄의 정욕이 우리 지체 중에 역사하여 우리로 사망을 위하여 열매를 맺게 하였더니

7:6 이제는 우리가 얽매였던 것에 대하여 죽었으므로 율법에서 벗어났으니 이러므로 우리가 영의 새로운 것으로 섬길 것이요 의문의 묵은 것으로 아니할지니라

7:7 그런즉 우리가 무슨 말 하리요 율법이 죄냐 그럴 수 없느니라 율법으로 말미암지 않고는 내가 죄를 알지 못하였니 곧 율법이 탐내지 말라 하지 아니하였더면 내가 탐심을 알지 못하였으리라

7:8 그러나 죄가 기회를 타서 계명으로 말미암아 내 속에서 각양 탐심을 이루었나니 이는 법이 없으면 죄가 죽은 것임이니라

7:9 전에 법을 깨닫지 못할 때에는 내가 살았더니 계명이 이르매 죄는 살아나고 나는 죽었도다

7:10 생명에 이르게 할 그 계명이 내게 대하여 도리어 사망에 이르게 하는 것이 되었도다

7:11 죄가 기회를 타서 계명으로 말미암아 나를 속이고 그것으로 나를 죽였는지라

7:12 이로 보건대 율법도 거룩하며 계명도 거룩하며 의로우며 선하도다

7:13 그런즉 선한 것이 내게 사망이 되었느뇨 그럴 수 없느니라 오직 죄가 죄로 드러나기 위하여 선한 그것으로 말미암아 나를 죽게 만들었으니 이는 계명으로 말미암아 죄로 심히 죄되게 하려 함이니라

7:14 우리가 율법은 신령한 줄 알거니와 나는 육신에 속하여 죄 아래 팔렸도다

7:15 나의 행하는 것을 내가 알지 못하노니 곧 원하는 이것은 행하지 아니하고 도리어 미워하는 그것을 함이라

7:16 만일 내가 원치 아니하는 그것을 하면 내가 이로 율법의 선한 것을 시인하노니

7:17 이제는 이것을 행하는 자가 내가 아니요 내 속에 거하는 죄니라

7:18 내 속 곧 내 육신에 선한 것이 거하지 아니하는 줄을 아노니 원함은 내게 있으나 선을 행하는 것은 없노라

7:19 내가 원하는 바 선은 하지 아니하고 도리어 원치 아니하는 바 악은 행하는도다

7:20 만일 내가 원치 아니하는 그것을 하면 이를 행하는 자가 내가 아니요 내 속에 거하는 죄니라

7:21 그러므로 내가 한 법을 깨달았노니 곧 선을 행하기 원하는 나에게 악이 함께 있는 것이로다

7:22 내 속 사람으로는 하나님의 법을 즐거워하되

7:23 내 지체 속에서 한 다른 법이 내 마음의 법과 싸워 내 지체 속에 있는 죄의 법 아래로 나를 사로잡아 오는 것을 보는도다

7:24 오호라 나는 곤고한 사람이로다 이 사망의 몸에서 누가 나를 건져내랴

7:25 우리 주 예수 그리스도로 말미암아 하나님께 감사하리로다 그런즉 내 자신이 마음으로는 하나님의 법을 육신으로는 죄의 법을 섬기노라

제8장 _ 율법의 기능

(롬 7:1-25)

1. 율법과 죄

사도 바울은 로마서 7장에서 구약의 율법을 설명하기 위해 남녀간의 혼인관계를 예로 들고 있다. 이는 구약성경에 기록된 율법의 기능이 완성되었으나 신약시대의 교회 가운데 여전히 유효하게 존재하는 것에 관한 이해를 돕기 위해서였다.

한 여성이 남성과 혼인을 해 남편이 생존해 있는 동안에는 그의 아내이지만, 남편이 죽게 된 후에는 더 이상 그의 아내로서 의무를 가지지는 않는다. 그 여성은 혼인관계상 죽은 남편으로부터 자유롭게 되어 다른 남자와 법에 따라 혼인할 수도 있다. 남편이 살아있을 동안에 다른 남성과 다시 혼인한다는 것은 상상도 할 수 없는 일이다. 죄를 두려워하지 않는 더러운 음녀가 아니고는 결코 그럴 수 없다. 하지만 남편이 죽은 후에는 다른 사람과 적법한 재혼을 한다고 해도 음녀가 아니며 간음을 저지르는 것이 아니다.

하나님의 백성들은 구약시대 율법 아래 있을 때는 그것에 얽매여 의무적으로 순종해야 했지만 예수께서 십자가에 달려 돌아가신 후에는 더 이상 그럴 필요가 없게 되었다. 율법에 얽매여 살던 삶이 그리스도의 복음에 순종하는 삶으로 바뀌게 된 것이다. 따라서 하나님의 자녀들은 예수께서 십자가에 달리실 때 그와 함께 율법에 대하여 죽었으므로 죽음에서 살아나신 그리스도를 통해 하나님을 위한 성령의 열매를 맺어야 한다.

사도 바울은 갈라디아 교회에 보내는 편지에서 성령의 열매에 관한 언급을 하고 있다. 이는 하나님의 자녀가 된 성도들이 소유해야 할 삶의 내용에 관한 기록이다. 성도의 삶은 그 전의 삶과는 완전히 달라야 한다는 것이었다.

> "오직 성령의 열매는 사랑과 희락과 화평과 오래 참음과 자비와 양선과 충성과 온유와 절제니 이같은 것을 금지할 법이 없느니라"(갈 5:22,23)

성도의 삶은 하나님을 알지 못하는 불신자들이 추구하는 단순한 자기 수양이나 노력을 통한 윤리성의 개선과는 다르다. 그것은 전적인 하나님의 은혜로 말미암아 주어지는 신령한 선물이다. 따라서 그에 대한 모든 내용은 인간들의 주관적이며 경험적인 평가에 의존하지 않는다.

나아가 이는 구약의 율법으로 말미암은 것이 아니라 예수 그리스도의 십자가 사역의 결과로써 이땅에 오신 성령으로 인한 것이다. 즉 이는 인간들의 자발적인 결단에 따른 것이 아니라 전적인 하나님의 사역과 은혜로 말미암는다.

신약성경 27권이 완성되기 전이던 사도교회 시대에는 구약의 율법을 예전처럼 지켜야 하는지에 대한 여부가 때로 매우 민감한 문제로 대두되었다. 예루살렘 성전이 파괴되기 전까지는 사도교회와 성도들 가운데 구약의 율법이 여전히 특수한 방편으로 실제 기능하고 있었기 때문이다.[25] 나아가 당시에는 전 세계에 흩어진 각 교회들 마다 유대인 전통을 가진 성도들이 많이 있었으므로 상당히 심각한 문제로 발전되기도 했다.

사도교회 시대에는 유대인들에게 있어서 구약의 율법이 전통적인 관습이 되어 있었으며 그들에게 익숙하여 삶에 깊숙이 배어 있었다. 그러다 보니 유대인들과 이방인 출신 성도들 가운데 적지 않은 신앙적 갈등을 빚기도 했다. 그렇게 되자 이방인의 배경을 가진 기독교인들 가운데는 유대인들의 율법을 폐기해도 되는 것인 양 주장하는 자들이 생겨났다.

또한 유대인 출신의 교인들 가운데는 거짓교사가 나타나 구약의 율법을 반드시 지켜야 한다고 가르치는 자들도 있었다. 그런 자들은 예수 그리스도의 십자가 사역이 구약성경의 완벽한 성취가 아닌 듯이 주장했던 것이다. 율법 준수와 연관된 그러한 예는 교회사 가운데 끊임없이 있어 왔다. 바울은 갈라디아 교회에 편지하면서 율법주의를 주입해 가르치는 자들을 '다른 복음'(갈 1:7-9)을 전하는 거짓된 교사라 칭했다.

사도 바울은 예수 그리스도를 통해 얻게 된 진정한 자유를 언급하며 이제는 다시 율법에 연관된 종의 멍에를 메지 말라고 명령했다. 그것은 율법을 지킴으로써 의義에 가까이 다가가고자 하는 종교적 행위와 관련되는 것이다.

만일 교인들 가운데 하나님의 율법을 충족시키기 위해 할례를 받아야 한다고 주장하는 자가 있다면 그는 율법 전체를 지켜야 할 의무가 있다. 예수 그리스도를 통해 복음을 받은 성도들이 구약의 율법을 준수해 지킨다는 것은 하나님께서 이룩하신 율법의 의미를 말살하는 행위이다.

---

25) 예수께서 십자가에 달려 돌아가시고 부활승천하신 후 성령 강림이 있은 뒤에도 제자들은 정기적으로 예루살렘 성전을 방문했다(행 3:1). 그리고 사도 바울은 성전에서 정결례를 행했다(행 21:26). 이와 같은 사실을 통해 사도교회 시대의 특수한 상황을 이해할 수 있다. 이는 예루살렘 성전이 파괴된 후의 보편교회 시대에는 그럴 필요가 없게 된 사실과 대조적이다.

사도 바울은 갈라디아 교회에 편지하면서 그점을 분명히 말했다.

> "그리스도께서 우리로 자유케 하려고 자유를 주셨으니 그러므로 굳세게 서서 다시는 종의 멍에를 메지 말라 보라 나 바울은 너희에게 말하노니 너희가 만일 할례를 받으면 그리스도께서 너희에게 아무 유익이 없으리라 내가 할례를 받는 각 사람에게 다시 증거하노니 그는 율법 전체를 행할 의무를 가진 자라 율법 안에서 의롭다 함을 얻으려 하는 너희는 그리스도에게서 끊어지고 은혜에서 떨어진 자로다"(갈 5:1-4)

사도 바울은 결코 율법 폐기론자가 아니다. 그렇지만 구약에 기록된 율법을 지켜야만 한다고 주장하는 사람들에 대해서는 매우 엄하게 책망하고 있다. 율법을 통해 하나님으로부터 자신의 의를 인정받으려고 하는 자는 그리스도로부터 끊어진 자라는 것이었다.

우리는 구약시대와 신약시대에 공히 율법이 소중하지만 각각의 시대에 따라 그 기능이 다르다는 사실을 이해해야 한다. 따라서 신약시대에 와서 모세의 율법이 무용지물이 된 것처럼 간주해서는 절대 안 된다. 구약의 율법은 우리에게 하나님의 구속사적인 경륜을 보여주고 있으며 그 가운데 하나님의 놀라운 사랑이 나타나고 있다.

구약의 율법을 근본적으로 오해하는 현상은 예수께서 지상에 살아계셔서 활동하던 당시에도 크게 불거졌던 문제이다. 율법적 전통에 익숙하던 유대인들은 예수님과 그의 제자들이 하나님 안에서 '참된 자유'를 누리는 행동을 보면서 반 율법주의자들인 것처럼 매도했다.[26] 그들은

---

26) 예수님은 먹고 마시는 문제로 인해 유대인들로부터 반율법주의자로 오해받았다: "인자는 와서 먹고 마시매 말하기를 보라 먹기를 탐하고 포도주를 즐기는 사람이요 세리와 죄인의 친구로다 하니 지혜는 그 행한 일로 인하여 옳다 함을 얻느니라"(마 11:19). 그리고 예수님의 제자들은 안식일 날 밀 이삭을 잘라먹다가 바리새인들로부터 율법을 멸시하는 자로 오해받았으며(마 12:1), 예수님께서도 안식일 날 손 마른 사람을 고쳤다고 해서 율법을 어긴 것으로 매도되었다(마 12:10). 그러나 예수님과 제자들은 하나님의 율법을 어긴 것이 아니라 율법의 진정한 의미를 드러내고 있었다.

예수 그리스도께서 율법의 완성자로 이 세상에 오셔서 자기 백성들을 사망의 억압으로부터 자유케 하신다는 사실을 알지 못했다.

그들은 예수님을 모세의 율법을 멸시하는 자로 보았던 것이다. 하지만 예수님은 제자들에게 자신으로 말미암아 구약의 율법이 폐기되는 것이 아니라 도리어 완성되어야 한다는 사실을 말씀하셨다.

> "내가 율법이나 선지자나 폐하러 온 줄로 생각지 말라 폐하러 온 것이 아니요 완전케 하려 함이로라 진실로 너희에게 이르노니 천지가 없어지기 전에는 율법의 일점일획이라도 반드시 없어지지 아니하고 다 이루리라"(마 5:17,18)

예수님은 자신이 이 세상에 오신 목적은 구약의 율법과 선지자를 폐하기 위한 것이 아님을 분명히 언급하셨다. 그는 도리어 하나님께서 계시하신 구약의 율법을 완전케 하기 위해 인간의 몸을 입고 세상에 오신 것으로 말씀하셨다. 그러므로 하나님의 율법은 천지가 없어지기 전에는 일점일획이라도 결코 없어지지 않고 다 이루어지리라고 강조하셨다. 여기서 주님께서 말씀하신 의미는 과연 무엇인가?

우리가 기억해야 할 바는 신약시대에도 구약의 율법은 폐기되지 않고 여전히 기능하고 있다는 사실이다. 그 율법은 구약시대와 마찬가지로 지금도 교회 가운데 살아있는 하나님의 율법인 것이다. 우리는 그 율법을 통해 구속사와 언약을 위한 하나님의 놀라운 뜻과 더불어 인간이 얼마나 사악한 존재인가 하는 점을 여실히 깨닫게 된다. 만일 모세 율법의 한 부분인 창세기 1장이 없다면 어떻게 우리가 하나님의 놀라운 창조사역을 알 수 있을 것이며, 창세기 3장의 기록 없이 하나님을 배반하고 타락한 인간의 처참한 모습을 어떻게 이해할 수 있을 것인가!

그러나 하나님께서 허락하신 율법의 기능이 여전히 소중하게 남아 있을지라도 그것을 잘 지킴으로써 인간의 의로움을 취하거나 하나님을 섬기려 해서는 안 된다. 신약교회시대에는 율법에 대한 행위적 순종이 구약시대처럼 요구되지 않는다. 대신 그 율법을 통해 인간 역사 가운데 직접 관여하시며 베푸신 하나님의 놀라운 사랑과 은혜를 깨달아야 한다.

우리는 하나님의 백성들이 율법의 조문條文에 의거해 구원을 받는 것이 아니라 예수 그리스도의 십자가 사역에 의해 영원한 구원에 참여하게 된다는 사실을 알게 된다. 따라서 신약시대의 모든 성도들은 구약 율법의 진정한 의미를 깨닫는 가운데 성령의 도우심에 힘입어 온전한 신앙인의 삶을 살아야 한다.

2. 내재內在하는 죄의 문제

하나님으로부터 구원의 은혜를 입은 성도들의 마음 가운데는 여전히 무서운 죄의 품성이 도사리고 있다. 하나님께 저항하며 불순종함으로써 타락한 아담의 속성을 지닌 인간들의 마음속에는 항상 더러운 세상에 존재하는 온갖 탐심들이 존재한다. 하나님을 알지 못하는 사람들은 그것을 자연스러운 것으로 받아들인다. 살아있는 인간이면 그런 것들을 본성적으로 당연히 가지는 것으로 보기 때문이다.

어떤 사람들은 인간들에게 그런 욕망과 탐심이 어느 정도 있어야만 이 세상에서 능력 있게 잘 살아갈 수 있는 것처럼 말하기도 한다. 나아가 그런 것들을 잘 계발하는 것이 인간이 살아가는 데 꼭 필요한 지혜인 양 말하는 사람들조차 있다. 그들이 그런 식의 생각을 하는 것은 인간의 이성과 경험에 의한 판단에 근거한다.

그런데 문제가 되는 것은 그러한 세속적인 사고가 하나님의 교회 안으로 침투해 들어와 있다는 사실이다. 기독교 지도자들마저도 인간의 욕망을 나름대로 정당화 시킨다. 물론 그들은 그것을 기독교 신앙이라는 이름으로 종교적 채색을 하기 때문에 어린 교인들은 그 본질을 분별해 내기가 결코 쉽지 않다.

그러나 하나님의 자녀들은 그것이 죄의 결과라는 사실을 분명히 안다. 그것을 알게 되는 것은 인간적인 이성과 지식 때문이 아니라 하나님의 율법으로 말미암는다. 하나님께서 주신 율법은, 인간들이 죄가 아니라고 주장하는 것들마저도 죄라고 규정하고 있다. 인간들의 윤리성을 기초로 해서는 결코 죄의 본성이 드러나지 않는다. 그러므로 율법으로 말미암지 않고는 죄를 진정으로 알지 못한다.

불교나 유교 혹은 이슬람교나 힌두교를 믿는 불신자들이 생각하는 죄와 하나님의 자녀들이 깨닫고 있는 죄의 성격은 본질적으로 다르다. 일반적인 죄는 인간들의 윤리성과 사회성을 배경으로 하고 있다. 그러나 성경에서 말하는 죄는 하나님의 율법에 기초하고 있다. 즉 살인, 도둑질, 간음 등은 종교와 신앙에 관계없이 누구나 동일하게 생각하는 죄들이다. 그러나 여호와 하나님께 저항한 아담의 죄는 율법을 소유한 교회만 깨달을 수 있는 내용이다.

우리는 하나님의 자녀가 된 성도들 가운데도 여전히 아담을 통해 들어오게 된 죄성이 활발하게 살아 움직인다는 사실을 잊어서는 안 된다. 사탄으로 말미암아 생성된 죄는 기회를 타서 예수 그리스도를 통해 하나님의 참된 형상을 회복했음에도 불구하고 여전히 타락한 아담의 형상을 완전히 버리지 못한 성도들의 마음 가운데 온갖 탐심을 이루게 하는 것이다.

하나님의 율법이 없으면 결코 죄의 사악한 본질이 드러나지 않는다. 바울은 자신의 심경을 말하면서 율법을 깨닫지 못했을 때는 자신의 삶이 나름대로 떳떳한 것처럼 여겼음을 고백했다. 이는 비록 그 자신뿐 아니라 주변의 많은 사람들 역시 동일하게 이해하고 있던 바였다. 그러나 하나님의 계명을 깨닫고 난 후에는 그것을 통해 죄가 분명히 드러나 자기가 죽음에 이르게 되었음을 알게 되었노라고 증거했다.

> "전에 율법을 깨닫지 못했을 때에는 내가 살았더니 계명이 이르매 죄는 살아나고 나는 죽었도다 생명에 이르게 할 그 계명이 내게 대하여 도리어 사망에 이르게 하는 것이 되었도다"(롬 7:9,10)

바울은 다메섹 도상에서 예수 그리스도를 만나기 전에도 율법에 박식한 신학자였다. 그는 구약성경에 기록된 내용들에 관한 지식을 풍부하게 소유한 사람이었다. 그럼에도 불구하고 그는 율법을 통해 자신의 죄된 모습을 전혀 보지 못했다.

사도 바울은 하나님의 복음을 알고 난 후에야 율법이 참 생명에 이르게 하는 깨달음을 제공한다는 사실과 그 율법이 사망에 이를 수밖에 없는 자신의 처참한 모습을 보게 했음을 말하고 있다. 그것이 하나님의 율법이 가지는 중요한 기능이다. 그렇지만 사악한 죄는 율법을 오해하여 잘못 적용하게 함으로써 교인들로 하여금 더러운 범죄의 자리에 빠지게 한다.

그에 대해 바울은 하나님의 율법과 계명이 죄를 드러내는 속성을 가지고 있다고 해서 잘못된 것이 아니라 도리어 거룩하고 의로우며 선한 것이라 증언하고 있다. 하나님으로부터 주어진 율법은 선한데 비해 죄로 오염된 인간이 더러운 것이다. 이는 하나님의 율법이 예수 그리스도가 오신 신약시대에도 여전히 선한 기능을 하고 있음을 말해주고 있다.

이처럼 오늘날 우리도 인간의 추하고 죄악된 본성적 모습을 구약의 율법을 통해 여실히 보게 된다. 그 죄는 모든 인간들이 일반적인 관점에서 죄로 간주하고 인정하는 범주를 넘어선다. 그러므로 태중에 있는 아기와 갓 태어나 죄에 대한 아무런 인식조차 하지 못하는 영아들도 거룩하신 하나님 앞에서는 더러운 죄인에 지나지 않는다.

3. 두 자아自我의 상호투쟁

이 세상에 존재하는 모든 인간들의 성품에는 타락한 아담의 본성이 그대로 존재하고 있다. 하나님의 구원을 받은 성도들 역시 마찬가지다. 그러므로 하나님의 자녀들에게는 이 세상에 살아있는 동안 두 본성을 동시에 지니고 살아간다. 그것은 타락한 아담의 본성과 거룩한 예수 그리스도의 본성이다.

이는 곧 '하나님의 형상' 이 지닌 본질적 기능과 연관된다. 인간이 사탄의 유혹에 의해 타락함으로써 하나님의 형상의 기능을 상실한 대신에 가지게 된 '타락한 아담의 형상' 과, 완벽한 하나님의 형상이신 예수 그리스도를 통해 회복하게 된 '하나님의 형상' 이 곧 그것이다. 즉 하나님께서 자기의 보배로운 피로 값 주고 사신 모든 성도들은 이 세상을 살아가는 동안 거룩한 하나님의 형상과 타락한 아담의 형상을 동시에 지니고 있다.

하나님께서 언약의 백성들에게 율법을 허락하신 중요한 이유 중 하나는 죄를 분명히 깨닫게 하기 위함이다. 하나님의 율법은 죄 아닌 것을 죄 되게 하는 것이 아니라 죄를 죄로 드러나게 하고 깨달아 알게 하는 기능을 하고 있다(롬 7:13). 그러므로 계시된 율법은 하나님으로 말미암은 선하고 신령한 은혜의 방편이다.

그런데 바울은 자신이 행하고 있는 바를 스스로 정확하게 알지 못한다고 언급했다(롬 7:15). 이는 매우 주의깊게 생각해 보아야 할 문제이다. 바울이 자신의 행위를 알지 못하는 것으로 한 말은 과연 무슨 의미인가? 과연 상식적인 인간이라면 자신의 행위를 모를 수 있는가?

사도 바울 같은 탁월한 믿음의 선배가 그렇게 말한 데는 나름대로 특별한 의미가 들어있을 것이 틀림없다. 바울은 자신이 행하는 바를 알지 못한다고 말하면서, 동시에 자기가 원하는 것은 행하지 않고 도리어 행하기를 원치 않고 미워하는 것들을 행하고 있음을 드러내 말하고 있다. 이는 성도로서 자기의 본질적인 의사와 상관없이 죄에 따라 행동하고 있는 자신의 삶을 고백하고 있는 것이다.

즉 바울이 한 말은 인간의 이성과 경험으로는 자신의 행위가 선한 것인지 악한 것인지 올바르게 분간할 수 없다는 사실을 드러내 보여주고 있다. 하나님의 자녀들은 원리적으로는 율법에 대한 깨달음을 통해 무엇이 죄인지 분명히 알고 있다. 하나님의 뜻과 무관한 채 인간으로 말미암아 행해지는 모든 것은 죄라는 사실을 알고 있는 것이다.

그래서 바울은 자신이 원하는바 하나님의 선은 행하지 않고 원하지 않는 타락한 본성의 악을 행하게 된다는 사실을 고백적으로 말했다. 그는 하나님의 자녀들이 마음속에 지니고 있는 속사람과 겉 사람에 관한 두 가지의 성품을 언급했던 것이다.

> "내가 원하는 바 선은 행하지 아니하고 도리어 원하지 아니하는바 악을 행하는도다 만일 내가 원하지 아니하는 그것을 하면 이를 행하는 자는 내가 아니요 내 속에 거하는 죄니라"(롬 7:19,20)

사도 바울이 여기서 거룩한 본성이 행하고자 원하는 선을 자기가 행치 않는다고 말한 것은 하나님의 말씀을 통해 깨달아 알고 있는 본질적인 것에 대해 인간들은 스스로 행할 능력이 없음을 의미하고 있다. 진정한 선은 오직 예수 그리스도의 사역과 성령 하나님의 도우심에 의해 발생하게 될 따름이다. 그러나 하나님의 도우심 없이 인간 스스로 선한 것으로 판단하고 인정하는 모든 행위들은 진정으로 선한 것이라 말할 수 없다.

또한 바울이 행하기를 원치 않는 것을 행하는 자신에 대해 말한 것은 단순한 인간의 의지로 인한 행동만을 지칭하지 않는다. 그것은 타락한 인간의 본성에 기반을 두고 있는 유무형의 모든 것들을 포함한다. 그러므로 그는 본질적으로 원하는 바가 아닌 것을 스스로 행하면서 그것으로써 율법이 선하다는 사실을 시인하게 됨을 말하고 있다.

이는 하나님의 자녀이면서 아담의 형상을 지닌 자연인으로서 인간이 행하는 모든 것들은 거듭난 성도의 새로운 본성이 아니라 인간 안에 거하는 타락한 아담의 형상으로 말미암은 죄라는 것이다. 그러므로 바울은 인간의 육신 안에는 어떠한 선한 것도 존재하지 않는다고 단언하고 있다. 진정으로 선한 것은 오직 하나님으로부터 나오게 될 따름이다. 바울이 원하는 바 선은 행하지 않고 도리어 원하지 않는 악을 행한다고 말한 것은 바로 그런 의미를 지닌다. 바울은 고린도교회에 편지하면서도 그점을 분명히 말했다.

> "그러므로 우리가 낙심하지 아니하노니 우리의 겉 사람은 후패하나 우리의 속사람은 날로 새롭도다"(고후 4:16)

사도 바울은 속사람과 겉 사람을 의미상 뚜렷이 구분하고 있다. 어떤 사람들은 인간의 삼분설을 주장하며 영과 혼과 육으로 나눈다.[27] 그러나 그것은 잘못된 주장이다. 바울의 입장을 통해서 본다면 하나님의 자녀들은 영혼과 육체를 지니고 있을 뿐 아니라 속사람과 겉 사람으로 나

---

[27] 삼분설을 주장하는 자들은 대개 바울이 데살로니가 교회에 쓴 편지에 언급된 그에 관한 내용을 지나치게 문자적으로 해석함으로써 오류를 범하고 있다: "평강의 하나님이 친히 너희로 온전히 거룩하게 하시고 또 너희 온 영과 혼과 몸이 우리 주 예수 그리스도 강림하실 때에 흠없게 보전되기를 원하노라"(살전 5:23). 그들은 이 말씀을 근거로 사람은 영과 혼과 몸으로 구성되어 있는 것으로 주장한다. 만일 그렇다면 히브리서의 기록을 근거로 하여 누군가 칠분설을 주장한다 해도 할 말이 없을 것이다: "하나님의 말씀은 살았고 운동력이 있어 좌우에 날선 어떤 검보다도 예리하여 혼과 영과 및 관절과 골수를 찔러 쪼개기까지 하며 또 마음의 생각과 뜻을 감찰하나니"(히 4:12). 그러나 이 구절을 근거로 하여 칠분설을 주장하는 사람은 없다. 이처럼 삼분설을 주장하는 자들은 성경의 문맥을 오해하기 때문에 커다란 오류를 범하고 있는 것이다.

누어진다는 사실을 이해해야 한다. 이는 우리에게 매우 중요한 의미를 지닌다.

성도들에게는 하나님의 선을 행하고자 하는 선한 마음이 있음에도 불구하고 그들에게는 여전히 죄의 속성 곧 악이 존재하고 있다. 바울은 하나님으로 말미암아 예수 그리스도를 통해 거듭난 속사람은 본질적인 자신이며, 죄를 짓게 되는 겉 사람의 속성은 마지막 날 완전히 벗어버리게 될 타락한 본성이라고 했다. 이는 곧 예수 그리스도로 말미암아 우리에게 새롭게 제공된 하나님의 형상과 타락한 아담의 형상에 연관되는 것이다.

바울은 속사람으로 인해 하나님의 율법을 진정으로 기뻐했다. 그 율법이 겉 사람의 죄를 분명히 드러나게 하고 정죄하기 때문이다. 따라서 하나님의 자녀들에게는 항상 속사람과 겉 사람이 끊임없이 갈등하며 싸우게 된다. 성경에 명시된 율법으로 인해 더러운 죄를 알게 된 거듭난 본성과, 율법을 통해 죄로 정죄되고 있는 아담으로부터 이어받은 원래의 본성이 서로 싸우며 갈등하게 되는 것이다.

성도들에게 이런 현상이 일어나는 것은 지극히 당연하다. 만일 하나님의 자녀라 하면서 이런 일이 발생하지 않는다면 도리어 이상한 일이다. 성숙한 모든 성도들에게는 속사람과 겉 사람이 싸우는 이런 양상이 마땅히 일어날 수밖에 없다. 하나님을 믿는 성도들이 가지게 되는 것은 아담의 본성으로 말미암아 생성된 육감적인 즐거움이 아니라 예수 그리스도를 통해 회복된 하나님의 형상으로 인한 참된 평안과 영원한 즐거움이다.

4. 바울의 고백

사도 바울은 자신의 처참한 모습을 언급하면서 인간의 본성에 대한 기록을 하고 있다. 타락한 아담의 형상을 지닌 인간들은 어느 누구라 해도 별수 없다. 구약시대의 선지자들을 비롯한 모든 믿음의 선진들과 신약시대 사도들을 비롯한 믿음의 선배들도 예외가 아니다. 이 세상에 살아가고 있는 모든 인간들은 하나님 앞에서 피할 수 없는 죄인인 것이다.

그러므로 타락한 아담의 형상을 지닌 인간은 결코 이 세상에서 형성된 자기 지혜로 하나님을 알아갈 수 없다. 비록 구원받은 성도라 할지라도 성령 하나님의 도우심 없이 자기 능력만으로 하나님을 온전히 섬기는 것은 불가능하다. 사도 바울은 그런 악한 본성을 지니고 있는 인간에 대해 잘 알고 있었으므로 다른 일반 사람들과 전혀 다르지 않은 자기 자신에 대해 한탄했던 것이다.

> "오호라 나는 곤고한 사람이로다 이 사망의 몸에서 누가 나를 건져내랴"(롬 7:24);
> "What a wretched man I am! Who will rescue me from this body of death?"(Rom.7:24, NIV)

바울은 로마의 성도들을 향해 자기가 곤고한 사람임을 고백하고 있다. 이는 사실 모든 성도들 앞에 자신의 심경을 털어놓는 것과 같다. 바울이 여기서 말하고 있는 바는 자신이 처참한 인간(a wretched man)의 본성을 지니고 있는 존재라는 사실이다. 그래서 바울은 자신이 사망의 몸에 빠져있는 것으로 말한다.

이 세상에 존재하는 하나님의 백성들 가운데 처참한 인간의 모습을 완전히 탈피한 사람은 아무도 없다. 만일 그렇게 생각하는 자가 있다면 스스로 자신을 의로운 존재로 착각하기 때문에 발생하는 위험한 현상이다. 그것은 저로 하여금 감히 거룩하신 하나님 앞에서 자고自高하며 교만한 자세를 가지게 한다.

우리는 사도 바울의 고백을 주의깊게 귀담아 들어야 한다. 자신이 얼마나 처참한 존재인가 하는 그의 외침을 주의깊게 받아들여야 하는 것이다. 그러한 겸손한 자세가 하나님의 도우심을 진정으로 바라도록 한다. 그러므로 바울은, '누가 나를 이 사망의 몸에서 건져 내랴' 고 하는 절실한 부르짖음의 심정을 가질 수 있었다.

바울은 또한 자신이 죄와 사망의 몸에 갇혀 있는 존재임을 밝히 말하고 있다. 이는 비록 바울뿐 아니라 이 세상에 존재하는 모든 성도들 역시 마찬가지다. 하나님의 은혜로 말미암아 예수 그리스도를 통해 새 사람을 입은 성도라면 악한 죄의 다스림을 받지 말아야 하지만 그들은 여전히 죽음의 몸(body of death)인 죄된 육신 안에 거할 수밖에 없는 것이다.

그러나 사도 바울은 그런 처참한 형편이 이 세상에서 일시적으로 발생하는 것이라는 사실을 잘 알고 있었다. 하나님의 자녀들은 지상에서의 고통스런 삶이 끝나고 나서 누리게 될 영원한 안식을 약속받고 있기 때문이다. 그러므로 바울은 죄악 가운데서 자기를 구원하신 예수 그리스도로 말미암아 하나님께 깊이 감사했다.

참된 하나님의 자녀들은 타락한 아담의 형상을 지닌 육신으로서 죄의 법을 섬기는 행위를 완전히 청산하지 못한 상태에 있지만 하나님께서 허락하신 새로운 심령으로는 하나님의 신령한 법에 순종하고자 하는 본질적인 신앙을 가지고 있는 것이다.

5. 언약의 왕국과 연관된 율법의 공적인 기능

우리는 율법의 기능을 언급할 때 이스라엘 민족에게 허락된 언약의 왕국과 연관지어 생각해야 한다. 즉 그 율법은 이스라엘 민족을 위해 주어진 특별한 법이다. 다윗에 의해 언약의 왕국이 설립되고, 나중 남북으로 분열되었을 때도 남쪽 유다왕국과 북쪽 이스라엘 왕국은 동일한 율법을 가지고 있었다.

남북 왕국의 통치자들에 따라 서로 다른 법률을 가진 것이 아니라 그들에게는 모세를 통해 주어진 하나의 율법만 존재했을 따름이다. 그런 관점에서 본다면 다윗에 의해 세워진 언약의 왕국이 남북의 두 왕국으로 갈라지게 될 하등의 이유가 없었다. 그럼에도 불구하고 이스라엘 왕국이 분열되었던 것은 더러운 인간들의 욕망 때문이었다.

하나님께서는 자신의 언약을 이루시기 위해 갈대아 우르에 살고 있던 아브라함을 부르셨다. 그를 부르신 것은 하나님의 통치 아래 있는 새로운 왕국을 건립하기 위해서였다. 그러므로 하나님께서 아브라함을 부르실 때 먼저 왕국 설립을 위한 기본적인 요건이 되는 '땅' 과 '민족' 을 약속하셨다. 나아가 아브라함이 언약의 왕국을 다스리는 많은 왕들의 조상이 되리라는 사실을 미리 말씀해 주셨다.

"여호와께서 아브람에게 이르시되 너는 너의 본토 친척 아비 집을 떠나 내가 네게 지시할 땅으로 가라 내가 너로 큰 민족을 이루고 네게 복을 주어 네 이름을 창대케 하리니 너는 복이 근원이 될지라"(창 12:1,2);
"내가 너로 심히 번성하게 하리니 내가 네게서 민족들이 나게 하며 왕들이 네게로부터 나오리라 내가 내 언약을 나와 너 및 네 대대 후손 사이에 세워서 영원한 언약을 삼고 너와 네 후손의 하나님이 되리라"(창 17:6,7)

하나님께서는 아무런 계획이 없는 아브라함에게 그가 전혀 알지 못하며 기대하지 않고 있던 '땅' 과 '자손' 을 주시겠다고 약속하셨다. 그 말씀 가운데는 하나님께서 아브라함을 부르시는 경륜적인 목적이 포함되어 있었다. 그는 특별한 언약의 왕국을 세워 그것을 통해 놀라운 복을 허락하시고자 했던 것이다.

아브라함이 복의 근원이 되는 것은 하나님께서 세우시는 언약의 왕국을 통해 진정한 복이 임하게 되기 때문이다. 하나님께서는 아브라함을 통해 특별한 민족이 형성되며 그들이 왕국의 백성이 될 것임을 시사하셨다. 그리고 그의 자손들 가운데 여러 왕들이 나오게 된다. 이는 하나님께서 아브라함을 부르신 근본적인 목적이 언약의 왕국을 세우시기 위한 것임을 분명히 말해주고 있다. 그것은 결코 아브라함과 그의 후손들이 인간적인 큰 명성과 행복을 누리며 살도록 하기 위한 것이 아니었다.

하나님께서는 언약의 왕국을 설립하시고자 하는 그 일을 성취하시기 위해 70여명 정도에 불과한 아브라함과 이삭의 자손인 야곱의 가족을 섭리 가운데 애굽으로 이주시키셨다. 이는 이방 지역인 그곳에서 소수의 한 집안을 커다란 민족으로 성장시키시기 위한 것이었다. 따라서 야곱의 가족이 애굽으로 이주해 간지 사백 여년 지났을 때는 하나님께서 아브라함에게 약속하신대로 큰 민족으로 성장하게 되었다.

작정하신 때가 되자 하나님께서는 그 백성들을 약속의 땅 가나안으로 인도해 들이시기 위해 이방의 애굽으로부터 탈출시키셨다. 하나님은 그들을 가나안 땅으로 들여보내시기 전에 척박한 시내광야에서 40년간 머물게 하셨다. 그들은 광야에서 어렵게 살아가는 동안 애굽으로부터 익혔던 모든 습성과 경험들을 버려야만 했다. 그 가운데 모세를 통해 하나님의 거룩한 율법이 허락되었다.

하나님께서 모세를 통해 이스라엘 민족에게 율법을 주신 것은 저들로 하여금 죄를 깨닫도록 하기 위함과 동시에 언약의 왕국을 염두에 둔 것으로 이해해야 한다. 즉 그 율법은 미래에 세워지게 될 언약의 왕국을 위해 절대적인 법령이 되는 것이다. 하나님께서 친히 세우시는 그 왕국에 속한 백성들의 절대 기준은 오로지 하나님의 율법 밖에 없다.

하나님께서는 시내 광야에서 율법을 허락하신 후 이스라엘 백성들을 가나안 땅으로 인도하셨다. 아브라함에게 약속하신 그 땅을 이제 허락하고자 하셨던 것이다. 즉 하나님께서 애굽에서 조성하신 이스라엘 민족을 약속의 땅 가나안에 인도하심으로써 언약하신 왕국의 기본적인 요건을 갖추게 되었다. 이제 이스라엘 백성들이 가나안 땅을 정복하여 그곳에서 왕국을 세워 율법이 적용되게 하면 하나님의 약속이 성취되는 것이다.

가나안 땅에 들어간 이스라엘 백성들은 그 땅을 완전히 정복하기 위해 험난한 사사시대를 거쳐야 했다. 약속의 땅 가나안에 들어 온 지 삼백여 년이 지난 후 하나님의 특별한 뜻에 따라 헤브론Hebron에서 왕위에 오른 다윗은 마지막 남은 도시인 예루살렘을 정복하여 그곳을 수도로 정했다. 예루살렘Jerusalem은 믿음의 조상 아브라함이 하나님께서 특별히 주신 독자 이삭을 바쳤던 모리아 산Mt. Moria에 위치해 있다.

다윗 왕이 예루살렘을 정복하면서 가장 미리 염두에 두었던 것은 그곳에 하나님의 언약궤를 안치할 거룩한 성전을 건립하는 일이었다. 이는 창세기 14장 18절 이하에 언급된 살렘Salem 왕 멜기세덱에 관련되어 있다. 그러므로 다윗을 이어 왕위에 오른 솔로몬에 의해 예루살렘 성전이 건립됨으로써 하나님께서 약속하신 온전한 언약의 왕국이 세워지게 되었던 것이다.

계시된 율법을 가진 그 왕국과 거룩한 성전을 통해 이 세상에 메시아를 보내심으로써 하나님께서 아브라함에게 약속하셨던 복이 임하게 된다. 그러므로 이스라엘 백성은 예루살렘 성전에서 행해지는 제사와 더불어 하나님의 율법을 적용하게 되었다. 이는 이스라엘 왕국은 모세를 통해 주어진 율법의 구속력 아래 있어야만 한다는 사실을 말해주고 있다.

이스라엘 왕국과 백성들이 그 국법에서 벗어날 때 하나님께서는 여러 선지자들을 보내 율법의 진정한 의미 안으로 돌아올 것을 촉구하셨다. 이는 구약의 율법이 이스라엘 왕국을 위한 공적인 의미를 지니고 있음을 보여주고 있는 것이다.

제9장
선택한 백성들에 대한 하나님의 사랑

(롬 8:1-39)

(로마서 8:1-39)

8:1 그러므로 이제 그리스도 예수 안에 있는 자에게는 결코 정죄함이 없나니

8:2 이는 그리스도 예수 안에 있는 생명의 성령의 법이 죄와 사망의 법에서 너를 해방하였음이라

8:3 율법이 육신으로 말미암아 연약하여 할 수 없는 그것을 하나님은 하시나니 곧 죄를 인하여 자기 아들을 죄 있는 육신의 모양으로 보내어 육신에 죄를 정하사

8:4 육신을 좇지 않고 그 영을 좇아 행하는 우리에게 율법의 요구를 이루어지게 하려 하심이니라

8:5 육신을 좇는 자는 육신의 일을, 영을 좇는 자는 영의 일을 생각하나니

8:6 육신의 생각은 사망이요 영의 생각은 생명과 평안이니라

8:7 육신의 생각은 하나님과 원수가 되나니 이는 하나님의 법에 굴복치 아니할 뿐 아니라 할수도 없음이라

8:8 육신에 있는 자들은 하나님을 기쁘시게 할 수 없느니라

8:9 만일 너희 속에 하나님의 영이 거하시면 너희가 육신에 있지 아니하고 영에 있나니 누구든지 그리스도의 영이 없으면 그리스도의 사람이 아니라

8:10 또 그리스도께서 너희 안에 계시면 몸은 죄로 인하여 죽은 것이나 영은 의를 인하여 산 것이니라

8:11 예수를 죽은 자 가운데서 살리신 이의 영이 너희 안에 거하시면 그리스도 예수를 죽은 자 가운데서 살리신 이가 너희 안에 거하시는 그의 영으로 말미암아 너희 죽을 몸도 살리시리라

8:12 그러므로 형제들아 우리가 빚진 자로되 육신에게 져서 육신대로 살 것이 아니니라

8:13 너희가 육신대로 살면 반드시 죽을 것이로되 영으로써 몸의 행실을 죽이면 살리니

8:14 무릇 하나님의 영으로 인도함을 받는 그들은 곧 하나님의 아들이라

8:15 너희는 다시 무서워하는 종의 영을 받지 아니하였고 양자의 영을 받았으므로 아바 아버지라 부르짖느니라

8:16 성령이 친히 우리 영으로 더불어 우리가 하나님의 자녀인 것을 증거하시나니

8:17 자녀이면 또한 후사 곧 하나님의 후사요 그리스도와 함께 한 후사니 우리가 그와 함께 영광을 받기 위하여 고난도 함께 받아야 될 것이니라

8:18 생각건대 현재의 고난은 장차 우리에게 나타날 영광과 족히 비교할 수 없도다

8:19 피조물의 고대하는 바는 하나님의 아들들의 나타나는 것이니

8:20 피조물이 허무한데 굴복하는 것은 자기 뜻이 아니요 오직 굴복케 하시는 이로 말미암음이라

8:21 그 바라는 것은 피조물도 썩어짐의 종 노릇 한 데서 해방되어 하나님의 자녀들의 영광의 자유에 이르는 것이니라

8:22 피조물이 다 이제까지 함께 탄식하며 함께 고통하는 것을 우리가 아나니

8:23 이뿐 아니라 또한 우리 곧 성령의 처음 익은 열매를 받은 우리까지도 속으로 탄식하여 양자 될 것 곧 우리 몸의 구속을 기다리느니라

8:24 우리가 소망으로 구원을 얻었으매 보이는 소망이 소망이 아니니 보는 것을 누가 바라리요

8:25 만일 우리가 보지 못하는 것을 바라면 참음으로 기다릴지니라

8:26 이와 같이 성령도 우리 연약함을 도우시나니 우리가 마땅히 빌 바를 알지 못하나 오직 성령이 말할 수 없는 탄식으로 우리를 위하여 친히 간구하시느니라

8:27 마음을 감찰하시는 이가 성령의 생각을 아시나니 이는 성령이 하나님의 뜻대로 성도를 위하여 간구하심이니라

8:28 우리가 알거니와 하나님을 사랑하는 자 곧 그 뜻대로 부르심을 입은 자들에게는 모든 것이 합력하여 선을 이루느니라

8:29 하나님이 미리 아신 자들로 또한 그 아들의 형상을 본받게 하기 위하여 미리 정하셨으니 이는 그로 많은 형제 중에서 맏아들이 되게 하려 하심이니라

8:30 또 미리 정하신 그들을 또한 부르시고 부르신 그들을 또한 의롭다 하시고 의롭다 하신 그들을 또한 영화롭게 하셨느니라

8:31 그런즉 이 일에 대하여 우리가 무슨 말 하리요 만일 하나님이 우리를 위하시면 누가 우리를 대적하리요

8:32 자기 아들을 아끼지 아니하시고 우리 모든 사람을 위하여 내어 주신 이가 어찌 그 아들과 함께 모든 것을 우리에게 은사로 주지 아니하시겠느뇨

8:33 누가 능히 하나님의 택하신 자들을 송사하리요 의롭다 하신 이는 하나님이시니

8:34 누가 정죄하리요 죽으실 뿐 아니라 다시 살아나신 이는 그리스도 예수시니 그는 하나님 우편에 계신 자요 우리를 위하여 간구하시는 자시니라

8:35 누가 우리를 그리스도의 사랑에서 끊으리요 환난이나 곤고나 핍박이나 기근이나 적신이나 위협이나 칼이랴

8:36 기록된바 우리가 종일 주를 위하여 죽임을 당케 되며 도살할 양 같이 여김을 받았나이다 함과 같으니라

8:37 그러나 이 모든 일에 우리를 사랑하시는 이로 말미암아 우리가 넉넉히 이기느니라

8:38 내가 확신하노니 사망이나 생명이나 천사들이나 권세자들이나 현재 일이나 장래 일이나 능력이나

8:39 높음이나 깊음이나 다른 아무 피조물이라도 우리를 우리 주 그리스도 예수 안에 있는 하나님의 사랑에서 끊을 수 없으리라

제9장 _ 선택한 백성들에 대한 하나님의 사랑

(롬 8:1-39)

1. 하나님의 심판과 정죄

하나님께서는 이 세상의 모든 것들을 심판하시고 정죄하신다. 그것은 인간뿐 아니라 우주만물을 포함한다. 이는 아담이 사탄의 유혹에 의해 타락할 때 그에 속한 우주만물 역시 함께 오염되었기 때문이다. 아담이 범죄했을 때 땅이 가시를 내고 엉겅퀴를 내게 되었다는 것은 원래의 기능에 이상이 생겼음을 보여준다.

그런데 우리는 여기서 선뜻 이해가 되지 않는 사실을 발견하게 된다. 그것은 인간이 범죄했는데 왜 인격을 갖추지 않은 우주만물이 같이 더럽혀지게 되었는가 하는 점이다. 우리는 이에 대한 이해를 분명히 해야 한다. 이는 교회와 성도들의 세상에 대한 이해와 매우 밀접한 관계를 가지기 때문이다.

하나님께서는 태초에 자신의 거룩하신 의도에 따라 우주만물을 창조하시고 그 모든 것들을 아담에게 선물膳物로 주셨다. 하나님의 모든 세계를 인간으로 하여금 정복하여 다스리도록 위임하셨다. 즉 영으로 계신 하나님께서는 자기의 형상을 닮게 지어진 인간을 대리통치자로 임명하셨던 것이다.

> "하나님이 그들에게 복을 주시며 그들에게 이르시되 생육하고 번성하여 땅에 충만하라, 땅을 정복하라, 바다의 고기와 공중의 새와 땅에 움직이는 모든 생물을 다스리라 하시니라"(창 1:28)

하나님께서 아담이 범죄하여 타락하기 전에 그에게 허락하신 '복'은 모든 피조세계를 그에게 선물로 주신 사실과 연관된다. 그 복은 타락하여 저주를 경험하고 있는 우리가 생각하는 일반적인 복과는 전혀 다른 개념이다. 즉 그것은 자기 만족을 위한 소유와 허용의 개념이 아니라 하나님으로부터의 신뢰의 개념이다. 하나님께서는 그것을 통해 자신의 형상을 닮은 인간들을 전적으로 신뢰하고 있음을 보여주셨던 것이다.

그러나 아담은 사탄의 유혹에 빠져 자기를 신뢰하시는 하나님을 배반했다. 그로 인해 인간은 세상에 더러운 죄를 끌어들여 타락의 늪에 빠지게 된 것이다. 그것은 더 이상 거룩하신 하나님과 교제할 수 없는 단절을 의미하며 사탄의 종이 되었음을 말해준다.

그런데 문제가 되는 것은 사탄의 유혹을 받은 아담이 홀로 타락한 것이 아니라 땅에 있는 모든 동물과 식물, 나아가 하늘에 있는 천체 만상들도 죄로 인해 오염되었다는 사실이다. 아담에게 맡기신 하나님의 모든 피조세계가 그와 함께 오염되어 버린 것이다. 이에 대한 분명한 증거는 하나님께서 세상 마지막 날 삼라만상까지도 심판하시고 모든 것을 새롭게 재창조하시고자 하는 의도에서 분명히 드러난다.

이사야 선지자는 이스라엘 백성을 향해 그에 관한 사실을 확실히 말하고 있다. 또한 사도 요한은 계시록에서 이에 대한 성취의 모습을 기록하고 있다. 하나님께서는 인간으로 말미암아 오염된 처음 창조하신 천지만물 곧 지금 우리가 살고 경험하는 이 세상을 심판하고 흠없는 새 하늘과 새 땅을 창조하고자 하셨다. 이는 처음부터 하나님께서 자기 백성들을 위해 예정하고 계획하신 일이었다.

> "보라 내가 새 하늘과 새 땅을 창조하나니 이전 것은 기억되거나 마음에 생각나지 아니할 것이라 너희는 나의 창조하는 것을 인하여 영원히 기뻐하며 즐거워할지니라"(사 65:17,18);
> "또 내가 새 하늘과 새 땅을 보니 처음 하늘과 처음 땅이 없어졌고 바다도 다시 있지 않더라"(계 21:1)

성경에 기록된 이에 관한 모든 말씀들은 예수 그리스도의 강림과 직접 연관된다. 그의 초림과 재림을 통해 이 모든 것들이 이루어지게 되는 것이다. 우리가 분명히 알 수 있는 것은 하나님께서 처음 창조하셨던 모든 세계는 아담의 범죄로 인해 오염되어 무서운 심판과 저주 아래 놓이게 되었다는 사실이다.

사탄의 유혹에 빠져 아담이 범죄함으로써 그에게 맡겨진 모든 피조세계도 함께 오염될 수밖에 없었다. 이는 모든 피조물들이 거룩한 하나님과 인격적으로 단절되었음을 의미하고 있으며 동시에 그의 심판을 예고하고 있다. 따라서 인간을 비롯한 우주만물은 죄와 심판에 가두어져 하나님의 정죄를 피할 수 없게 된 것이다.

2. 인간의 몸을 입으신 예수 그리스도

1) 예수 그리스도 안에서 받게 되는 죄 용서

사탄의 유혹을 받아 하나님께 저항한 아담의 범죄를 통해 그의 모든 후손들이 멸망에 빠지게 되었으며 그에게 맡겨진 우주만물이 죄로 완전히 오염되었다. 그러므로 하나님께서는 처음부터 인간들을 비롯한 모든 피조세계를 심판하시기로 작정하셨다. 거룩하신 하나님과 타락한 인간은 본질적인 성질상 결코 교제가 이루어질 수 없다. 오염된 피조세계 역시 마찬가지다. 따라서 범죄한 인간과 죄로 인해 오염된 우주만물은 하나님의 무서운 심판 앞에 있을 수밖에 없었던 것이다.

그러나 하나님께서는 본성적으로 자신의 언약에 신실하신 분이다. 그는 창세전에 영원한 자기 백성으로 삼고자 선택하기로 작정하신 자녀들을 결코 잊지 않으셨다. 하나님은 아담의 범죄와 배신에도 불구하고 예수 그리스도를 통한 자기 자녀들의 구원과 만물의 회복을 작정하고 계셨던 것이다. 우리는 그것이 하나님의 놀라운 사랑임을 깨닫는다.

그러므로 예수 그리스도 안에 존재하는 성도들에게는 더 이상 정죄함이 없다. 이는 거룩하신 하나님께서 십자가 위에서 우리대신 그 죄값을 완전히 치르셨기 때문이다. 이로 말미암아 예수 그리스도 안에 있는 생명이 되는 성령의 법이, 사망의 법으로부터 자기 백성들을 해방시키게 되었다. 이는 저들이 정죄하는 율법에 대해서는 그리스도께서 처형당하셨던 그 율법으로 인해 죽고 하나님을 향해서는 다시 살아난 것을 의미하고 있다(갈 2:19).

하나님께서는 죄에 빠진 자기 자녀들이 결코 스스로 해결할 수 없는 문제를 해결하시기 위해 사랑하는 독생자를 보내 친히 그 일을 감당하게 하셨다. 즉 죄없는 성자 하나님이 인간의 모습으로 이 세상에 오셔서 아담이 저질렀던 악행에 대한 대속의 사역을 감당하시게 되었다. 그로 말미암아 하나님의 선택과 더불어 영원한 구속을 받은 성도들은 조상 아담이 범한 모든 죄를 해결 받게 된 것이다.

그러므로 새로운 생명을 소유하게 된 하나님의 자녀들은 본질상 하나님의 성령을 따라 순종해야만 한다. 하지만 타락한 아담의 본성을 지닌 인간들은 여전히 육신의 욕망을 추구하게 된다. 하나님을 따르고자 하는 영의 생각은 영원한 생명을 추구하지만 타락한 아담의 본성을 따르고자 하는 육신의 생각은 사망을 추구하게 되는 것이다.

분명한 점은 하나님의 백성들 가운데는 항상 성령께서 역사하신다는 사실이다. 하지만 하나님을 알지 못하는 자들 가운데서는 결코 성령께서 사랑으로 역사하지 않는다. 따라서 거룩한 하나님의 형상과는 무관하게 범죄한 아담의 형상만을 지닌 육신에 거하는 자들은 결코 하나님을 기쁘시게 할 수 없다. 그런 자들은 하나님의 온전한 기쁨의 대상이 되시는 예수 그리스도와 본질상 아무런 상관이 없기 때문이다.

예수 그리스도께 속한 성도들에게는 하나님의 성령이 항상 함께하신다. 이는 인간의 인식여부와 상관이 없다.[28] 그리스도께서 함께하시는 성도들은 저들의 육신은 죽게 되지만 영혼은 부활의 몸으로 거룩하신 하나님과 더불어 영원토록 살게 되는 것이다. 따라서 사도 바울은 고린도 교회에 편지하면서 그점을 분명히 말하고 있다.

> "하나님이 주를 다시 살리셨고 또한 그의 권능으로 우리를 다시 살리시리라 너희 몸이 그리스도의 지체인 줄을 알지 못하느냐 내가 그리스도의 지체를 가지고 창기의 지체를 만들겠느냐 결코 그럴 수 없느니라"(고전 6:14,15);
> "너희 몸은 너희가 하나님께로부터 받은바 너희 가운데 계신 성령의 전인 줄을 알지 못하느냐 너희는 너희의 것이 아니라 값으로 산 것이 되었으니 그런즉 너희 몸으로 하나님께 영광을 돌리라"(고전 6:19,20)

사도 바울은 여기서 성도의 몸은 하나님을 알지 못하는 다른 사람들의 몸과 본질적으로 다르다는 사실을 말하고 있다. 즉 일반적인 관점에서 보기에는 아무런 차별 없는 동일한 육체이지만 그 의미가 같지 않음을 언급하고 있는 것이다. 하나님께서 십자가 위에서 흘리신 거룩한 피

---

28) 부모는 갓 태어난 자기 자녀와 늘 함께한다. 그가 깨어서 웃을 때나 울 때 혹은 즐거워할 때나 화낼 때 등 항상 그와 함께 있다. 깊이 잠들어 아무런 인식을 하지 못하고 있을 때도 부모는 잠시도 그를 떠나지 않는다. 하나님께서는 마치 이와 같이 자기 자녀들과 항상 함께하신다.

로 값 주고 사게 된 성도들의 몸은 이제 자신의 것이 아니라 하나님의 소유가 되었다.

위의 고린도전서 본문에서 언급되고 있는 창기娼妓란 더러운 세상을 비유적으로 말하고 있다. 물론 실제적인 창기가 그에 포함될 수 있겠지만 본질적인 의미상 하나님을 배신한 세상을 지칭한다. 만일 하나님의 율법으로 말미암아 세상에 대해 죽은 성도들이 도리어 세상을 탐하고 그와 짝한다면 그것은 창기와 동일한 자들이라 말할 수밖에 없다.

그러므로 사도 바울은, 하나님의 자녀들은 자신의 몸을 더러운 세상에 맡기지 말고 예수 그리스도를 통해 거룩한 하나님께 맡겨야 함을 강조하고 있다. 하나님으로 말미암아 구원받은 백성들 가운데는 이미 하나님의 성령이 거하고 계시기 때문이다. 하나님께서 우리 안에 거하시는 성령을 통해 죽어야 할 우리에게 영원한 생명을 공급하시게 되는 것이다.

2) '하나님의 아들'로 입양된 성도들

사도 바울은 우리가 하나님의 아들이 되었음을 증언하고 있다. 그러므로 우리는 예수 그리스도의 십자가 사역으로 인해 하나님께 이루 형언할 수 없이 크게 빚진 자로서 더 이상 타락한 아담의 형상에 따라 육신대로 살 것이 아니라 하나님의 뜻을 좇아 거룩한 삶을 살아야 한다(벧전 4:1,2).

성도들이 그러한 삶을 살아야 하는 까닭은 단순한 율법적 의무 때문이 아니라 그것이 곧 생명의 길이기 때문이다. 육신의 욕망을 좇아 살아가는 것은 피할 수 없는 사망의 길이다. 따라서 우리는 성령으로써 타락한 인간의 행실을 죽여야만 한다. 그것이 하나님의 자녀들을 영원한 생명으로 인도하는 길이 된다.

하나님의 성령의 인도하심에 순종하는 자들은 거룩하신 하나님의 아들로 인정받는다. 우리에게 예수 그리스도의 사역을 통해 하나님의 아들이 되었다는 사실보다 더 소중한 것은 있을 수 없다. 오늘날 우리가 거룩하신 하나님을 향해 감히 '아버지'라 부르게 된 것은 예수 그리스도께서 십자가를 지고 돌아가신 사역의 결과이다. 사도 바울은 로마서에서와 마찬가지로 갈라디아 교회에 편지하면서도 그점을 분명히 말했다.

> "너희는 다시 무서워하는 종의 영을 받지 아니하고 양자의 영을 받았으므로 우리가 아바 아버지라고 부르짖느니라"(롬 8:15);
> "때가 차매 하나님이 그 아들을 보내사 여자에게서 나게 하시고 율법 아래 나게 하신 것은 율법 아래 있는 자들을 속량하시고 우리로 아들의 명분을 얻게 하려 하심이라 너희가 아들인고로 하나님이 그 아들의 영을 우리 마음 가운데 보내사 아바 아버지라 부르게 하셨느니라"(갈 4:4-6)

이 말씀은 우리가 거룩하신 하나님의 양자가 되었음을 의미하고 있다. 이는 우리에게 매우 중요한 것을 말해준다. 더럽고 비천할 뿐 아니라 원수와 배도자가 된 끔찍한 형편에서 원래의 신분에 전혀 맞지 않은 상태로 입양이 이루어진 것이다. 이것은 피입양자가 자원하거나 주도하는 일이 아니라 전적으로 입양자에 의한 사랑의 판단에 근거한다.

이는 자기의 사랑하는 아들을 아무런 이유 없이 무참하게 죽인 살인자의 아들을 상속을 위해 양자로 입양하는 것과 같다. 하지만 이것은 인간들의 상상을 초월하는 의미를 지닌다. 죄악 세상 가운데 있는 인간들 상호간에 혹 그런 일이 발생한다고 해도 그것은 결코 그와 직접 비견될 수 없다. 그것은 죄인과 죄인 사이에 발생한 문제가 아니라 거룩하신 하나님과 사탄에게 빠진 더러운 인간 사이에 일어난 사건이기 때문이다.

이로써 더러운 죄에 빠져 배신자가 되어있던 우리가 감히 전지전능하고 거룩하신 하나님을 '아바 아버지' 라 부르며 그에게 나아갈 수 있게 되었다. 예수님은 제자들에게 기도를 가르치실 때 '하늘에 계신 우리 아버지' 라고 칭하셨다. 이는 성도들과 한편에 서 있는 예수님 자신의 모습을 드러내 보이시며 하늘에 계신 하나님이 자기와 함께하는 모든 백성들의 아버지라는 사실을 언급하신 것이다.

이것은 하나님 백성들의 영적이며 실제적인 지위가 얼마나 크고 놀랍게 변했는가 하는 점을 여실히 보여준다. 이를 통해 우리가 알 수 있는 놀라운 사실은 이제 하나님의 자녀가 된 자들은 단순한 호칭뿐 아니라 하나님의 실제적인 상속자가 되었음을 입증하고 있다는 점이다. 즉 하나님께서는 우리를 양자로 입양하심으로써 아버지와 아들의 관계를 통한 상속을 이루시겠다는 약속을 하고 계시는 것이다.

3. '하나님의 영광' 에 참여하는 그의 자녀들

1) 성도들에게 주어지는 하나님의 영광

하나님의 자녀들이 상속자가 되었다는 사실은 하나님의 창조 의도와 밀접하게 연관된다. 하나님께서 처음 우주만물을 창조하시고 그 모든 것들을 아담에게 주셨듯이(창 1:28), 이제 하나님께서 재창조하시게 되는 새로운 세계를 그의 자녀들에게 상속하게 되는 것이다. 즉 우리는 하나님을 '아버지' 라 부르는 그의 자녀들로서 예수 그리스도와 함께 하나님의 모든 것을 상속받게 된다.

하나님의 새로운 피조세계를 상속받게 되는 것은 성도들에게 주어진 최상의 선물이다. 그것은 또한 하나님께서 예수 그리스도를 통해 자기 자녀들을 완전히 신뢰함을 의미한다. 성도들은 그것으로써 하나님의 놀라운 영광을 누리게 된다. 우리가 천상을 바라보며 영원한 소망을 가지고 살아가는 것은 바로 이와 직접 연결되어 있다.

그렇지만 하나님의 백성들은 이 세상에 살아가면서 상당한 고난을 받을 수밖에 없다. 우리가 사탄을 떠나 하나님의 자녀로서 그의 상속자가 되었다는 사실을 알게 된 사탄이 그냥 가만히 있을 리 없기 때문이다. 사악한 사탄은 지금도 하나님의 자녀인 우리를 향해 끊임없이 손짓하며 유혹하고 있다. 나중에 받게 될 하나님의 상속보다 지금 세상에서 누리게 되는 풍요로운 인생이 더 중요한 듯 미혹하고 있는 것이다.

그러나 우리는 이 세상의 것들과 족히 비교할 수 없는 하나님으로부터의 상속과 영광을 기억하지 않을 수 없다. 바울은 현재의 고난이 장차 우리에게 나타날 영광과 비교될 수 없다는 사실을 분명히 밝히고 있다 (롬 8:18). 이는 하나님께서 자기 자녀들에게 베푸신 놀라운 은혜이며 우리의 진정한 소망은 바로 거기 있다.

2) 하나님의 자녀들과 더불어 이루어지는 만물의 회복

우리가 사도 바울의 가르침 가운데 특별히 주의를 기울여야 할 내용은 타락한 우주만물이 예수 그리스도를 통해 회복된다는 사실이다. 물론 여기서 말하는 회복이란 상태 변화가 아니라 새로운 재창조이다.[29] 즉 첫 번째 아담의 타락으로 말미암아 오염된 만물이 두 번째 아담이신 예수님의 사역을 통해 새로운 피조물로 회복된다는 것이다. 바울은 피조물이 하나님의 아들들의 나타남을 간절히 고대하고 있음을 말하고 있다.

"피조물의 고대하는 바는 하나님의 아들들의 나타나는 것이니 피조물이 허무한데 굴복하는 것은 자기 뜻이 아니요 오직 굴복케 하시는 이

---

29) 신학자들 가운데는 종종 후천년주의적 사고를 가진 자들이 없잖아 있다. 그들은 지구의 환경을 보존해야 하는 이유를 그에 연관짓고 있으며, 그로 인해 기독교가 세상의 문화, 사회, 정치, 경제 등 모든 분야에 깊숙이 개입하여 변화시켜야 하는 책무를 띠고 있는 듯이 생각하고 있다.

로 말미암음이라 그 바라는 것은 피조물도 썩어짐의 종노릇 한데서 해
방되어 하나님의 자녀들의 영광의 자유에 이르는 것이니라"(롬 8:19-
21);

"The creation waits in eager expectation for the sons of God
to be revealed. For the creation was subjected to frustration, not
by its own choice, but by the will of the one who subjected it, in
hope that the creation itself will be liberated from its bondage to
decay and brought into the glorious freedom of the children of
God"(Rom. 8:19-21, NIV)

사도 바울의 이 말은 과연 무엇을 의미하고 있는 것인가? 여기서 말
하는 그 피조물(the creation)은 아담의 죄로 말미암아 오염된 모든 피조
세계를 지칭하고 있다. 그리고 하나님의 아들들(the sons of God)은 구원
받은 모든 성도들을 가리킨다. 이는 아담의 타락으로 인해 오염되어 하
나님을 찬양하는 원래의 기능을 상실한 피조세계가, 새로운 피조세계에
대한 상속자인 하나님의 아들들로 인해 만물이 회복되기를 바란다는 사
실을 말해주고 있다.

물론 여기서 말하는 바는 피조물들에게 인격적인 의지가 있다는 것을
의미하지 않는다. 도리어 인격과 의지를 가지지 않은 피조물조차 본질
적으로 새롭게 회복되어야 함을 강력히 시사하고 있다. 이는 하나님의
처음 창조 의도가 새로운 피조세계를 통해 완성되어야 한다는 사실을
말해준다.

피조물이 허무하게 된 것 역시 오염된 세계에 대한 하나님의 심판으
로 말미암은 것이다. 타락한 아담에게 속한 피조세계는 그와 더불어 하
나님의 심판에 갇히게 되었다. 바울은 그 피조물들도 하나님의 자녀들
이 새로운 피조세계를 상속받을 때 부패하고 썩어질 것에 종노릇하던
상태에서 해방되어 성도들이 소유하게 된 영광의 자유에 이르게 됨을

말하고 있다.

이는 하나님의 창조에 대한 총체적인 구속사역을 보여주는 것이다. 아담이 범죄한 이래 모든 피조물이 제 기능을 다하지 못하고 가시와 엉겅퀴를 내며 탄식했던 것은 아담의 타락 때문이었다. 이제 두 번째 아담이신 예수 그리스도의 사역으로 인해 하나님의 모든 창조사역이 새롭게 완성됨으로써 창조에 연관된 하나님의 궁극적인 뜻이 이루어지게 되는 것이다.

3) 무지한 인간에게 임하는 성령의 사랑

하나님의 상속을 받기로 약속받은 성도들도 이 세상에 살아가면서 여전히 마음속으로 탄식하고 있다. 성령의 처음 익은 열매로서 하나님의 자녀가 된 자라 해도 타락한 아담의 형상을 지니고 있는 한 죄로부터 자유롭지 못하기 때문이다.

하나님의 자녀들은 보이지 않는 영원한 소망을 기다리고 있는 자들이다. 하지만 죄악된 세상에 살고 있는 한 성도들은 자신의 욕망을 좇는 행위를 포기하지 않는다. 더러운 죄의 속성이 여전히 하나님의 자녀들을 괴롭히고 있는 것이다. 바울은 우리가 속으로 탄식하며 영원한 몸의 속량을 기다리는 존재임을 말하고 있다(롬 8:23). 그러므로 모든 성도들은 인내함으로써 완성된 하나님의 나라를 간절히 기다리게 된다.

세상에서 욕망의 끈을 놓지 못하는 인간들은 하나님께 간구하면서도 자신의 욕망을 채우기 위해 안간힘을 쓰게 된다. 즉 하나님께서 예비하신 영원한 상속이 아니라 이 세상에서 자기가 누릴 만한 것들에 관심을 기울이며 그것을 추구하는 것이다. 연약한 인간들은 그것이 마치 하나님께서 원하시는 것인 양 오해하기도 하며, 경우에 따라서는 그에 대한 하나님의 뜻을 알면서도 의도적으로 세상의 욕망을 추구하게 된다.

그래서 신앙이 어린 교인들은 이 세상에서의 자기 인생을 윤택하게 해달라며 하나님께 조르면서 열심히 기도한다. 그런 것들은 하나님의 뜻이 아닐 뿐더러 자기에게도 해가 되는 위험한 것이 될 수 있는데도 불구하고 끊임없이 그렇게 기도하는 것이다. 그것이 종교적인 욕망에 연관될 경우 더욱 그렇다.

하지만 사랑의 하나님께서는 성도들의 잘못된 그런 기도를 결코 들어주시지 않는다. 성령께서 이기적인 기도를 지속하는 우리를 위해 탄식함으로써 친히 간구하시기 때문이다. 즉 연약한 인간들이 아무것도 모르고 세상의 욕망을 추구하는 기도를 할 때 하나님께서 그것을 들어주시지 않도록 간구하시는 것이다.

> "이와 같이 성령도 우리의 연약함을 도우시나니 우리는 마땅히 기도할 바를 알지 못하나 오직 성령이 말할 수 없는 탄식으로 우리를 위하여 친히 간구하시느니라 마음을 살피시는 이가 성령의 생각을 아시나니 이는 성령이 하나님의 뜻대로 성도를 위하여 간구하심이니라"(롬 8:26,27)

성숙한 성도들은 자신의 기도를 다 들어주지 않는 하나님께 깊이 감사드린다. 인간은 하나님의 도우심 없이는 어떤 기도도 할 수 없을 뿐더러 악한 본성을 지닌 인간에게서는 잘못된 기도만 쏟아져 나오기 때문이다. 그러므로 우리는 기도할 때 인간적인 욕망을 소유하기 위해 관심을 집중하는 자신의 기도를 들어주지 않도록 하나님께 간구하며 기도해야 한다. 이는 욕망을 추구하고자 하는 우리의 잘못된 기도를 정제하시는 성령 하나님의 도우심을 간절히 요구하는 기도가 된다.

우리는 이와 더불어 바울이 로마 교회의 성도들을 향해 언급한 중요한 성경구절을 기억한다. 하나님께서 자신의 뜻대로 부르심을 입은 사랑하는 성도들에게는 모든 것이 합력하여 선을 이루신다는 사실을 말했던 것이다. 우리가 주의깊게 살펴보아야 할 것은 이 말씀이 기도에 관한 교훈에 뒤이어 기록되어 있다는 사실이다.

> "우리가 알거니와 하나님을 사랑하는 자 곧 그의 뜻대로 부르심을 입은 자들에게는 모든 것이 합력하여 선을 이루느니라"(롬 8:28)

신앙이 어린 교인들 가운데는 '모든 것이 합력하여 선을 이룬다' 는 의미를 크게 오해하는 자들이 많이 있다. 마치 우리에게 무슨 일이나 어떤 일이 발생하든지 하나님께서는 모든 것을 종합하여 자신의 선을 이루어 가는 듯이 생각하는 것이다. 그러나 이 말은 그런 의미와는 거리가 매우 멀다.

위의 본문에서 말하는 '모든 것' (all things)이란 보편적인 관점에서 지칭하는 모든 것들이라기보다 그 의미상 앞선 문맥과 더불어 이해하는 것이 바람직하다. 우리가 타락한 아담의 속성에 따라 자신의 욕망을 추구하며 잘못된 기도를 하고 있음에도 불구하고 하나님께서는 우리를 버리지 않고 지켜주신다. 그러므로 성령께서는 하나님의 자녀들을 위해 탄식함으로 기도하시는 것이다. 하나님께서는 그것을 통해 우리를 위한 참된 응답을 해주신다. 이보다 더 큰 사랑이 어디 있는가!

그러므로 이 말씀이 의미하고 있는 바는 연약한 인간들의 잘못된 기도와 성령 하나님의 탄식하시는 간구가 합력하여 하나님의 선을 이루는 것을 말한다. 즉 인간들의 한없이 나약한 모습과 잘못된 기도에도 불구하고 전지전능하신 하나님의 사랑이 궁극적인 선을 이루어 가게 된다. 우리는 여기서 인간의 연약함과 더불어 자기 백성들을 끝까지 지켜주시는 하나님의 놀라운 사랑을 기억하지 않을 수 없다.

4) 완벽한 하나님의 형상이신 예수 그리스도

하나님께서는 처음 아담을 창조하실 때 자기의 형상대로 지으셨다. 그러나 아담이 범죄함으로써 그가 소유했던 하나님의 형상과 연관된 모든 기능(function)은 완전히 마비되어 버렸다. 그 전에는 하나님의 형상으로 말미암아 하나님과 원만한 교제를 나눌 수 있었으며 그것으로 인해 하나님을 찬송하며 경배할 수 있었다.

하나님의 형상 기능이 완전히 상실한 상태에서는 더 이상 하나님과 교제할 수 없었으며 원천적으로 그를 찬양하며 경배할 수 없었다. 타락한 인간에게는 스스로 하나님을 알 수 없었을 뿐더러 하나님을 경배하고자 하는 마음도 생겨날 수 없었던 것이다.

하나님께서 창세전에 택하신 백성들에게는 예수 그리스도의 십자가 사역과 능력을 통해 하나님의 형상 기능이 회복된다. 이는 예수 그리스도가 완벽한 하나님의 형상이기 때문이다. 그것을 위해 하나님께서는 구속사 가운데서 택하신 자기 백성들을 통해 그리스도에 관한 약속을 계속 이어가셨다.

> "하나님이 미리 아신 자들을 또한 그 아들의 형상을 본받게 하기 위하여 미리 정하셨으니 이는 그로 많은 형제 중에서 맏아들이 되게 하려 하심이니라"(롬 8:29)

우리는 이 말씀을 매우 주의깊게 이해해야 한다. 이 본문에서 말하는 '그 아들의 형상' 이란 당연히 예수 그리스도의 형상을 뜻하며, 그것은 완벽한 하나님의 형상을 의미하는 것이다. 사도 바울은 고린도 교회에 보내는 두 번째 서신에서 '예수 그리스도가 하나님의 형상' 임을 분명히 언급하고 있다(고후 4:4).

위의 로마서 본문에서 언급하고 있는 '하나님께서 미리 아신 자들' 이란 하나님께서 창세전에 택하신 백성들을 지칭한다. 하나님께서는 창세전에 택하신 자기 백성들에게 완벽한 자기의 형상이신 그리스도를 통해 그 형상을 부여하고 회복하신다. 따라서 완벽한 하나님의 형상을 지닌 예수 그리스도께서 맏아들이 되어 그에게 속한 모든 백성들이 '하나님의 아들들'(롬 8:15,19; 갈 4:6)이 되는 것이다.

히브리서에는 이에 대한 더욱 선명한 기록이 나온다. 이땅에 오신 예수 그리스도가 하나님의 영광의 광채시며 그 본체의 형상임을 말씀하고 있다. 하나님께서는 세상의 마지막에 만물을 재창조하시기 위해 그를 만유의 후사로 세우셨다.

> "이 모든 날 마지막에 아들로 우리에게 말씀하셨으니 이 아들을 만유의 후사로 세우시고 또 저로 말미암아 모든 세계를 지으셨느니라 이는 하나님의 영광의 광채시요 그 본체의 형상이시라 그의 능력의 말씀으로 만물을 붙드시며 죄를 정결케 하는 일을 하시고 높은 곳에 계신 위엄의 우편에 앉으셨느니라"(히 1:2,3)

이 말씀은 예수께서 제자들에게 '나를 보는 자는 나를 보내신 이를 보는 것이니라'(요 12:45)고 선포하신 내용과 온전히 조화된다. 히브리서 기자는 하나님의 영광의 광채시요 그 본체의 형상이신 예수 그리스도께서는 만물을 보존하는 분이시며, 십자가 사역을 통해 죄를 정결케 하는 일을 완성하셨음을 말하고 있다. 그는 이제 그 모든 사역을 완성하시고 천상의 나라에서 하나님 우편에 앉아계신다.

하나님께서는 자신의 완벽한 형상인 예수 그리스도를 통해 창세전에 택하신 모든 자녀들을 불러 의로운 자로 인정하셨다. 오늘날 우리가 하나님으로부터 의로운 자로 인정받게 된 것은 그로 말미암아 하나님의 형상을 온전히 회복했기 때문이다. 이로써 하나님의 부르심을 받아 의롭게 된 모든 성도들은 하나님 앞에서 영화로운 자들이 되었다.

4. 하나님의 사랑과 그리스도의 사랑

하나님의 자녀들은 배도의 본산인 이 세상에 살아가면서 상당한 고통을 당할 수밖에 없다. 예수 그리스도를 통해 하나님의 형상을 회복하여 소유한 성도들이 하나님의 형상에 대한 회복없이 타락한 아담의 형상만을 지닌 자연인들로부터 용납되지 않기 때문이다. 그러므로 우리는 하나님의 자녀들이 세상에서 대우를 받지 못하고 고난당하는 것을 보며 전혀 이상하게 생각할 필요가 없다.

우리에게 진정으로 위로가 되는 것은 전지전능하신 하나님께서 우리의 편에 서 계신다는 명백한 사실이다. 하나님께서 자기 백성들을 항상 보호하고 계시기 때문에 세상 사람들은 우리에게 궁극적인 해를 입히지 못한다. 그러므로 우리는 저들로부터 임하는 박해를 견디며 영원한 천국을 바라보게 된다. 그러한 삶은 세상 사람들이 결코 이해할 수 없는 놀라운 기쁨을 우리에게 선사하고 있다.

하나님께서는 자기 자녀들에게 자신의 모든 것을 상속하기로 작정하고 계신다. 그것은 아담으로 인해 오염된 처음의 세계가 아니라 예수 그리스도를 통해 지어진 새로운 피조세계이다. 자기의 자녀들을 위해 사랑하는 독생자를 내어주신 하나님께서 그 아들과 함께 모든 것을 자녀들에게 상속해주시는 것은 오히려 자연스럽다.

그러므로 어느 누구도 하나님께서 선택하신 성도들을 함부로 고발하거나 정죄할 수 없다. 이는 예수 그리스도께서 저들을 위해 자신의 고귀한 생명을 내놓고 죽으셨기 때문이다. 자기 백성들을 위한 그리스도의 십자가 사역은 단순히 과거에 발생한 사건이었을 뿐 아니라 지금도 놀라운 효과가 그대로 드러나는 현재적인 상황이다. 바울은 그점을 분명히 설명하고 있다.

"누가 능히 하나님께서 택하신 자들을 고발하리요 의롭다 하신 이는 하나님이시니 누가 정죄하리요 죽으실 뿐 아니라 다시 살아나신 이는 그리스도 예수시니 그는 하나님 우편에 계신 자요 우리를 위하여 간구하시는 자시니라"(롬 8:33,34)

예수님은 택하신 자기 백성들을 위해 십자가 위에서 죽었다가 사흘 만에 다시 살아나셨을 뿐 아니라 지금도 천상의 나라에 계시는 하나님 우편에서 여전히 자기 자녀들을 위해 사역하고 계신다. 그는 연약한 우리를 돕기 위해 하나님께 친히 간구하고 계시는 것이다.

이로 인해 사탄과 그에게 속한 원수들이 이 세상에서 하나님의 백성들에게 궁극적인 해를 가할 수 없다. 그러므로 어느 누구도 하나님의 자녀들을 예수 그리스도의 사랑에서 끊을 수 없다. 아무리 심한 환란이나 핍박, 굶주림이나 헐벗음, 위협과 칼이라 할지라도 하나님의 자녀인 성도의 신분을 빼앗을 수 없다.

사실 이 세상에서 살아가는 성도들의 인생은 결코 남이 부러워할 만한 화려한 삶이 아니다. 세상적인 것들을 풍족하게 많이 취하는 것이 하나님의 복이라고 가르치는 것은 잘못된 주장이다. 하나님의 자녀들은 도리어 세상 사람들로부터 심한 괄시를 받게 된다. 이에 대해서는 성경이 우리에게 분명히 증거하고 있다. 바울은, 시편 기자가 노래한 내용을 인용하며(롬 8:36) 성도들의 삶에 관한 기록을 하고 있다.

> "우리가 종일 주를 위하여 죽임을 당케 되며 도살할 양 같이 여김을 받았나이다"(시 44:22)

시편 기자는 하나님의 뜻대로 살아가고자 하는 백성들이 세상에서 당하게 되는 삶을 마치 도살장에 끌려간 양과 유사한 듯이 노래하고 있다. 그는 온종일 하나님을 위해 자신의 생명을 내놓아야 할 지경에 놓여있는 것 같다는 참담한 현실을 고백했다. 사도 바울은 로마에 있는 성도들을 향해 이 세상에서 살아가는 성도들의 삶이 그러할 것이라고 말했던 것이다.

현대를 살아가는 성도들의 삶 역시 원칙적인 측면에서 보아 그와 동일하다는 사실을 기억해야 한다. 하지만 오늘날 우리 시대 성도들의 실제적인 삶을 살펴보면 그렇지만은 않다. 우리 주변의 대다수 교인들은 성경이 말하는 그런 참담한 삶을 살고 있지 않은 것이다. 그렇다면 현대에 존재하고 있는 교회는 이를 어떻게 이해해야 할까? 바울이 말하고 있는 내용은 과연 로마에 살고 있던 성도들에게 국한되는 것일까?

그것은 결코 그렇지 않다. 사도 바울이 구약성경을 인용했던 것은 이 세상을 살아가는 모든 성도들의 삶이 그러하다는 사실을 말해주고 있다. 오늘날 우리가 외형상 심한 핍박을 받지 않고 배불리 먹으며 풍요롭게 살아간다고 해도 그것 자체가 삶의 목적이 될 수 없다. 우리가 설령 그렇게 살아가고 있다 할지라도 예수 그리스도께서 지신 십자가와 더불어 이 세상의 원수가 된 자로서 신앙의 본질을 기억하지 않으면 안 된다.

우리가 이 세상 가운데서 누리는 모든 풍요로운 상황은 아무런 보장성이 없는 것들이다. 지금 눈앞에 전개되는 현실이 평온하고 배부르며 풍요롭다고 할지라도 당장 내일 우리에게 무슨 일이 발생하게 될지 전혀 알지 못한다. 따라서 우리는 눈앞의 현실을 두고 안심하거나 만족을 누리려 해서는 안 된다. 우리는 여전히 사탄의 통치 영역인 이 세상의 숱한 유혹과 위협 가운데 살아가고 있기 때문이다.

우리는 세상의 풍요로움을 추구하지도 않거니와 그로부터 오는 핍박이나 위협을 두려워하지도 않는다. 하나님의 자녀들은 성자와 성령을 통해 역사하시는 하나님의 도우심으로 말미암아 세상의 공격에 대해 넉넉히 승리할 수 있기 때문이다. 이 세상의 어떤 것도 우리에게 궁극적인 해악을 끼치지 못한다.

그러므로 이 세상에서 죽고 사는 것과 사탄의 세력이나 세상의 권세, 그리고 현재나 미래의 일 등등 그 어떤 것들도 예수 그리스도 안에 있는 하나님의 사랑으로부터 성도들을 떼놓을 수 없는 것이다.

제10장
이스라엘과 이방인에 대한 하나님의 계획

(롬 9:1-33)

(로마서 9:1-33)

9:1 내가 그리스도 안에서 참말을 하고 거짓말을 아니하노라 내게 큰 근심이 있는 것과 마음에 그치지 않는 고통이 있는 것을 내 양심이 성령 안에서 나로 더불어 증거하노니

9:2 (1절에 포함)

9:3 나의 형제 곧 골육의 친척을 위하여 내 자신이 저주를 받아 그리스도에게서 끊어질지라도 원하는 바로라

9:4 저희는 이스라엘 사람이라 저희에게는 양자 됨과 영광과 언약들과 율법을 세우신 것과 예배와 약속들이 있고

9:5 조상들도 저희 것이요 육신으로 하면 그리스도가 저희에게서 나셨으니 저는 만물 위에 계셔 세세에 찬양을 받으실 하나님이시니라 아멘

9:6 또한 하나님의 말씀이 폐하여진 것 같지 않도다 이스라엘에게서 난 그들이 다 이스라엘이 아니요

9:7 또한 아브라함의 씨가 다 그 자녀가 아니라 오직 이삭으로부터 난 자라야 네 씨라 칭하리라 하셨으니

9:8 곧 육신의 자녀가 하나님의 자녀가 아니라 오직 약속의 자녀가 씨로 여기심을 받느니라

9:9 약속의 말씀은 이것이라 명년 이 때에 내가 이르리니 사라에게 아들이 있으리라 하시니라

9:10 이뿐 아니라 또한 리브가가 우리 조상 이삭 한 사람으로 말미암아 잉태하였는데

9:11 그 자식들이 아직 나지도 아니하고 무슨 선이나 악을 행하지 아니한 때에 택하심을 따라 되는 하나님의 뜻이 행위로 말미암지 않고 오직 부르시는 이에게로 말미암아 서게 하려 하사

9:12 리브가에게 이르시되 큰 자가 어린 자를 섬기리라 하셨나니

9:13 기록된 바 내가 야곱은 사랑하고 에서는 미워하였다 하심과 같으니라

9:14 그런즉 우리가 무슨 말 하리요 하나님께 불의가 있느뇨 그럴 수 없느니라

9:15 모세에게 이르시되 내가 긍휼히 여길 자를 긍휼히 여기고 불쌍히 여길 자를 불쌍히 여기리라 하셨으니

9:16 그런즉 원하는 자로 말미암음도 아니요 달음박질하는 자로 말미암음도 아니요 오직 긍휼히 여기시는 하나님으로 말미암음이니라

9:17 성경이 바로에게 이르시되 내가 이 일을 위하여 너를 세웠으니 곧 너로 말미암아 내 능력을 보이고 내 이름이 온 땅에 전파되게 하려 함이로라 하셨으니

9:18 그런즉 하나님께서 하고자 하시는 자를 긍휼히 여기시고 하고자 하시는 자를 강퍅케 하시느니라

9:19 혹 네가 내게 말하기를 그러면 하나님이 어찌하여 허물하시느뇨 누가 그 뜻을 대적하느뇨 하리니

9:20 이 사람아 네가 뉘기에 감히 하나님을 힐문하느뇨 지음을 받은 물건이 지은 자에게 어찌 나를 이같이 만들었느냐 말하겠느뇨

9:21 토기장이가 진흙 한 덩이로 하나는 귀히 쓸 그릇을, 하나는 천히 쓸 그릇을 만드는 권이 없느냐

9:22 만일 하나님이 그 진노를 보이시고 그 능력을 알게 하고자 하사 멸하기로 준비된 진노의 그릇을 오래 참으심으로 관용하시고

9:23 또한 영광 받기로 예비하신 바 긍휼의 그릇에 대하여 그 영광의 부요함을 알게 하고자 하셨을지라도 무슨 말 하리요

9:24 이 그릇은 우리니 곧 유대인 중에서 뿐 아니라 이방인 중에서도 부르신 자니라

9:25 호세아 글에도 이르기를 내가 내 백성 아닌 자를 내 백성이라 사랑치 아니한 자를 사랑한 자라 부르리라

9:26 너희는 내 백성이 아니라 한 그곳에서 저희가 살아계신 하나님의 아들이라 부름을 얻으리라 함과 같으니라

9:27 또 이사야가 이스라엘에 관하여 외치되 이스라엘 뭇 자손의 수가 비록 바다의 모래 같을지라도 남은 자만 구원을 얻으리니

9:28 주께서 땅 위에서 그 말씀을 이루사 필하시고 끝내시리라 하셨느니라

9:29 또한 이사야가 미리 말한 바 만일 만군의 주께서 우리에게 씨를 남겨 두시지 아니하셨더면 우리가 소돔과 같이 되고 고모라와 같았으리로다 함과 같으니라

9:30 그런즉 우리가 무슨 말 하리요 의를 좇지 아니한 이방인들이 의를 얻었으니 곧 믿음에서 난 의요

9:31 의의 법을 좇아간 이스라엘은 법에 이르지 못하였으니

9:32 어찌 그러하뇨 이는 저희가 믿음에 의지하지 않고 행위에 의지함이라 부딪힐 돌에 부딪혔느니라

9:33 기록된 바 보라 내가 부딪히는 돌과 거치는 반석을 시온에 두노니 저를 믿는 자는 부끄러움을 당치 아니하리라 함과 같으니라

제10장 _ 이스라엘과 이방인에 대한 하나님의 계획

(롬 9:1-33)

1. 이스라엘 민족의 역할

사도 바울은 정통 유대인 혈통을 가진 인물이다. 그는 교회 안에 하나님의 선민이라는 그릇된 자부심을 가지고 있으면서 유대인 출신의 교인들 중에 잘못된 신앙을 가르치며 배우는 사람들로 인해 마음 아파했다. 그런 현상은 그에게 매우 심각한 문제가 되어 염려가 되지 않을 수 없었다. 신앙이 어린 성도들은 진리를 벗어난 교훈이 난무하는 형편 가운데 갈피를 잡지 못하고 신앙적인 혼선을 빚게 될 것이었기 때문이다.

그런 중에 바울은 자신의 혈통적 종족인 이스라엘 민족을 위해서라면 설령 자기가 저주를 받아 그리스도에게서 끊어져도 좋다는 각오가 되어 있음을 밝히고 있다. 그는 '나의 형제 곧 골육의 친척을 위하여 내 자신이 저주를 받아 그리스도에게서 끊어질지라도 원하는 바로라' (롬 9:2)고 분명히 말했다. 우리는 바울이 말하고 있는 이 놀라운 표현을 매우 주의하여 해석해야만 한다. 왜냐하면 그는 여기서 자신에 관련하여 '저주' 와 '그리스도로부터의 끊어짐' 에 대해 언급하고 있기 때문이다.

우선 우리는 사도 바울 자신이 예수 그리스도로부터 끊어질 가능성이 있음을 전제하고 있지 않다는 사실을 분명히 알아야 한다. 바울이 저들에게 그렇게 강한 어조로 말했던 것은 그만큼 절실한 그의 심정을 보여주고 있다. 혈통적 이스라엘 민족이란 사실을 자랑스러워하면서도 그에 대한 진정한 의미를 알지 못한 채 하나님의 뜻에 대해 완전히 무지한 유대인들이 한없이 안타까웠던 것이다.

이에 관해서는 오래 전에 모세 역시 그와 유사한 표현을 한 적이 있다. 이스라엘 백성들이 시내산 아래서 금송아지를 만들어 우상을 섬길 때 모세는 하나님께 '이제 그들의 죄를 사하시옵소서 그렇지 않사오면 원컨대 주의 기록하신 책에서 내 이름을 지워 버려주옵소서'(출 32:32)라고 간구했었다. 그때도 모세가 자기의 이름이 생명책에서 지워질 가능성을 전제하고 말했던 것은 아니다.

또한 우리가 주의해야 할 점은 바울이 자신의 골육친척인 이스라엘 민족을 위해서 생명까지 바쳐 모든 노력을 다하겠다는 것이 누구나 보편적으로 받아들여 언급할 수 있는 말이 아니라는 사실이다. 즉 바울이 자기 민족을 위해서 그렇게 했으니 모든 기독교인들은 마땅히 자기 민족을 위해서 바울처럼 행해야 한다고 말할 수 없다.

우리는 바울이 로마서에서 그렇게 말했음에도 불구하고 그가 민족중심주의(ethnocentrism) 사상을 가진 것이 아니라 세계주의(cosmopolitanism) 사상을 가지고 있었다는 사실을 알고 있다. 그는 로마서의 여러 곳에서 그점을 분명히 밝히고 있다(롬 3:9; 10:12). 그리고 그의 다른 서신을 통해서도 유대인과 이방인 사이에 아무런 민족적인 차이가 없음을 언급하고 있다. 바울은 고린도 교회에 보내는 편지에서 그점을 분명히 말했다.

"유대인은 표적을 구하고 헬라인은 지혜를 찾으나 우리는 십자가에 못 박힌 그리스도를 전하니 유대인에게는 거리끼는 것이요 이방인에게는 미련한 것이로되 오직 부르심을 입은 자들에게는 유대인이나 헬라인이나 그리스도는 하나님의 능력이요 하나님의 지혜니라"(고전 1:22-24)

하나님 앞에서 감히 민족주의적 우월감을 가질 수 있는 사람은 아무도 없다. 따라서 하나님의 교회에 속한 성도들은 결코 민족중심주의자가 될 수 없다. 그럼에도 불구하고 바울이 언급했던 이스라엘 백성은 하나님께서 특별한 사명을 맡기신 매우 독특한 민족이었다.

그들에게는 구속사 가운데 허락된 하나님의 율법과 의례들이 있었으며 예루살렘 성전을 통한 신령한 제사와 경배가 있었다. 하나님께서는 그 백성들에게 주어진 모든 언약적 방편들을 통해 자신의 거룩한 뜻을 계시하셨다. 그러므로 그 민족 가운데 하나님의 아들이신 예수 그리스도께서 인간의 몸을 입고 이땅에 오시게 되었다. 하지만 그것이 이스라엘 민족 자체의 구원을 의미하지는 않는다.

2. 아브라함과 선택받은 약속의 자녀

하나님께서 특별한 도구로 사용하신 이스라엘 백성이 전체적으로 구원을 받지 못했다고 해서 그것이 하나님의 실패를 의미하지 않는다. 혈통적 이스라엘 민족이 진정한 이스라엘 백성이 되는 것은 아니다. 아브라함의 몸에서 출생한 자식이라 해서 모두 참된 아브라함의 자식이 될 수는 없다. 아브라함의 독자 이삭과 그의 아들 야곱으로부터 난 자들이어야만 혈통적 아브라함의 자손이라 일컬어질 수 있었다.

사도 바울은 그것을 설명하기 위해 '육신의 자녀'와 '약속의 자녀'를 분명히 구분하여 말한다(갈 4:23). 육신의 자녀라면 비록 아브라함의 몸에서 태어났다 할지라도 하나님께서 인정하시는 진정한 아브라함의 아들이 될 수 없다. 이삭이 유일한 약속의 자녀였던 것은 그가 하나님의 특별한 섭리로 말미암아 출생했기 때문이다.

　나이가 많아 늙은 아브라함과 사라는 저들의 몸에서 '이삭'이 잉태되리라는 사실을 믿기 어려웠다. 그들은 하나님의 약속을 믿고 기다렸지만 저들의 몸이 완전히 노쇠한 상태에서 다른 특별한 방법이 있을 것이라고 여겼었다. 그러나 하나님께서는 저들의 노쇠한 몸을 통해 약속의 자녀 이삭을 허락하셨다. 아브라함에게는 이미 하갈을 통해 얻은 아들 이스마엘이 있었으나 그는 하나님의 약속이 아니라 인간의 종교적인 열성으로 말미암아 출생한 자식이었다.

　그러므로 하나님 앞에서 아브라함의 아들이라 인정될 수 있는 자는 오직 하나님으로 말미암아 출생한 이삭밖에 없다. 성경이 그를 아브라함의 독자라 칭하고 있는 것은 바로 그런 이유 때문이다. 구약과 신약성경은 공히 이삭이 아브라함의 독자 곧 유일한 아들임을 명백히 증거하고 있다.

　　"여호와께서 가라사대 네 아들 네 사랑하는 독자 이삭을 데리고 모리아 땅으로 가서 내가 네게 지시하는 한 산 거기서 그를 번제로 드리라"(창 22:2);
　　"아브라함은 시험을 받을 때에 믿음으로 이삭을 드렸으니 저는 약속을 받은 자로되 그 독생자를 드렸느니라"(히 11:17)

　이 말씀은 아브라함의 몸에서 난 자들 가운데 이삭 이외의 다른 모든 자식들은 아브라함의 아들로 인정하지 않는다는 의미이다. 아브라함은 이삭을 낳기 전에 이스마엘을 낳았으며 사라가 죽은 후에는 후처를 얻어 그로부터 여러 아들들을 낳았다(창 25:1). 하지만 그들은 육신의 자녀들이었을 뿐 약속의 자녀가 아니었다.

　나아가 약속의 자녀인 이삭으로부터 난 자라고 해서 모두가 하나님께서 인정하시는 것은 아니다. 이삭의 아내 리브가가 임신했을 때 태중에는 쌍둥이 아들이 함께 있었다. 그들은 한 태중에 잉태되었지만 하나님의 언약에 연관된 본성은 전혀 달랐다.

그들은 나중 '야곱'과 '에서'라는 이름을 가지게 된다. 그러나 그 태중의 아이들은 아직 태어나기도 전부터 원수 관계에 놓여 있었다. 한 아이는 하나님의 선택을 받았지만 다른 한 아이는 선택을 받지 못했다. 그때는 저들이 아직 아무런 사고능력과 행동능력이 있지 않을 때였다. 태중에 있는 아기로서는 아무런 선행과 악행을 저지를 수 없었던 것은 물론 선한 생각과 악한 생각조차 할 수 없었다.

그럼에도 불구하고 하나님께서는 '큰 자가 어린 자를 섬기리라'(롬 9:12)고 말씀하셨으며, 한 아이는 사랑한 반면 다른 한 아이는 미워하셨다(롬 9:13). 큰 자가 어린 자를 섬기리라는 말은 형이 동생의 하인이나 노예처럼 되리라는 예언이다.

이 말씀의 구체적인 의미는 야곱과 에서가 하나님으로 말미암아 본질적인 격格이 전혀 다른 신분을 가지게 된다는 사실을 말해주고 있다. 하나님께서 미리 그렇게 말씀하셨던 것은 태중에 있는 아이들의 생각이나 행동 때문이 아니라 전적인 하나님의 선택과 예정으로 인한 것이다.

3. 하나님의 무조건적 선택

하나님께서는 우주만물을 창조하시기 전에 이미 영원한 구원에 참여하게 될 자들을 정해두고 계셨다. 이는 하나님께서 철저한 계획 아래 우주만물을 창조하시고 자기 형상에 따라 인간을 지으셨음을 말해주고 있다. 하나님은 아무런 계획 없이 임기응변적으로 인간을 창조하신 것이 아니었다. 사도 바울은 에베소 교회에 편지하면서 그에 관해 받은 계시를 언급하고 있다.

"곧 창세전에 그리스도 안에서 우리를 택하사 우리로 사랑 안에서 그 앞에 거룩하고 흠이 없게 하시려고 그 기쁘신 뜻대로 우리를 예정하사 예수 그리스도로 말미암아 자기의 아들들이 되게 하셨으니"(엡 1:4,5)

인간의 선하고 악한 생각과 행위에 따라 하나님의 궁극적인 구원이 결정되는 것이 아니다. 구원은 전적으로 하나님의 창세전 선택과 예정에 달려 있다. 하나님께서 자기 백성들을 특별히 택정하신 것은 저들로 하여금 자기의 아들들이 되어 거룩하고 흠없는 상태에서 하나님의 은혜의 영광을 찬미하도록 하기 위해서였다.

앞서 언급한 아브라함의 독자 이삭과 그의 아들 야곱을 특별히 선택하시고, 아브라함의 육신에서 출생한 나머지 모든 자식들을 버린 것은 전적인 하나님의 뜻으로 말미암는 것이었다. 사도 바울은 그에 대한 언급을 하며 그렇게 하신 하나님이 불의하냐고 반문하면서 결코 그렇지 않음을 강조하고 있다.

하나님께서는 긍휼을 베풀기로 작정한 자들에게는 어떤 경우가 발생한다 할지라도 한없는 긍휼을 베풀어 주신다. 그러나 하나님을 알지 못하는 자들은 제 갈 길로 가게 내버려두며, 저들에게는 무서운 심판이 임하게 된다. 즉 하나님께서는 창세전에 선택하신 자기 자녀들에게는 예수 그리스도를 통해 무한한 긍휼을 베푸시지만, 나머지 인간들에게는 자신의 엄한 공의를 드러내시게 되는 것이다.

"여호와께서 가라사대 내가 나의 모든 선한 형상을 네 앞으로 지나게 하고 여호와의 이름을 네 앞에 반포하리라 나는 은혜 줄 자에게 은혜를 주고 긍휼히 여길 자에게 긍휼을 베푸느니라"(출 33:19);
"여호와께서 온갖 것을 그 쓰임에 적당하게 지으셨나니 악인도 악한 날에 적당하게 하셨느니라"(잠 16:4)

모든 인간들에게 일어나게 되는 궁극적인 생명과 사망에 연관된 이러한 일들은 개개인 인간들의 자의적인 결심이나 작정에 달려 있지 않다. 구원을 받기 위해 애쓰며 노력하는 자들에게 하나님의 구원이 임하는 것이 아니라 모든 것은 자기 백성들을 긍휼히 여기시는 하나님의 놀라운 뜻에 달려 있는 것이다.

그러므로 하나님께서는 창세전에 선택하시고 예정하신 자들을 위해 자신의 온전한 뜻에 따라 긍휼을 베풀기도 하시며, 완악한 마음을 품은 인간들을 그냥 내버려 두시기도 한다. 예수님은 제자들에게 그에 연관된 말씀을 하시면서 이사야 선지자의 글(사 6:10)을 인용하며 그에 대한 분명한 가르침을 주셨다.

> "저희 눈을 멀게 하시고 저희 마음을 완고하게 하셨으니 이는 저희로 하여금 눈으로 보고 마음으로 깨닫고 돌이켜 내게 고침을 받지 못하게 하려 함이니라 하였음이더라"(요 12:40)

오늘날 우리 시대에 있어서 가장 위험한 문제점 가운데 하나는 하나님의 뜻보다 인간들의 이성과 경험을 중요시하는 태도이다. 그것은 인간들 사이에 형성된 매우 위험한 합리주의에 따른 결과이다. 그런 사고를 하는 자들은 하나님을 자기가 원하는 형태의 인간화된 존재로 탈바꿈시킨다. 즉 하나님을 인간을 위한 종교적인 신으로 만들어 버리는 것이다. 그렇게 되면 성경에 계시된 하나님을 떠나 인간이 원하는 '사랑의 하나님' '평화의 하나님'으로 변형시키는 오류에 빠지게 된다.

인간들의 악한 의도에 따라 그런 식으로 변형된 하나님은 결국 인간들이 원하는 욕망을 충당해주는 신처럼 여기게 된다. 그들은 인간들을 위하지 않는 신이라면 굳이 그를 따를 필요가 없다고 생각한다. 자기에게 유익이 되고 뭔가를 해줄 만한 신이라고 판단될 때 그 신은 비로소 자기들을 위해 유용한 신이 되는 것이다.

이렇듯이 타락한 인간들은 성경에 계시된 하나님이 아니라 인간들의 취향에 맞는 신들을 창출해 내기에 여념이 없다. 그러나 참된 하나님의 자녀들은 자신에게 맞는 신이 아니라 성경에 계시된 하나님께 나아간다. 하나님을 진정으로 경외하는 성도들은 끊임없이 자기에게 맞는 신을 원하는 자신을 질책하며 회개하기를 계속한다.

4. 하나님의 예정과 토기장이 비유

1) 토기장이 비유

사도 바울은 하나님의 창세전 선택과 예정이 불공평하지 않느냐며 반문하는 자들을 염두에 두고 토기장이 비유를 말하고 있다. 이는 사실 바울이 창의적으로 만들어낸 것이 아니라 이미 구약성경에 기록되어 있는 토기장이와 연관된 내용을 비유로 설명하고 있는 것이다. 구약시대의 이사야 선지자는 이처럼 말하고 있다.

> "질그릇 조각 중 한 조각 같은 자가 자기를 지으신 자로 더불어 다툴진대 화 있을찐저 진흙이 토기장이를 대하여 너는 무엇을 만드느뇨 할 수 있겠으며 너의 만든 것이 너를 가리켜 그는 손이 없다 할 수 있겠느뇨"(사 45:9)

구약성경에는 이 말씀 외에도 토지장이와 관련된 내용들이 더러 나온다(사 68:4; 렘 18:3-6 참조). 바울은 구약시대의 여러 선지자들과 마찬가지로 토기장이 비유를 말하면서 지음받은 물건이 지은 자에게 감히 항변할 수 없다는 사실을 강조하고 있다. 피조물은 오로지 조물주의 뜻에 따르게 될 뿐이라는 것이다.

토기장이는 진흙 덩어리를 가지고 자신의 뜻에 따라 귀한 그릇을 만들 수도 있고 천한 물건을 만들 수도 있다. 그것은 토기장이의 고유한 판단과 용도에 따라 만들어지게 된다. 즉 진흙덩이가 자기를 어떤 그릇으로 만들어 달라고 요구하지 못한다. 그것은 전적으로 토기장이의 작정에 달려 있으며 그릇은 그에 대해 항의할 수 없다.

하나님의 선택과 예정도 이와 동일하게 이해할 수 있다. 하나님께서는 자기의 기쁘신 뜻에 따라 구원하실 자들을 창세전에 이미 택정해 두셨던 것이다. 하나님을 알고 믿는 우리는 오로지 그에 대해 감사할 따름이다. 하나님께서 택정하지 않은 자들에게 내리시는 진노에 대해서 우리가 달리 할 말은 아무 것도 없다.

그럼에도 불구하고 하나님의 선택과 예정에 대해 오만한 불만을 품는 자들이 많이 있다. 아이러니컬하게도 그에 대해 불만을 품는 자들은 하나님을 전혀 알지 못하는 불신자들이 아니다. 도리어 기독교 안에 들어와 있는 자들 중에 불만을 가지고 있다. 그런 자들은 스스로 자신이 모든 인류를 위한 정의의 사도라도 되는 양 착각한다.

이는 마치 자기가 하나님보다 더 사랑이 많고 정확한 판단력을 지닌 인간인 양 여기는 오만한 생각이다. 그들은 진정한 하나님이라면 결코 그렇게 해서는 안 된다고 항변한다. 이 세상의 모든 사람들을 구원하시는 하나님이 아니라면 더 이상 그와 상종하지 않겠다는 식으로 오만하게 대응한다.

그러한 사고는 인간의 더럽고 악한 성품으로 말미암아 나오게 된다. 그런 자들은 성경에 나타나는 수많은 선지자들과 사도들보다 자기가 마치 더 똑똑한 사람인 것처럼 착각한다. 나아가 하나님의 예정과 작정보다 자신의 인간적인 판단이 옳다고 여긴다. 그러므로 하나님으로부터 계시된 말씀이 아니라 저들이 가진 이성과 경험으로 모든 것을 판단하게 되는 것이다.

그러나 참된 하나님의 자녀들은 결코 그렇지 않다. 그들은 항상 두렵고 떨리는 마음으로 하나님의 놀라운 뜻을 바라보게 된다. 기록된 하나님의 말씀이 그렇게 말한다면 아무런 이설異說도 달지 않는다. 우리는 인간들의 생각이 도저히 미치지 못하는 하나님의 놀라운 뜻에 모든 관심을 기울여야 한다.

2) 하나님의 구원계획

하나님께서는 사탄의 유혹에 빠진 아담과 더불어 타락한 인간들을 심판하심으로써 공의로운 자신을 보여주신다. 저들이 하나님께 저항하며 악행을 저지를지라도 즉시 심판하지 않고 참으시는 것은 창세전에 선택하신 자기 자녀들의 구원을 위해서이다. 하나님께서 자기 자녀들에게만 풍성한 영광을 허락하신다 해도 그에 대해 항변할 수 있는 자는 아무도 없다.

하나님께서는 그 풍성한 영광을 허락하시기 위해 역사적인 세상 가운데 흩어져 있는 그의 모든 자녀들을 부르셨다. 하나님은 유대인들 가운데서 뿐 아니라 이방인들 중에서도 선택하신 백성들을 하나씩 자기에게로 불러내셨다. 사도 바울은 그것을 증거하기 위해 구약시대의 호세아가 기록한 글을 인용하며 그에 대해 말했다.

> "그러나 이스라엘 자손의 수가 바닷가의 모래 같이 되어서 측량할 수도 없고 셀 수도 없을 것이며 전에 저희에게 이르기를 너희는 내 백성이 아니라 한 그곳에서 저희에게 이르기를 너희는 사신 하나님의 자녀라 할 것이라"(호 1:10);
> "내가 나를 위하여 저를 이땅에 심고 긍휼히 여김을 받지 못하였던 자를 긍휼히 여기며 내 백성 아니었던 자에게 향하여 이르기를 너는 내 백성이라 하리니 저희는 이르기를 주는 내 하나님이시라 하리라"(호 2:23)

호세아 선지자는 이방 족속들에게 증거될 하나님의 복음에 관한 사실을 기록하고 있다. 이는 구약시대 이스라엘 백성들에게는 상당히 충격적으로 들릴 수밖에 없는 말이다. 아브라함과 이삭과 야곱의 혈통을 지닌 자손으로서 하나님의 선민이라는 자부심을 강하게 가지고 있던 이스라엘 백성들에게 저들이 멸시하는 이방인들이 도리어 하나님의 긍휼을 입게 될 것이라고 말했기 때문이다.

당시 이스라엘 백성들은 극한 배도의 길에 빠져 있으면서도 이방 족속들을 부정한 사람들로 여기고 있었다. 그들은 아브라함의 자손이 아닐 뿐더러 모세와도 아무런 상관이 없는 하나님을 알지 못하는 더러운 자들로 간주되었다. 그런데 호세아 선지자는 배도의 길을 걷고 있는 혈통적 이스라엘 자손들이 아니라 이방인들이 하나님의 참 백성이 되리라고 예언했던 것이다.

나아가 이사야 선지자는 그보다 더욱 분명한 예언을 하고 있다. 마지막 심판날이 이르게 되면 이스라엘의 '남은 자들' 만 궁극적인 구원에 참여하게 되리라는 사실을 예언했다. 이스라엘 백성의 수가 아무리 많다고 해도 그것 자체로서는 아무런 자랑거리가 되지 못한다. 단지 소수의 남은 자들만 하나님의 긍휼을 입게 되며 그 나머지에 대해서는 공의로 인한 무서운 심판이 임하게 될 따름이다.

> "그 날에 이스라엘의 남은 자와 야곱 족속의 피난한 자들이 다시는 자기를 친 자를 의뢰치 아니하고 이스라엘의 거룩하신 자 여호와를 진실히 의뢰하리니 남은 자 곧 야곱의 남은 자가 능하신 하나님께로 돌아올 것이라 이스라엘이여 네 백성이 바다의 모래 같을지라도 남은 자만 돌아오리니 넘치는 공의로 훼멸이 작정되었음이라"(사 10:202-22);
> "만일 만군의 여호와께서 우리를 위하여 조금 남겨 두지 아니하셨더면 우리가 소돔과 같이 되고 고모라와 같았으리로다"(사 1:9)

사도 바울은 여기서 이스라엘 백성들에게 임하게 될 하나님의 공의와 은혜를 언급하고 있다. 여호와 하나님께서는 사랑의 하나님일 뿐 아니라 공의를 시행하는 분으로서 택하신 남은 자들만 부르고 나머지 인간들에 대해서는 엄히 심판하신다. 또한 참된 그루터기를 남기심으로써 언약하신 거룩한 사역을 진행하는 가운데 그것을 통해 자기 백성들을 보호하며 멸망시키지 않으신다. 하나님의 놀라운 은혜가 없이 그의 두려운 심판을 피할 수 있는 자는 이 세상에 아무도 없다.

바울은 구약시대의 호세아와 이사야 선지자를 통해 예언된 말씀이 이제 예수 그리스도로 인해 구체적으로 성취되었음을 말하고 있다. 바울은 로마에 있는 교회에 이 말씀을 전함으로써 혈통적 유대인들이 잘못된 자부심을 가지지 못하도록 했으며, 동시에 이방인 출신의 성도들에게는 구약시대의 유대인들 가운데 있던 남은 자들이 교회의 진정한 모체가 된다는 사실을 알려 줌으로써 유대인 형제들을 가볍게 여기지 않도록 했다. 이 모든 것들은 우리를 향한 하나님의 사랑과 은혜에 연관되어 있는 것이다.

5. 믿음에서 난 의와 예수 그리스도

사도 바울은 하나님의 의가 믿음으로 말미암는다는 사실을 증거하고 있다. 그 의는 이스라엘 백성이나 유대인들의 혈통에서 나오는 것이 아님을 말하고 있다. 즉 이방인들이 하나님으로부터 의롭다고 인정받은 것은 하나님의 의가 이스라엘 민족에게 주어진 율법으로 말미암는 것이 아니라는 사실을 보여준다. 이는 곧 인간의 행위가 구원의 조건이 되지 못한다는 점을 입증하고 있다.

하나님께서 허락하신 믿음이 아니라 인간들의 행위를 통해 의로운 자로 인정받으려는 것은 하나님의 의도를 거스르는 죄가 된다. 사도 바울은 믿음을 의지하지 않고 행위를 의지하는 것은 부딪칠 돌에 부딪치는 것과 같다는 사실을 설명하고 있다(롬 9:32). 이는 이사야 선지자가 예언하고 있는 내용과 동일하다.

> "그러므로 주 여호와께서 가라사대 보라 내가 한 돌을 시온에 두어 기초를 삼았노니 곧 시험한 돌이요 귀하고 견고한 기초 돌이라 그것을 믿는 자는 급절하게 되지 아니하리로다"(사 28:16)

이사야서에 기록된 이 본문은 앞으로 도래하게 될 메시아에 관한 예언이다. 하나님께서 한 돌을 시온에 두어 기초를 삼겠다고 말씀하신 것은 예루살렘을 통해 반석이신 예수 그리스도의 사역을 완성하겠다는 그의 거룩한 뜻을 보여주고 있다. 철저한 시험의 과정을 거친 견고한 그 돌을 믿는 자는 멸망을 당하지 않는다. 인간들이 얻게 되는 모든 구원은 오로지 그에게 달려 있다.

사도 베드로 역시 예수 그리스도에 관해 그와 연관된 계시를 전하고 있다. 하나님께서 예비하신 보배로운 돌에 대한 진가眞價를 알아보지 못하는 자들에게는 그 돌이 그냥 아무렇게나 굴러다니는 쓸데없는 돌에 지나지 않는다. 그러나 그 돌은 하나님의 자녀들에게 영원한 생명을 공급하는 돌이기도 하거니와 배도에 빠진 무지한 자들에게는 무서운 심판의 돌이 되기도 한다.

> "그러므로 믿는 너희에게는 보배이나 믿지 아니하는 자에게는 건축자들의 버린 그 돌이 모퉁이의 머릿돌이 되고 또한 부딪히는 돌과 거치는 반석이 되었다 하니라 저희가 말씀을 순종치 아니하므로 넘어지나니 이는 저희를 이렇게 정하신 것이라"(벧전 2:7,8)

베드로는 이 말씀 가운데서 예수 그리스도를 건축물의 모퉁이돌로 비유하고 있다. 이는 물론 이사야 선지자의 예언에 기초한 것이다. 하나님을 믿는 믿음을 소유한 자들에게는 그 돌이 보배로운 돌이지만 믿지 않는 자들에게는 아무런 쓸데없는 돌덩이에 지나지 않는다.

그러므로 건축자들은 그 돌을 바깥에 내다버렸다. 하지만 하나님께서는 그 돌을 커다란 건축물의 귀중한 모퉁이돌이 되게 하셨다. 이는 거룩하신 하나님의 관점과 범죄한 인간의 시각이 전혀 다르다는 사실을 보여주고 있다. 그 돌에 부딪치는 자들은 예외 없이 영원한 멸망에 빠지게 된다. 그러나 그 돌에 연결된 자들은 누구나 영생을 선물로 얻게 된다.

이 말씀은 예수 그리스도를 직접 지칭하고 있으며 교회에 관한 매우 중요한 교훈을 주고 있다. 인간의 몸으로 이 세상에 오신 예수님은 하나님의 아들로서 구약성경에 예언된 메시아이다. 하나님의 자녀들은 그를 영원한 메시아로 알고 믿는다. 그러나 하나님을 알지 못하는 불신자들은 그를 자기와 같이 평범한 인간으로만 여겼다. 나아가 악한 유대인들과 로마인들은 그를 십자가에 못박아 죽임으로써 예루살렘 바깥에 내다버렸다.

그러나 하나님께서는 악한 인간들이 불필요하다고 버린 그 예수 그리스도를 교회를 위한 귀한 모퉁이돌로 사용하셨다. 모퉁이돌이 놓여진다는 것은 그 돌에 연결된 다른 많은 돌들이 존재한다는 사실을 의미하며 그것은 곧 하나의 커다란 건물을 이루고 있음을 말한다.

하나님의 교회는 유대인들과 로마인들에 의해 십자가에 달려 돌아가신 예수 그리스도가 모퉁이돌이 되어, 이 세상의 모든 성도들이 그에 연결되어 하나의 커다란 건물을 이룬다. 그것은 역사적이며 우주적인 개념을 지닌다. 예수 그리스도께 직접 붙어있던 열두 제자들[30]과 그와 연관된 사도시대 교회와 초대교회, 그리고 중세를 거쳐 오늘에 이르기까

---

30) 여기서 말하는 열두 제자들이란 '가룟 유다'를 제외한 열한 제자들과 나중에 열두 제자의 한 사람으로 선출된 맛디아를 포함하고 있는 것으로 이해해야 한다(행 1:21-26 참조).

지 전부가 성령에 의해 하나로 연결되어 있다.

오늘날 우리 역시 세상의 악한 인간들이 쓸모없다고 버린 모퉁이돌인 예수 그리스도께 연결되어 있는 존재들이다. 우리는 그를 기초로 하여 하나님의 거룩한 보편교회를 구성하고 있는 것이다. 우리에게 진정한 생명이 있는 것은 십자가 사역을 완성하신 후 지금은 천상에 계시는 예수 그리스도께 연결되어 있기 때문이다.

그러나 그 모퉁이돌인 예수님께 연결되지 않은 자들에게는 어떤 경우에도 참 생명이 주어질 수 없다. 그들이 이 세상에서 아무리 대단한 명성을 얻고 성공한 듯한 삶을 살아간다고 할지라도 그리스도께 연결되어 있지 않다면 하나님의 준엄한 심판을 피할 수 없다. 그에게 부딪쳐 거스르며 순종하지 않는 자들은 그가 걸림돌이 되어 영원한 멸망에 빠지게 될 따름이다.

제11장
하나님의 의에 대한 유대인들의 무지無知

(롬 10:1-21)

(로마서 10:1-21)

10:1 형제들아 내 마음에 원하는 바와 하나님께 구하는 바는 이스라엘을 위함이니 곧 저희로 구원을 얻게 함이라

10:2 내가 증거하노니 저희가 하나님께 열심이 있으나 지식을 좇은 것이 아니라

10:3 하나님의 의를 모르고 자기 의를 세우려고 힘써 하나님의 의를 복종치 아니하였느니라

10:4 그리스도는 모든 믿는 자에게 의를 이루기 위하여 율법의 마침이 되시니라

10:5 모세가 기록하되 율법으로 말미암는 의를 행하는 사람은 그 의로 살리라 하였거니와

10:6 믿음으로 말미암는 의는 이같이 말하되 네 마음에 누가 하늘에 올라가겠느냐 하지 말라 하니 올라가겠느냐 함은 그리스도를 모셔 내리려는 것이요

10:7 혹 누가 음부에 내려가겠느냐 하지 말라 하니 내려가겠느냐 함은 그리스도를 죽은 자 가운데서 모셔 올리려는 것이라

10:8 그러면 무엇을 말하느뇨 말씀이 네게 가까와 네 입에 있으며 네 마음에 있다 하였으니 곧 우리가 전파하는 믿음의 말씀이라

10:9 네가 만일 네 입으로 예수를 주로 시인하며 또 하나님께서 그를 죽은 자 가운데서 살리신 것을 네 마음에 믿으면 구원을 얻으리니

10:10 사람이 마음으로 믿어 의에 이르고 입으로 시인하여 구원에 이르느니라

10:11 성경에 이르되 누구든지 저를 믿는 자는 부끄러움을 당하지 아니하리라 하니

10:12 유대인이나 헬라인이나 차별이 없음이라 한 주께서 모든 사람의 주가 되사 저를 부르는 모든 사람에게 부요하시도다

10:13 누구든지 주의 이름을 부르는 자는 구원을 얻으리라

10:14 그런즉 저희가 믿지 아니하는 이를 어찌 부르리요 듣지도 못한 이를 어찌 믿으리요 전파하는 자가 없이 어찌 들으리요

10:15 보내심을 받지 아니하였으면 어찌 전파하리요 기록된 바 아름답도다 좋은 소식을 전하는 자들의 발이여 함과 같으니라

10:16 그러나 저희가 다 복음을 순종치 아니하였도다 이사야가 가로되 주여 우리의 전하는 바를 누가 믿었나이까 하였으니

10:17 그러므로 믿음은 들음에서 나며 들음은 그리스도의 말씀으로 말미암았느니라

10:18 그러나 내가 말하노니 저희가 듣지 아니하였느뇨 그렇지 아니하다 그 소리가 온 땅에 퍼졌고 그 말씀이땅 끝까지 이르렀도다 하였느니라

10:19 그러나 내가 말하노니 이스라엘이 알지 못하였느뇨 먼저 모세가 이르되 내가 백성 아닌 자로써 너희를 시기나게 하며 미련한 백성으로써 너희를 노엽게 하리라 하였고

10:20 또한 이사야가 매우 담대하여 이르되 내가 구하지 아니하는 자들에게 찾은 바 되고 내게 문의하지 아니하는 자들에게 나타났노라 하였고

10:21 이스라엘을 대하여 가라사대 순종치 아니하고 거스려 말하는 백성에게 내가 종일 내 손을 벌렸노라 하셨느니라

제11장 _ 하나님의 의에 대한 유대인들의 무지無知

(롬 10:1-21)

1. 이스라엘 백성들의 불순종

이스라엘 백성들은 하나님의 구속사 가운데서 특별한 도구로 세움을 받았음에도 불구하고 그 본분을 잊고 살아간 경우가 태반이었다. 그들은 하나님을 안다고 말하면서 실제로는 이스라엘 민족을 위한 하나님으로 만들어 갔으며, 하나님을 위해 존재하는 이스라엘 민족이라는 사실을 깨닫지 못하고 있었다.

예수님 당시와 사도 바울이 사역하던 시기에도 배도한 유대인들의 무지함은 여전했다. 그들은 진리에 대한 본질적인 관심이 아니라 자기의 종교적인 욕망을 위해 하나님을 이용하려는 오만함에 빠져 있었다. 그러므로 약속된 바 하나님의 아들이신 예수 그리스도가 이땅에 오셨음에도 불구하고 그를 몰라보았으며, 십자가 위에서 이루어진 그의 구속사역을 목격하면서도 하나님의 뜻을 감지하지 못했다.

나아가 악한 유대인들은 성령께서 예수 그리스도의 십자가 사역 위에 친히 세우신 하나님의 몸된 교회에 대한 아무런 인식조차 없었다. 도리어 그들은 사도들과 성도들을 핍박하는 데 혈안이 되어 있었다. 이는 이땅에 세워진 교회가 저들의 종교적 이성과 경험에 맞지 않은 것으로 판단하고 있었기 때문이다.

사도 바울은 유대인들의 어리석음을 매우 가슴 아프게 생각했다. 그들은 하나님을 알고 성경을 믿는다고 주장했지만 실상은 전혀 그렇지 못했다. 그러므로 바울은 로마에 있는 교회에 편지하면서 이스라엘 민족이 구원받게 되기를 간절히 원한다고 말했던 것이다.

> "형제들아 내 마음에 원하는 바와 하나님께 구하는 바는 이스라엘을 위함이니 곧 그들로 구원을 받게 함이라"(롬 10:1)

우리는 여기서 바울의 말을 여간 주의를 기울여 이해하지 않으면 안 된다. 기록된 문맥을 그대로 볼 때 바울이 원하는 것은 이스라엘 민족의 구원이다. 즉 바울은 이스라엘 민족이 구원받기를 바라며 하나님께 간구하고 있다.

그렇다면 바울의 이 말은 그가 다른 성경에서 기록하고 있는 창세전 선택 및 예정(엡 1:3,4)과 다른 주장을 하고 있는 것인가? 우리는 흔히 중세의 종교개혁자들이 강조했던 '오직 성경으로'(sola scriptura)와 '전체 성경으로'(tota scriptura)에 대해서 언급한다. 이 말은 성경에 기록된 한 부분을 지나치게 문자적으로 해석하여 집착하지 말라는 의미이다. 이는 하나님의 말씀을 절대적인 계시로 받아들이던 종교개혁 시대의 믿음의 선배들에게 뿐 아니라 오늘날 우리에게도 매우 중요한 지침이 된다.

그러므로 사도 바울이 말한 위의 본문도 성경의 전체적인 의미를 기억하는 가운데 이해해야 한다. 위의 본문에서 바울이 언급하고자 했던 것은 이스라엘 민족이 하나님의 구속사 가운데서 제 역할을 제대로 감당하기를 바라는 것이었다. 즉 이스라엘 백성 한 사람 한 사람이 하나님으로부터 영원한 구원을 받기 원한다는 뜻이 아니라 전체 이스라엘 민족의 역할 회복을 말하고 있는 것이다.

여기서 우리는 신학적으로 좀더 민감한 하나의 문제를 생각해야만 한다. 그것은 이스라엘 민족의 역할은 예수 그리스도의 십자가와 부활 사역으로 인해 이미 성취되지 않았느냐 하는 점 때문이다. 하지만 우리가 분명히 이해해야 할 바는 예수님의 십자가 사역 이후에도 당분간 유대인들의 구속사적 역할이 남아 있었다는 사실이다. 이스라엘 민족의 구속사적 역할은 신약성경 27권이 계시됨으로써 기록된 모든 성경이 완성되고 예루살렘 성전이 파괴되는 AD 70년경에 끝나게 된다.

그러므로 사도 바울이 로마에 있는 교회에 편지를 쓸 때는 아직 이스라엘 민족의 구속사적 역할이 남아 있을 때였다. 그럼에도 불구하고 다수의 유대인들은 그에 대한 비밀을 전혀 알지 못하고 있었다. 이는 저들이 인간적인 열심을 통해 하나님을 섬기려했을 뿐, 성경에 계시된 참된 지식을 소유하지 못했음을 말하고 있는 것이다(롬 10:2). 기록된 말씀에 의한 올바른 지식이 결여된 열성은 아무런 의미가 없다.

그런 형태의 종교적인 열성을 가지게 되면 하나님으로 말미암는 진정한 의에 관심을 가지는 것이 아니라 죄된 인간의 본성에서 발생하는 종교 윤리적인 의에 치중하게 된다. 즉 참된 의는 하나님으로부터 인간에게 임하는 것이며 인간으로부터 하나님께 전달되는 것이 아니다. 이에 대한 올바른 깨달음이 없으면 자기의 판단이나 행동을 통한 인간적인 의를 세우려 할 뿐 참된 하나님의 의에 복종하는 마음을 갖지 않는다(롬 10:3). 그것은 하나님의 의를 알지 못하기 때문에 발생하는 인간의 죄에 연관된 문제이다.

사도 바울은 로마의 교회에 편지하면서 유대인들이 그와 같은 심각한 오류에 빠져 있음을 지적하고 있다. 그가 이스라엘 민족에 대해 진정으로 안타까워했던 것은 바로 그점 때문이다. 그러므로 바울이 이스라엘을 향하여 그들이 구원받기를 원한다고 말한 것은 저들의 역할과 더불어 이해되어야 한다. 우리는 이 본문을 이해함에 있어서 '구원'이라는 단어의 포괄적인 의미를 잘 이해해야 할 필요가 있다.

2. 예수 그리스도와 언약의 성취

1) '믿음으로 살리라'

예수님은 이땅에 오셔서 구약성경에 기록된 하나님의 율법을 완성하셨다. 범죄한 인간들에게 요구하신 하나님의 모든 율법이 십자가에 달리신 예수 그리스도의 몸을 통해 성취된 것이다. 율법은 곧 하나님께서 인간들에게 요구하시는 기본적인 기준이며 조건이다. 그로부터 조금이라도 벗어나게 되면 하나님 앞에서 범죄자가 된다. 그러므로 인간이 의롭게 되기 위해서는 하나님께서 요구하시는 모든 율법을 지켜야만 한다.

그러나 악한 인간들이 하나님께서 요구하시는 그 율법을 다 지키는 것은 불가능하다. 나아가 그 율법을 다 지키지 못한다는 것은 무서운 죄에 완전히 갇혀있음을 말한다. 그것은 곧 심판과 죽음을 의미하고 있다. 그러므로 하나님의 백성들은 율법을 통해 자신이 죄인이라는 사실을 깨닫게 되며 심판과 사망에 대한 두려움을 알게 된다.

사도 바울은 로마의 성도들에게 편지하면서 바로 그점을 말하고 있다 (롬 10:5,6). 이는 예수 그리스도를 믿음으로 말미암는 하나님의 의에 연관되는 것이다. 이에 대해서는 이미 로마서 1장 17절에서 선언했던 말씀이다. 바울이 되풀이하여 그에 대한 언급을 하는 것은 그것이 그만큼 중요한 가르침이기 때문이다. 이에 대해서는 갈라디아 교회에 보낸 편지와 히브리서에서도 강조되고 있다.

> "또 하나님 앞에서 아무나 율법으로 말미암아 의롭게 되지 못할 것이 분명하니 이는 의인이 믿음으로 살리라 하였음이니라"(갈 3:11);
> "오직 나의 의인은 믿음으로 말미암아 살리라 또한 뒤로 물러가면 내

마음이 저를 기뻐하지 아니하리라 하셨느니라"(히 10:38)

그런데 우리가 주의를 기울여 생각해 보아야 할 바는 이 교훈이 신약 시대에 이르러 새로운 가르침으로 주어진 것이 아니라 구약시대부터 줄 곧 이어져 왔다는 사실이다. 아담 이래 이땅에 존재하는 모든 인간들은 오직 믿음으로 말미암아 구원받을 수 있게 된다.[31] 즉 인간의 종교나 윤리적인 행위로 말미암아 하나님의 구원에 참여할 자는 아무도 없다. 구약시대의 하박국 선지자는 이에 대한 분명한 가르침을 주고 있다.

"보라 그의 마음은 교만하며 그의 속에서 정직하지 못하니라 그러나 의인은 그 믿음으로 말미암아 살리라"(합2:4)

하박국은 배도한 이스라엘 백성들을 강하게 질책하면서 하나님으로부터 받은 계시의 말씀을 저들에게 전했다. 종말에 임할 하나님의 심판과 메시아에 관한 그의 기록 가운데 이 예언이 들어 있다. 선지자는 깨달음을 소유한 백성들에게 이 묵시의 말씀을 판에 명백히 새기되 달려가면서도 읽을 수 있도록 하라고 당부하고 있다(합 2:2). 이는 잠시도 잊어서는 안 될 중요한 말씀이기 때문이다.

믿음으로 말미암아 하나님으로부터 의로운 자로 인정받게 된 성도들은 그것을 이룩하신 예수 그리스도의 사역에 전적으로 의존한다. 인간들은 자기의 능력으로 천상의 나라로부터 그리스도를 이땅에 오게 할 수 없으며, 십자가에 달려 죽은 그를 다시 살려낼 재간도 없다. 하나님의 자녀들은 단지 예수 그리스도를 믿는 믿음으로 말미암아 얻게 된 구

---

31) 여기서 말하는 '믿음' 이란 인간들의 종교적 결단을 의미하지 않는다. 이 믿음은 하나님께서 자기 자녀들에게 주신 선물로서의 믿음이다. 그러므로 태중에 있는 아기나 갓 태어난 영아들에게도 그 믿음은 주어질 수 있다. 그들은 아직 정신적 결단을 통해 자신의 믿음을 표현할 수 없지만 하나님께서 허락하신 믿음을 마음속에 소유할 수 있는 것이다.

원을 기쁘고 감사하게 누릴 수 있을 따름이다.

2) 시인是認과 고백

모든 하나님의 자녀들은 사도들이 전파한 말씀을 항상 입술과 마음에 담아 두고 있다. 이는 마치 물그릇에 항상 물이 가득 담겨 있는 것과 마찬가지다. 즉 하나님의 말씀은 결코 성도들의 삶에서 떠나지 않는다. 이 사실은 계시된 말씀과 성도가 서로 불가분의 관계에 놓여있는 존재임을 말해주고 있다.

여기서 우리는 하나님의 말씀이 사도들의 입을 통해 선포된 내용이라는 점을 알게 된다. 이는 사도들로부터 교회를 상속받은 교회와 성도들이 지상의 역사 가운데서 지속적으로 선포해야 할 사역이기도 하다. 바울은 그와 더불어 하나님의 백성이 구원에 이르게 되는 과정에 대한 설명을 하고 있다.

> "네가 만일 네 입으로 예수를 주로 시인하며 또 하나님께서 그를 죽은 자(들) 가운데서 살리신 것을 네 마음에 믿으면 구원을 받으리라"(롬 10:9)

사도 바울은 여기서 교회에 관련된 매우 중요한 교훈을 주고 있다. 입으로 예수를 주로 시인한다는 것은 과연 무슨 의미인가? 여기서 말하는 시인이란 곧 마음속 깊은 곳으로부터 우러나는 고백(confession)을 말한다. 이는 또한 혼자만의 단순한 독백이 아니라 교회 가운데서 이루어지는 공적인 고백을 의미하고 있다.[32] 바울이 로마에 있는 교회에 메시지를 주고 있다는 사실을 통해 그점을 알 수 있다.

---

32) 이 공적인 고백은 하나님의 자녀가 된 성도들이 세례를 받을 때 교회 가운데서 공적으로 이루어진다. 그리고 성찬을 나눌 때 그에 대한 성도들 상호간의 확인이 지속된다.

그러면서 사도 바울은 하나님께서 '죽은 자들'(the dead) 가운데서 예수 그리스도를 살리셨음을 말하고 있다. 여기에는 매우 중요한 의미가 담겨 있다. 왜냐하면 본문의 '죽은 자들'이란 일반적인 개념이 아니라 사망에 빠진 이 세상의 모든 인간들을 포함하는 전체적인 의미로 해석하는 것이 바람직하기 때문이다.

즉 바울은 예수님이 '죽음으로부터 살아났다'는 사실에 대해 단순히 언급하는 것을 넘어 '죽은 자들 가운데서 홀로 살아나셨음'을 밝히고 있다. 이는 아담의 타락으로 인해 사망에 빠진 모든 인간들처럼 인간의 몸을 입고 이땅에 오신 하나님의 아들이신 그리스도께서도 친히 죽음을 체휼하셨음을 보여준다. 이 세상에 태어나는 모든 인간들은 죽게 되면 그냥 사망에 머물 수밖에 없는 존재들이다.

그러나 예수님은 모든 죽은 인간들 가운데서 죽음을 이기고 다시 살아나셨다. 그 죽은 자들 가운데는 의미상 오늘날의 '우리도' 포함되어 있다. 그런데 그가 죽은 자들 가운데서 살아날 때 하나님의 자녀들인 우리는 그에게 붙어 함께 살아나게 된 것이다.

우리가 여기서 특별히 유념해야 할 점은 이것이 단순히 개인적인 것이라기보다는 교회 공동체적 의미를 지니고 있다는 사실이다. 즉 교회 앞에서의 공적인 고백이 있기 위해서는 단순한 언어적 진술에 그치는 것이 아니라 교회의 보증을 동반하는 마음속에 있는 믿음의 표현이어야 한다. 그것을 통해 하나님의 교회는 믿음에 의한 고백공동체가 된다. 이로써 교회에 속한 모든 언약의 백성들은 십자가에 달리신 예수 그리스도의 사역으로 말미암는 공동체적 구원에 참여하게 되는 것이다.

3) '주의 이름을 부르는 자는 구원을 얻으리라'

예수 그리스도를 구주로 믿어 고백하는 성도들은 결코 하나님으로부터 부끄러움을 당하지 않는다. 이는 하나님께서 저들을 버리지 않고 구원하시게 된다는 사실을 의미한다. 하나님께서는 유대인이나 헬라인 등 종족에 따른 외모로 차별하시지 않는다. 하나님은 자기를 찾아 부르는 모든 자녀들에게 은혜를 베푸신다. 즉 그는 자기를 부르는 모든 백성들에게 풍성한 복을 허락하시게 되는 것이다.

그러므로 사도 바울은 주님의 이름을 부르는 자들에게 영원한 구원이 허락된다는 사실을 분명히 말하고 있다. 이는 하나님과 그의 백성 사이에 형성된 신령한 관계를 보여준다. 구원의 원뿌리가 되는 하나님께서는 종족과 신분에 관계없이 창세전에 택하신 자기의 모든 자녀들을 구원하시게 되는 것이다. 따라서 그들은 그리스도의 은혜로 인해 구원의 근원이 되시는 하나님의 이름을 부를 수 있게 된다.

"누구든지 주의 이름을 부르는 자는 구원을 받으리라"(롬 10:13)

여기서 주의 이름을 부른다는 것은 단순히 주님의 이름을 입으로 호칭하는 것을 의미하지 않는다. 아무리 많이 자주 그리고 열심히 주님의 이름을 호칭한다 해도 그것은 위의 로마서 본문에서 말하는 '주의 이름을 부른다' 는 의미와 상당한 차이가 날 수 있다.

'주의 이름을 부른다' 는 진정한 의미는 자기에게 생명이 없음과 이 세상에 아무런 소망이 없다는 절박한 고백을 포함하고 있다. 이 세상은 사망의 영역이라는 깨달음이 있을 때 진정한 생명이신 주님을 향하는 마음이 간절하게 된다. 이에 대한 참된 깨달음이 없이는 결코 하나님의 이름을 간절히 찾아 부를 수 없다.

그러므로 입술로 주님의 이름을 호칭하는 것 자체가 구원의 조건이 되지 않는다. 이에 대해서는 예수께서 제자들에게 분명히 말씀하셨다. 산상수훈에 그에 연관된 기록이 나온다. 예수께서는 진정한 의미를 떠나 입술로 '주여, 주여' 라고 호칭하는 것이 도리어 자기를 욕되게 하는 것일 수 있음을 언급하셨던 것이다.

> "나더러 주여 주여 하는 자마다 천국에 다 들어갈 것이 아니요 다만 하늘에 계신 내 아버지의 뜻대로 행하는 자라야 들어가리라 그 날에 많은 사람이 나더러 이르되 주여 주여 우리가 주의 이름으로 선지자 노릇하며 주의 이름으로 귀신을 쫓아 내며 주의 이름으로 많은 권능을 행치 아니하였나이까 하리니 그때에 내가 저희에게 밝히 말하되 내가 너희를 도무지 알지 못하니 불법을 행하는 자들아 내게서 떠나가라 하리라" (마 7:21-23)

인간들이 사사로운 자기의 종교적 욕망을 추구하기 위해 주님의 이름을 열심히 부르는 것은 거룩하신 하나님을 감히 자신의 목적을 위한 도구로 이용하려는 매우 악한 태도이다. 그런데 문제는 그런 자들은 주님의 이름을 열심히 호칭하여 부르는 것 자체가 신앙의 표현이라 착각하고 있다는 사실이다.

예수님은 진정한 신앙이 무엇인지도 모르면서 주님의 이름을 열심히 부르며 종교활동을 하는 자들에게 무서운 심판이 임하게 되리라는 사실을 선포하셨다. 저들에게는 거룩한 하나님의 나라가 상속되지 않는다. 세상의 마지막 심판날이 되면 그에 대한 진위가 백일하에 그대로 드러나게 된다.

그러나 열성적으로 주님의 이름을 호칭하던 자들은 주변의 여러 사람들로부터 훌륭한 신앙인으로 인정받았을 것이 틀림없다. 그들은 주의 이름으로 선지자 노릇하고 주의 이름으로 귀신을 쫓아내며 주의 이름으로 많은 권능을 행했기 때문이다. 사실 이러한 일은 아무나 행할 수 있는 행동이 아니다. 그것은 매우 종교적인 사람이 아니고서는 흉내조차 낼 수 없다.

나아가 그들이 행했던 종교적인 결과들은 충분히 가시적可視的이었다.

모든 사람들이 그것을 눈으로 볼 수 있었던 것이다. 또한 그것은 결코 없던 일을 억지로 꾸며낸 거짓이 아니었다. 따라서 그런 종교행위를 한 당사자들은 물론 그것을 본 어리석은 사람들은 그것이 진실이라 믿었을 것이 분명하다.

하지만 그런 놀라운 이적을 행했던 자들 스스로는 그것이 진심이었다고 주장할지라도 하나님 앞에서는 명백한 거짓이었다. 그것은 겉모습만 신앙으로 치장된 아무런 의미 없는 인간들의 종교적 욕망에 따른 결과에 지나지 않는다. 결국 하나님께서는 자기의 종교적 목적을 이루기 위해 열심히 주의 이름을 부르던 자들뿐 아니라 나름대로 그것이 하나님으로부터 받은 은사인 양 내세우며 상당한 종교적인 결과들을 이끌어냈던 많은 종교인들을 불법을 행한 자들로 심판하시게 된다.

4) 복된 소식의 선포

주님의 이름을 간곡히 부르기 위해서는 말씀에 따른 올바른 믿음이 있어야만 한다. 진정한 믿음이 없이 주님의 이름을 부르는 것은 단순한 호칭에 지나지 않는다. 그것이 아무리 큰 소리로 열정을 다해 주님의 이름을 부른다 해도 자기의 사사로운 욕망을 추구하기 위한 목적이라면 생명의 주인이신 주님을 진정으로 부르는 것과 다르다.

그러므로 참된 믿음은 사도들로부터 출발한 메시아 선포로 말미암는다. 하나님의 보내심을 받은 사도들은 그의 복음을 선포하는 사명을 띤 자들이다. 그들의 입술로부터 선포된 복음을 통해 선택받은 자녀들이 하나님께 나아오게 되는 것이다.

이에 대해서는 구약시대부터 줄곧 예언되어 왔다. 이는 하나님의 자녀들을 통해 역사 가운데 지속적으로 선포되는 복음의 증거를 의미하고 있다. 즉 하나님께서는 아무런 과정 없이 일하시는 것이 아니라 자신의 계획과 경륜 가운데서 복음을 선포하며 거룩한 뜻을 이루어 가신다. 이사야 선지자는 이스라엘 백성들을 향해 그점을 예언하고 있으며, 사도 바울은 그 말씀을 인용하고 있다.

> "좋은 소식을 가져오며 평화를 공포하며 복된 좋은 소식을 가져오며 구원을 공포하며 시온을 향하여 이르기를 네 하나님이 통치하신다 하는 자의 산을 넘는 발이 어찌 그리 아름다운고"(사 52:7);
> "그런즉 그들이 믿지 아니하는 이를 어찌 부르리요 듣지도 못한 이를 어찌 믿으리요 전파하는 자가 없이 어찌 들으리요 보내심을 받지 아니하였으면 어찌 전파하리요 기록된 바 아름답도다 좋은 소식을 전하는 자들의 발이여 함과 같으니라"(롬 10:14,15)

하나님께서는 미리 작정하신 놀라운 뜻을 이룩하시기 위해 세상으로부터 불러내신 자녀들을 자신의 거룩한 사역에 참여시키신다. 그것은 하나님의 성도들에게 주어진 영광스런 특권이다. 죄인이었던 인간들이 의로운 자로 인정받아 세상 가운데서 하나님의 복음을 선포하는 일을 감당하게 된 것이다.

이렇게 하여 성도들의 복음 사역을 통해 세상에 흩어져 있는 하나님의 백성들이 교회로 부름을 받게 된다. 그것은 타락한 세상을 향한 준엄한 심판 선언과 하나님의 선택받은 성도들을 위한 구원의 선언을 동반한 결과이다. 하나님의 자녀가 아니라면 어느 누구도 결코 복음에 대한 간절한 소망을 가질 수 없다. 오직 선택받은 백성들만이 메시아에 대한 모든 사역을 진정으로 바라보게 된다.

우리는 이 세상에 궁극적인 소망을 두지 않은 성도들이 복음과 연관하여 가져야 할 간절한 소망을 잘 이해해야 한다. 그것이 하나님의 이름을 부르게 하는 원천이 되기 때문이다. 복음이란 인간이 소유하게 되는 유일한 소망이신 그리스도에 관한 소식이다. 그것이 메시아를 간절히 기다리던 언약의 백성에게 주어진 복된 소식인 것이다.

이에 대한 이해를 돕기 위해 간단한 예를 하나 들어보고자 한다: "장기간 동안 기약 없이 먼 지역으로 일하러 나간 남편이 있다. 그는 사랑하는 가족을 부양할 목적으로 고생스런 길을 떠났다. 전화도 없고 우편배달도 되지 않는 시대이다. 아내는 남편이 언제 돌아올지 날마다 바깥을 내다본다. 낮이나 밤이나 여름이나 겨울이나 항상 남편이 돌아올 날만 손꼽아 기다린다. 함께 살아가는 이웃 사람들도 그 집 여인이 먼 길을 떠난 자기 남편을 날마다 학수고대하고 있다는 사실을 잘 안다. 그러나 그 이웃 사람들은 그 집 남편이 돌아오기를 눈이 빠지도록 기다리지는 않는다. 그들에게는 옆집이 그냥 이웃일 뿐 구체적인 혈연관계가 있는 것이 아니기 때문이다."

구약시대의 참된 언약의 백성들은 이땅에 메시아가 오시기를 간절히 소망하며 기다렸다. 그들은 위에 언급된 기약 없이 먼 길을 떠난 사랑하는 남편을 애타게 기다리는 아내의 심정으로 기다렸다. 오늘날 우리 역시 마찬가지다. 교회와 성도들은 예수님의 재림을 그런 심정으로 기다려야 한다.

그런데 오늘날 우리에게 과연 그런 애절한 심정이 있는가? 아니, 우리 가운데 예수 그리스도를 애타도록 소망하는 그런 간절한 마음이 있는 것 같지 않다. 그래서 우리는 도리어 매우 괴롭다. 우리는 당연히 그러해야 함에도 불구하고 그렇지 못한 자신을 되돌아볼 수 있는 신령한 지혜를 가져야 한다.

혹시 우리 가운데 주님의 재림이 너무 빨리 도래할까 부담스럽게 여기는 자가 있지는 않은가? 아직 이 세상에서 누릴 만한 것들이 많다고 여겨 주님이 너무 빨리 오시지는 말았으면 좋겠다는 마음을 먹고 있는 자는 없는가? 우리가 정신을 바짝 차려 조심해야 할 것은, 주님께서 속히 재림하시지 않는다 해도 답답할 것이 없다는 듯한 오만하고 더러운 배짱이다.

사랑하는 가족을 위해 기약 없이 먼 길을 떠난 남편을 눈이 빠질 만큼 애절하게 기다려야 할 아내가 남편이 갑자기 돌아오게 될까봐 두려워한다면 부정에 빠져 있음을 의미한다. 예기치 않은 때 남편이 돌아와 자기의 부정한 행동이 드러나게 될까봐 두려워하는 것이다. 남편 없이 인생의 쾌락을 누리는 행위는 더러운 간음에 지나지 않는다.

신랑 되신 예수 그리스도의 복음을 소유하고 있는 성도들의 경우도 이와 같다. 물론 이것은 충분한 예가 되지 못한다. 그렇지만 어렴풋이나마 이를 통해 참된 이스라엘 백성들이 기다리던 메시아에 대한 소망과 오늘날 우리가 기다려야 할 주님의 재림 소망을 유추해보기 바란다. 우리는 혹 불시에 갑자기 임하게 될 신랑 되신 주님의 재림을 부담스럽게 여기고 있지는 않은지 냉철하게 되새겨 보아야 한다.

3. 믿음과 하나님의 은혜

1) 믿음은 들음에서 남

성경에서 말하는 믿음이란 무엇인가? 믿음은 하나님을 믿고자 하는 인간들의 신앙적 결단을 의미하는 것인가? 앞에서도 간간히 언급한 것처럼 우리는 믿음을 크게 두 가지로 나누어 이해해야 한다. 하나는 하나님의 선물로서의 믿음이다. 그것은 인간들의 종교적 감정이나 현상에 머물지 않고 하나님의 자녀들에게 특별히 주어진 것으로 모든 성도들의 삶속에 소중하게 간직해야 할 '보물'이다.

물론 여기서 언급되는 믿음이 어떤 형체를 가지고 있거나 손으로 만질 수 있는 물질이라 말하는 것은 아니다. 그러나 비록 눈과 손으로 그것을 보거나 만질 수 없다할지라도 비실체가 아니라 실존하는 실체이다. 그 믿음은 성도들의 삶 가운데 항상 존재하고 있다. 그것은 하나님께서 자기 자녀들에게만 구별하여 선물로 주신 것이다. 그러므로 성도들은 항상 그 믿음을 삶속에 소유하고 있다. 그러나 인간이 그에 대한 분명한 인식을 하고 있느냐 하는 문제와 직접적인 상관이 있는 것은 아니다.

이는 마치 인간이 소유하고 있는 물건과도 같다. 예를 들어 어떤 사람이 주머니 안에 보석을 넣어두고 있다면 그것은 인식과 상관없이 그 자리에 존재한다. 즉 자기 주머니에 보석이 분명히 존재하고 있음에도 불구하고 그 사실을 알지 못하고 있을 수 있다. 그리고 경우에 따라서는 그 사실을 잊어버릴 수도 있다.

하지만 그가 자기의 주머니 속에 들어있는 그 보석을 제대로 인식하지 못한다고 해서 그것이 없어지는 것은 아니다. 물론 상식적인 인간들은 자기 주머니 안에 보석이 들어있다는 사실을 알고 항상 주의를 기울여 그것을 간직한다. 그리고 그것의 값어치를 충분히 알고 목적에 따라 잘 사용하고자 한다.

우리가 하나님으로부터 특별한 선물로 받아 소유하고 있는 믿음도 이와 같다. 설령 그것을 가지고 있다는 사실을 때로 잊어버리거나 잘 인식하지 못하고 있다 할지라도 이미 소유하게 된 믿음이라면 그것은 여전히 우리의 삶속에 존재한다.

하지만 앞의 보석의 예화에서 이야기한 것처럼 그것을 소중히 잘 간직하고 그 값어치를 따라 활용하며 살아가는 것은 매우 중요하다. 그것이 믿음으로 하나님께 순종하는 성도의 삶으로 드러나게 되기 때문이다. 이 믿음이 우리가 말하고 있는 두 번째 의미의 믿음이다. 그 믿음을 하나님의 뜻에 따라 올바르게 지키고 활용하기 위해서는 성도들의 결단이 요구되며 신앙적인 이성과 감성이 동반된다.

사도 바울은 로마에 있는 성도들에게 이러한 믿음에 대한 두 가지 의미를 동시에 강조하고 있다. 그는 이사야 선지자가 언급했던 '우리가 전한 것을 누가 믿었나이까'(사 53:1; 롬 10:16)라는 말씀을 인용하며 믿음은 말씀선포에 근거한다는 사실을 말하고 있다. 즉 그것을 통해 성도들에게 하나님의 선물로서 믿음이 주어진다는 것이다. 즉 선지자들과 사도들의 말씀 선포를 통해 우리에게 믿음이 허락된다.

> "그러므로 믿음은 들음에서 나며 들음은 그리스도의 말씀으로 말미암았느니라"(롬 10:17)

사도 바울은 하나님의 성도들이 그리스도의 말씀을 들음으로써 믿음이 나게 된다는 사실을 말하고 있다. 그리스도의 말씀이란 기록된 계시인 하나님의 말씀을 의미한다. 이는 기록된 하나님의 말씀이 믿음을 위한 유일한 근거가 된다는 사실을 말해주고 있다. 즉 하나님으로부터 계시된 성경말씀 없이 진정한 믿음이 발생할 수 없는 것이다.

이 말은 매우 강력한 배타적 의미를 담고 있다. 하나님의 말씀이 아닌 인간의 판단이나 감성 혹은 노력을 통해서는 결코 믿음이 날 수 없다는 것이다. 그러므로 참된 믿음은 오직 기록된 계시를 통해 말씀하시는 하나님으로 말미암는다.

그렇지만 안타깝게도 오늘날 우리 시대에는 그에 대해 오해하는 자들이 종종 있다. 그들은 교회에서 목사가 하는 설교를 어떤 경우에도 거부하지 않고 잘 들음으로써 믿음이 생긴다고 가르친다. 물론 우리는 그점을 상당한 주의와 더불어 깊이 상고하지 않으면 안 된다. 원리적인 측면에서 본다면 그 말이 틀린 것이 아니기 때문이다.

목사는 공 예배 시간에 '하나님의 말씀'을 선포하도록 교회에 의해 세워진 직분자이다. 그는 원래 하나님의 말씀을 올바르게 선포해야 하며 종교적인 취향에 따른 말을 해서는 안 된다.33) 그럼에도 불구하고 우리 시대의 현실은 전혀 그렇지 못하다. 설교하는 자가 하나님의 말씀을 벗어나 자기의 종교적 주장을 펼친다면 그것은 진정한 설교가 아니다.34) 그것은 하나님을 예배하는 귀한 시간에 자신의 종교적 주장을 늘어놓는 악행일 따름이다.

잘못된 설교를 통해서는 결코 참된 믿음이 생겨나지 않으며 오히려 오염되고 왜곡된 잘못된 믿음이 자라나게 된다. 그것은 매우 불행한 일이다. 이는 그렇게 생겨나는 왜곡된 믿음이 독버섯과 같은 역할을 할 우려가 있으며, 그 독은 누룩이 되어 자기뿐 아니라 주변의 이웃들에게 악한 영향을 끼칠 수 있기 때문이다.

우리는 인간들의 이성과 경험 그리고 종교적 감정에 의해 참된 믿음이 발생할 수 없다는 사실을 잘 이해해야 한다. 올바른 믿음은 이미 기

---

33) 공예배 시간에 하나님의 말씀을 선포하는 설교자는 자신의 '전제'를 포기하지 않으면 안 된다. 자기가 가진 전제를 교회 앞에 입증하기 위해서 설교를 한다면 그것은 결코 진정한 설교가 될 수 없다. 그것은 도리어 하나님을 욕되게 하는 거짓 설교가 될 수도 있다. 예를 들어 목사가 설교를 하기 위해 '사랑'이나 '교회 성장' 등 특별한 주제를 정한다면 이미 그에 대한 전제를 가지고 있을 수밖에 없다. 그렇게 되면 기존에 자기가 생각하고 있던 것이 옳다는 사실을 입증하기 위해 성경말씀을 인용하며 교인들을 설득하고자 하게 된다. 물론 연약한 우리는 자신이 가진 전제를 완전히 포기할 수 없지만 그에 대한 올바른 인식을 가지는 것은 매우 중요하다. 설교자는 자기의 취향에 따른 종교적 주장을 펼칠 것이 아니라 계시된 하나님의 말씀을 가감 없이 그대로 전하려는 자세를 가지지 않으면 안 된다.

34) 우리는 교회가 세운 목사, 즉 설교자를 교회의 교사라 칭한다. 교사는 자기 마음대로 무엇을 가르칠 수 없는 자를 의미하고 있다. 예를 들어 중고등학교 교사들을 생각하면 그에 대해 쉽게 이해할 수 있다. 학교에서 영어나 수학, 혹은 사회, 과학을 가르치는 교사들은 자기 마음대로 학생들을 가르치지 않는다. 그들은 교과서에 기록된 내용을 잘 풀어 가르쳐야 한다. 만일 교사가 교과서에 기록된 내용과 상반된 내용을 가르친다면 올바른 교사라 할 수 없다. 이처럼 교회의 교사인 목사는 자기 마음대로 성도들을 가르칠 수 없다. 성경에 기록된 내용을 잘 풀어 설명할 수 있을 따름이다. 목사의 설교란 기록된 하나님의 말씀을 교회 앞에 풀어 설명함으로써 선포하는 신령한 행위인 것이다.

록되어 선포되고 있는 하나님의 말씀을 통해 생성된다. 그 믿음은 오직 기록된 하나님의 말씀에 근거할 뿐 다른 어떤 종교적인 행위들에도 근거를 두지 않는다.

2) 온 땅에 퍼진 복음

하나님의 복음은 온 세상에 선포되고 증거되었다. 그것은 결코 유대인들이 독점할 수 있는 성질의 것이 아니다. 과거의 유대인들 가운데는 여호와 하나님에 관련된 모든 것들이 저들의 전유물인 양 오해한 자들이 많았다. 그들은 하나님께서 선하게 사용하시는 도구로서의 이스라엘 민족이 아니라 하나님으로부터 특권을 누리도록 선택받은 백성인 것으로 착각했다.

그런 사람들은 하나님의 말씀에 온전히 순종하기보다 자기의 목적을 이루기 위해 종교를 이용했다. 그 목적 가운데는 자신의 성공을 추구하며 종교적인 목적을 성취하고자 하는 욕망이 포함되어 있다. 그들은 그것을 통해 자신의 멋진 인생을 누리고자 했던 것이다.

하나님의 복음은 원래부터 유대인들만을 위해 특별히 존재하는 것이 아니었다. 지구상에 이스라엘 민족이 생겨나기 전에도 이미 하나님의 자녀들은 많이 있었다. 하나님께서 갈대아 우르에 있던 아브라함을 부르시기 전에 셋, 에녹, 노아, 셈 등을 중심으로 한 수많은 믿음의 선배들이 있었던 것이다. 그들은 유대인들이 생성되기 전에 살았으므로 저들의 혈통을 가지지 않은 것은 당연하다.

우리는 이스라엘 민족이 차지하는 구속사적인 의미를 잘 알고 있다. 그들을 통해 하나님께서 보내시는 메시아가 이땅에 오셨다. 그가 십자가를 지고 죽었다가 부활, 승천하심으로써 하나님의 복음은 세상을 향해 완전히 개방된 것이다. 바울은 로마의 성도들에게 그점을 명확히 말했다.

시편 기자는 하나님의 복음이 온 세상에 선포되고 그의 말씀이 땅 끝까지 이르게 될 것을 예언했다(시 19:4). 그리고 모세는 이방인들이 하나님께 나아오게 됨으로써 이스라엘 백성들이 시기하여 노여움에 빠지게 될 사실을 말했다(신 32:21). 이는 세상을 향한 복음 선포의 개방성이 구약시대부터 이미 예언되어 왔음을 보여준다.

이 모든 것들은 예수께서 이땅에 오심으로써 구체화 되었다. 십자가 사역을 완성하신 주님께서는 부활하신 후 제자들에게 그점을 분명히 언급하셨다. 그는 부활하여 승천하시기 전 제자들에게 유대인들을 넘어 온 세상에 흩어져 존재하는 하나님의 백성들에게 복음이 전파되어야 하리라고 말씀하셨던 것이다.

> "예수께서 나아와 일러 가라사대 하늘과 땅의 모든 권세를 내게 주셨으니 그러므로 너희는 가서 모든 족속으로 제자를 삼아 아버지와 아들과 성령의 이름으로 세례를 주고 내가 너희에게 분부한 모든 것을 가르쳐 지키게 하라 볼지어다 내가 세상 끝 날까지 너희와 항상 함께 있으리라 하시니라"(마 28:18-20);
> "오직 성령이 너희에게 임하시면 너희가 권능을 받고 예루살렘과 온 유대와 사마리아와 땅 끝까지 이르러 내 증인이 되리라 하시니라"(행 1:8)

예수님의 제자들은 더 이상 유대인의 왕국에 예속된 민족중심주의자가 될 수 없었다. 그들은 도리어 민족을 벗어난 세계주의(cosmopolitanism)자들이었다. 그들에게 중요한 것은 특정 민족이 아니라 하나님과 그의 말씀이었다. 하나님의 뜻이 이땅에서 이루어져 가는 과정에서 저들이 감당해야 할 중요한 사명이 있었던 것이다.

예수님은 제자들에게 모든 족속으로 제자를 삼아 삼위일체 하나님의 이름으로 세례를 주라고 명령하셨다. 이는 세상에 묻혀있는 성도들을 위한 구원선포인 동시에 하나님을 알지 못하는 자들에 대한 심판의 선포이다. 그들을 통해 선포되는 말씀에 영원한 생명과 사망이 들어있는 것이다.

또한 주님께서는 세례를 받아 거룩한 성도의 대열에 참여하게 된 자들에게 자신의 말씀을 가르치도록 명령하셨다. '내가 너희에게 분부한 모든 것을 가르쳐 지키게 하라' 는 말씀에는 인간의 이성과 경험을 배경으로 한 판단에 따른 가르침을 피하라는 메시지가 포함되어 있다.

이 모든 일들은 하나님의 성령으로 말미암아 역사 가운데 진행된다. 인간들의 종교적인 노력과 활동이 그 기초가 되지 않는 것이다. 하나님의 자녀들은 겸손한 자세로 성령께서 하시는 일을 바라보며 조심스럽게 하나님의 놀라운 사역에 참여하게 된다. 세상에 존재하는 모든 교회와 성도들은 주님의 재림 때까지 항상 이 말씀들을 기억하고 있어야 한다.

3) 전적인 하나님의 구원주권

인간의 구원은 전적으로 하나님께 달려 있다. 그것을 위해 인간이 할 수 있는 일은 아무것도 없다. 그야말로 하나님께 100% 달려 있으며 인간에게는 0%이다. 바울은 이점에 대해 강하게 말하고 있다.

이에 관한 내용은 모든 믿음의 선배들이 그동안 말해왔던 사실이다. 이사야 선지자는 그에 대한 하나님의 말씀을 기록하고 있다(사 65:1,2). 인간들이 하나님을 찾고 순종하는 마음을 보였기 때문에 구원을 베푼 것이 아니라는 것이다. 즉 하나님께서는 도리어 자신을 찾지 않는 이방 백성들에게 자신의 모습을 드러내셨다.

"나는 나를 구하지 아니하던 자에게 물음을 받았으며 나를 찾지 아니하던 자에게 찾아냄이 되었으며 내 이름을 부르지 아니하던 나라에 내가 여기 있노라 내가 여기 있노라 하였노라 내가 종일 손을 펴서 자기 생각을 따라 옳지 않은 길을 걸어가는 패역한 백성들을 불렀나니 곧 동산에서 제사하며 벽돌 위에서 분향하여 내 앞에서 항상 내 노를 일으키는 백성이라"(사 65:1-3)

사도 바울은 이사야의 말을 인용하면서 하나님의 부르심을 입은 성도들이 자신을 올바르게 되돌아볼 것을 요구하고 있다(롬 10:20,21). 즉 우리가 하나님의 자녀가 된 것은 우리에게 그럴 만한 훌륭한 조건이나 요소가 있었기 때문이 아니다. 나아가 세상의 악한 것을 미리 깨달아 하나님을 찾고자 하는 마음이 있었던 것도 아니다.

그러므로 우리는 인간의 구원이 전적으로 하나님의 은혜로 말미암는다는 사실을 분명히 깨달아야 한다. 즉 내가 열심히 하나님을 찾았기 때문에 돌아온 선한 결과가 아니며 우리가 하나님의 말씀에 순종했기 때문에 구원의 선물을 받은 것이 아니다.

하나님께서는 도리어 자기에게 불순종하며 패역한 자들을 부르셨다는 사실을 말씀하고 계신다. 우상을 섬기며 하나님을 욕되게 하는 자들을 부른다고 하셨던 것이다. 바울은 이사야가 예언한 하나님의 말씀을 기록하며 우리가 곧 하나님께 불순종하는 패역한 자였으며, 내가 곧 하나님을 욕되게 한 우상 숭배자였다는 사실을 깨달아야 함을 말해준다.

"우리는 패역한 인간으로서 더러운 우상을 섬기며 하나님을 적극적으로 욕되게 하던 자들이었다. 나아가 하나님의 간절한 부르심에도 불구하고 악한 세계에서 빠져나오지 않으려고 강력하게 저항하며 몸부림쳤다. 그러나 하나님의 불가항력적인 은혜(Irresistible Grace)로 말미암아 구출을 받게 되었다. 이 얼마나 놀라운 하나님의 사랑인가!"

제12장
참 이스라엘과 하나님의 교회

(롬 11:1-36)

(로마서 11:1-36)

11:1 그러므로 내가 말하노니 하나님이 자기 백성을 버리셨느뇨 그럴 수 없느니라 나도 이스라엘인이요 아브라함의 씨에서 난 자요 베냐민 지파라

11:2 하나님이 그 미리 아신 자기 백성을 버리지 아니하셨나니 너희가 성경이 엘리야를 가리켜 말한 것을 알지 못하느냐 저가 이스라엘을 하나님께 송사하되

11:3 주여 저희가 주의 선지자들을 죽였으며 주의 제단들을 헐어버렸고 나만 남았는데 내 목숨도 찾나이다 하니

11:4 저에게 하신 대답이 무엇이뇨 내가 나를 위하여 바알에게 무릎을 꿇지 아니한 사람 칠천을 남겨 두었다 하셨으니

11:5 그런즉 이와 같이 이제도 은혜로 택하심을 따라 남은 자가 있느니라

11:6 만일 은혜로 된 것이면 행위로 말미암지 않음이니 그렇지 않으면 은혜가 은혜 되지 못하느니라

11:7 그런즉 어떠하뇨 이스라엘이 구하는 그것을 얻지 못하고 오직 택하심을 입은 자가 얻었고 그 남은 자들은 완악하여졌느니라

11:8 기록된 바 하나님이 오늘날까지 저희에게 혼미한 심령과 보지 못할 눈과 듣지 못할 귀를 주셨다 함과 같으니라

11:9 또 다윗이 가로되 저희 밥상이 올무와 덫과 거치는 것과 보응이 되게 하옵시고

11:10 저희 눈은 흐려 보지 못하고 저희 등은 항상 굽게 하옵소서 하였느니라

11:11 그러므로 내가 말하노니 저희가 넘어지기까지 실족하였느뇨 그럴 수 없느니라 저희의 넘어짐으로 구원이 이방인에게 이르러 이스라엘로 시기나게 함이니라

11:12 저희의 넘어짐이 세상의 부요함이 되며 저희의 실패가 이방인의 부요함이 되거든 하물며 저희의 충만함이리요

11:13 내가 이방인인 너희에게 말하노라 내가 이방인의 사도인 만큼 내 직분을 영광스럽게 여기노니

11:14 이는 곧 내 골육을 아무쪼록 시기케 하여 저희 중에서 얼마를 구원하려 함이라

11:15 저희를 버리는 것이 세상의 화목이 되거든 그 받아들이는 것이 죽은 자 가운데서 사는 것이 아니면 무엇이리요

11:16 제사하는 처음 익은 곡식 가루가 거룩한즉 떡 덩이도 그러하고 뿌리가 거룩한즉 가지도 그러하니라

11:17 또한 가지 얼마가 꺾여졌는데 돌감람나무인 네가 그들 중에 접붙임이 되어 참감람나무 뿌리의 진액을 함께 받는 자 되었은즉

11:18 그 가지들을 향하여 자궁하지 말라 자궁할지라도 네가 뿌리를 보전하는 것이 아니요 뿌리가 너를 보전하는 것이니라

11:19 그러면 네 말이 가지들이 꺾이운 것은 나로 접붙임을 받게 하려 함이라 하리니

11:20 옳도다 저희는 믿지 아니하므로 꺾이우고 너는 믿으므로 섰느니라 높은 마음을 품지 말고 도리어 두려워하라

11:21 하나님이 원 가지들도 아끼지 아니하셨은즉 너도 아끼지 아니하시리라

11:22 그러므로 하나님의 인자와 엄위를 보라 넘어지는 자들에게는 엄위가 있으니 너희가 만일 하나님의 인자에 거하면 그 인자가 너희에게 있으리라 그렇지 않으면 너도 찍히는 바 되리라

11:23 저희도 믿지 아니하는 데 거하지 아니하면 접붙임을 얻으리니 이는 저희를 접붙이실 능력이 하나님께 있음이라

11:24 네가 원 돌감람나무에서 찍힘을 받고 본성을 거스려 좋은 감람나무에 접붙임을 얻었은즉 원 가지인 이 사람들이야 얼마나 더 자기 감람나무에 접붙이심을 얻으랴

11:25 형제들아 너희가 스스로 지혜있다 함을 면키 위하여 이 비밀을

너희가 모르기를 내가 원치 아니하노니 이 비밀은 이방인의 충만한 수가 들어오기까지 이스라엘의 더러는 완악하게 된 것이라

11:26 그리하여 온 이스라엘이 구원을 얻으리라 기록된 바 구원자가 시온에서 오사 야곱에게서 경건치 않은 것을 돌이키시겠고

11:27 내가 저희 죄를 없이할 때에 저희에게 이루어질 내 언약이 이것이라 함과 같으니라

11:28 복음으로 하면 저희가 너희를 인하여 원수 된 자요 택하심으로 하면 조상들을 인하여 사랑을 입은 자라

11:29 하나님의 은사와 부르심에는 후회하심이 없느니라

11:30 너희가 전에 하나님께 순종치 아니하더니 이스라엘의 순종치 아니함으로 이제 긍휼을 입었는지라

11:31 이와 같이 이 사람들이 순종치 아니하니 이는 너희에게 베푸시는 긍휼로 이제 저희도 긍휼을 얻게 하려 하심이니라

11:32 하나님이 모든 사람을 순종치 아니하는 가운데 가두어 두심은 모든 사람에게 긍휼을 베풀려 하심이로다

11:33 깊도다 하나님의 지혜와 지식의 부요함이여 그의 판단은 측량치 못할 것이며 그의 길은 찾지 못할 것이로다

11:34 누가 주의 마음을 알았느뇨 누가 그의 모사가 되었느뇨

11:35 누가 주께 먼저 드려서 갚으심을 받겠느뇨

11:36 이는 만물이 주에게서 나오고 주로 말미암고 주에게로 돌아감이라 영광이 그에게 세세에 있으리로다 아멘

제12장 _ 참 이스라엘과 하나님의 교회

(롬 11:1-36)

1. 하나님의 주권과 이스라엘의 '남은 자들'

1) 이스라엘의 남은 자들

사도 바울 당시의 유대인들은 배도한 집단이었다. 그들은 인간의 몸을 입고 이땅에 오신 하나님의 아들을 십자가에 못박아 죽이고도 아무런 반성의 기미를 보이지 않았다. 반성은 커녕 저들의 악행을 스스로 정당화했으며 그로 말미암아 세워진 하나님의 교회를 더욱 핍박하기에 열중했다.

바울은 유대인들의 그런 잘못된 관행에 대해 누구보다 잘 알고 있었다. 그런데 문제는 교회 가운데서 그것이 점차 이스라엘 민족의 본질적인 의미조차 무시하는 보편적 사고로 변해가고 있었다는 점이다. 즉 하나님께서 구속사역을 위해 특별히 조성하신 이스라엘 민족으로부터 마땅히 얻어야 할 소중한 의미와 교훈이 있음에도 불구하고 그것마저 멸시를 당하는 분위기가 되어갔던 것이다.

그러므로 사도 바울은 교회에 속한 성도들이 이스라엘 민족에 대해 마땅히 비판해야 할 내용과 소중하게 받아들여야 할 내용을 잘 분별해야 됨을 말했다. 그는 우선 자기 자신이 유대인의 혈통을 지니고 있는 자임을 강조했다. 혈통적으로 아브라함의 자손이요 베냐민 지파에 속해 있는 바울은 신약시대의 교회가 구약시대 이스라엘 민족의 의미를 올바르게 깨달아야 함을 말하고자 했던 것이다.

하나님께서는 배도한 이스라엘 백성을 엄히 심판하시지만 모든 사람들을 통째로 버리시지는 않는다. 그래서 바울은 배도의 극치를 이루었던 아합 왕이 통치하던 엘리야 시대를 배경으로 하여 그것을 설명했다. 선지자 엘리야가 배도한 이스라엘을 하나님께 고발했다. 그들이 거룩한 하나님의 선지자들을 죽이고 그의 제단을 헐어버렸으며 엘리야만 홀로 남았는데 이제 자신의 목숨마저 찾아 죽이려 한다고 말했다(왕상 19:10; 롬 11:3). 이는 이스라엘 민족에 대한 하나님의 엄중한 심판을 요청하는 것이었다.

그러나 엘리야에게 주어진 하나님의 답변은 전혀 의외의 내용이었다. 하나님께서는 엘리야의 고발을 받아들여 저들을 심판하시고자 했던 것이 아니라 도리어 이스라엘 백성 가운데 바알에게 무릎을 꿇지 않은 자 칠천 명을 남겨 두었음을 말씀하셨다(왕상 19:18; 롬11:4). 엘리야가 자신이 처한 일반적인 정황에 따른 시각으로 이스라엘 민족을 보았던 것과 하나님의 예비하심이 달랐던 것이다.

바울은 그때의 형편을 예로 들면서 바울 당시도 그때와 다르지 않다고 설명했다. 당시 극도로 배도한 이스라엘 민족 가운데도 하나님의 은혜로 말미암아 선택된 남은 자들이 많이 있다는 것이다(롬 11:5). 바울은 여기서 일반 윤리적인 성실함을 유지하는 유대인들이 많다는 사실을 말한 것이 아니라 하나님의 은혜로 인해 남겨진 자들이 많이 있음을 언급했다.

사도 바울은 배도한 이스라엘 민족 가운데 남은 자들이 있는 것은 그들의 종교적인 선한 행위 때문이 아니라 전적인 하나님의 은혜로 인한 것임을 강조해 말하고 있다(롬 11:6). 만일 유대인들 가운데 남은 자들이 저들의 선한 행위로 말미암아 보호받게 되었다면 그것은 진정한 하나님의 은혜가 될 수 없음을 말했던 것이다.

2) 하나님의 복과 저주

하나님의 구원은 창세전에 있었던 하나님의 전적인 예정에 달려 있다. 바울은 그점을 매우 강조했다. 이스라엘 민족이 스스로 종교적인 것을 추구했기 때문에 저들에게 은혜가 베풀어진 것이 아니다. 단지 하나님께서 택하신 자들만이 은혜를 입었으며 나머지 사람들은 도리어 하나님 보시기에 완고하게 되었다. 이는 하나님의 복음이 본질적으로 가지고 있는 폐쇄성을 보여주고 있다.

사도 바울은 그것이 구약시대부터 선지자들의 입을 통해 예언되어 왔음을 언급했다. 그는 구약성경에 기록된 이사야서 6장 9,10절을 인용하면서 그것을 증거하고 있다. 이에 대해서는 예수께서도 이사야 선지자의 글을 직접 언급하시면서 복음이 가지는 폐쇄성에 관해 분명히 말씀하셨다.

> "이사야의 예언이 저희에게 이루었으니 일렀으되 너희가 듣기는 들어도 깨닫지 못할 것이요 보기는 보아도 알지 못하리라 이 백성들의 마음이 완악하여져서 그 귀는 듣기에 둔하고 눈은 감았으니 이는 눈으로 보고 귀로 듣고 마음으로 깨달아 돌이켜 내게 고침을 받을까 두려워함이라 하였느니라 그러나 너희 눈은 봄으로, 너희 귀는 들음으로 복이 있도다"(마 13:14-16)

하나님께서는 이 세상의 모든 인간들이 복음을 깨달아 알아듣도록 허락하지 않으셨다. 창세전에 하나님의 선택을 받은 자녀들 이외에는 아무도 그 말씀을 올바르게 깨달아 알 수 없었다. 성경은 하나님께서 도리어 모든 사람들이 복음을 깨닫지 못하도록 적극적으로 막으셨음을 기록하고 있다. 그러므로 하나님의 놀라운 사역을 보고 말씀을 들어 깨닫는 성도들이 진정으로 복 있는 자들이다.

이는 구약시대부터 줄곧 예언되어 왔으며 예수님은 물론 신약시대의 여러 사도들이 그와 동일한 증거를 하고 있다. 하나님께서 말씀을 통해 허락하신 복음은 결코 이 세상의 모든 인간들이 소유할 수 있는 것이 아니다. 그 복음은 하나님의 특별한 은혜를 입은 자들만이 진정으로 깨달을 수 있게 된다.

사도 바울은 또한 이것을 설명하기 위해 구약에 기록된 다윗의 시편을 인용하고 있다(롬 11:9). 다윗은 하나님을 대적하는 악한 무리들에게 무서운 심판이 임하도록 기도하고 있다. 그것은 저들에 대한 무서운 저주를 비는 것이다.

> "저희 앞에 밥상이 올무가 되게 하시며 저희 평안이 덫이 되게 하소서 저희 눈이 어두워 보지 못하게 하시며 그 허리가 항상 떨리게 하소서"(시 69:22,23)

다윗은 하나님께 배도한 자들을 증오하며 저주를 빌고 있다. 하나님을 떠나 세상에서 성공하여 부유한 자들의 풍요로움이 하나님을 찾는데 방해가 되며, 저들이 평안하고 즐거운 삶을 사는 것이 자기 스스로의 참된 삶에 덫이 되게 해달라며 간구했다. 세상의 풍요로움과 평안함이 자기의 눈을 가려 진리를 보지 못하게 하며 자기 몸을 지탱하고 있는 허리가 아무런 힘을 발휘하지 못하도록 간구하고 있다.

다윗은 지금 세상의 일반적인 모든 인간들이 아니라 입술로 하나님을 부르면서 실상은 배도한 자리에 빠져있는 악한 유대인들을 염두에 두고 있다. 배도자들은 거룩한 하나님의 이름을 팔아 풍요로운 삶을 누리고 그것을 통한 인생을 즐기면서 마치 그것이 하나님으로부터 주어진 축복인 양 선전하고 있다. 그러나 그들이 자랑하고 있는 것들이 도리어 자기 인생의 올무와 덫이 된다.

우리는 바울이 인용한 다윗의 시편을 통해 매우 중요한 의미를 발견하게 된다. 이는 우리 시대도 다윗의 시대나 바울의 시대와 크게 다르지 않기 때문이다. 기독교 안에 있는 많은 거짓 지도자들과 교사들은 하나님의 이름을 핑계대며 얻은 종교적 자랑거리를 대단한 공로라도 되는 듯 내세우지만 그것이 저들의 영원한 삶에 올무가 되고 덫이 되고 있다. 하지만 악한 종교 지도자들은 그것을 전혀 알지 못하고 있으며 어리석은 기독교인들은 저들을 숭앙하며 그들이 가진 것을 부러워하고 있다.

그렇다면 우리는 어떤가? 하나님의 자녀라 하면서 세상의 풍요로움을 부러워하며 그것을 추구하고 있지는 않은가? 예수 그리스도를 통해 진리를 깨닫게 된 성도들은 하나님 한 분만이 진정한 복의 근원이 된다는 사실을 알고 있다. 그들은 더 이상 타락한 세상을 탐하지 않는다. 세상에 존재하는 모든 것들은 물거품 같은 것에 지나지 않기 때문이다.

참된 성도들은 종교를 앞세워 자랑하는 세상의 풍요와 평안이 도리어 위험하다는 사실을 깨달아 알게 된다. 풍요로움이 위험할 수 있다는 의미는 그것을 통해 세속적인 만족을 얻게 되는 것과 연관된다. 성도가 성숙해 간다는 것은 하나님의 말씀을 통해 그에 대한 선명한 이해를 하게 됨을 뜻한다. 그러므로 성숙한 성도들은 아무에게나 무분별하게 하나님의 이름으로 세속적인 복을 빌지 않는다. 또한 그들은 하나님께서 복주실 자와 저주하실 자를 구별하고 있다는 사실에 대한 선명한 인식자체를 버리지 않는다. 즉 복을 빌어야 할 자들에게 복을 빌며 저주받아야 할 자들에게 저주를 빌어야 한다는 사실을 알고 있는 것이다.

물론 타락한 아담의 형상을 지닌 인간인 우리로서는 그에 대한 정확한 구별을 할 수 없다. 하지만 우리는 말씀이 교훈하고 있는 바 원리를 올바르게 이해하지 않으면 안 된다. 그러므로 인간적인 판단이나 취향에 따라 무분별하게 아무에게나 축복을 빌어주는 기복행위는 미신적인 종교행위에 지나지 않는다.

그렇다면 우리는 복과 저주를 어떻게 빌며 노래해야 할까? 신약시대의 교회는 이를 위해 항상 하나님으로부터 계시된 시편을 통해 기도하며 노래한다. 시편에는 복의 노래와 저주의 노래가 조화롭게 섞여 있다고 말할 수 있다. 우리는 그 시편의 노래를 입술로 고백하면서 그 계시적 의미에 참여한다. 즉 그것을 통해 하나님의 복과 저주가 순종하는 자들과 대적하는 자들에게 임하도록 기도하게 되는 것이다.

이는 하나님의 구원이 결코 인간들의 종교적인 노력과 특별한 행위에 달려 있지 않다는 사실을 말해주고 있다. 그러므로 바울은 이방인들에게 하나님의 복음이 전파됨으로 인해 선민으로 부름받은 이스라엘 백성들이 시기하게 된다고 했다(롬 11:11). 하나님께 저항하는 이스라엘의 범죄가 도리어 악한 세상에 놀라운 복을 가져다주었으며 이스라엘의 실패가 이방인들에게 풍성한 복을 제공하게 되었기 때문이다(롬 11:12).

바울은 그점을 언급하면서 이방인들을 위해 은혜를 베푸신 하나님께서 이스라엘 민족이 제자리를 회복하게 된다면 그들에게 임하는 풍성함이 얼마나 더 크겠느냐는 사실을 말하고 있다. 이는 물론 이스라엘 민족에 속한 모든 사람들의 궁극적인 구원을 의미하지 않는다. 앞에 기록된 내용들을 함께 생각해 볼 때 그 진정한 의미는 저들 가운데 남아있는 선택된 자녀들과 배도한 민족에 대한 그의 안타까운 심정을 표현하고 있는 것으로 이해해야 한다.

2. 이방인의 구원

1) 이방인의 사도인 바울

자기 자녀들을 위한 하나님의 구원은 이스라엘 민족에 의존하지 않는다. 하나님께서는 창세전에 예정하신 자신의 뜻과 신실하신 성품에 따라 선택하신 자들을 구원하시게 된다. 따라서 구속사의 중심에 서 있던 유대 민족뿐 아니라 이방인들 가운데 하나님의 자녀들이 많이 있을 것은 당연하다.

사도 바울은 자신을 '이방인의 사도'라고 분명히 언급하면서 그 직분을 영광스럽게 여긴다고 말했다. 바울이 이방인의 사도라고 칭하는 것은 단순히 이방인들에게 복음을 선포하는 자라는 의미일까? 그렇다면 바울은 이방인들에게만 복음을 선포하고 유대인들에게는 복음을 선포하지 않았다는 말인가? 바울은 로마서에서도 자신은 유대인들을 안타깝게 여긴다는 말을 여러 차례 언급했다. 그럼에도 불구하고 그는 자신을 이방인의 사도라고 말한다.

사도 바울이 자신을 이방인의 사도라고 말하고 있는 것은 유대인과 이방인 사이에 구원에 있어서 아무런 본질적인 차별이 없다는 사실을 이방인의 편에서 변호하고 있음을 말하고 있는 것이 아닐까? 그는 유대인의 혈통을 가지고 이방 지역에서 출생한 자로서 하나님의 복음이 유대인들에게 특권으로 주어진 것이 아니라는 사실을 증거하고 있다.

물론 바울뿐 아니라 다른 사도들도 유대인과 이방인 사이에 민족성으로 말미암는 구원의 차별이 없음에 대해 증거한다. 하지만 이방 지역의 배경을 지닌 바울은 그들보다 더욱 열정적으로 이방인을 변호하며 그에 저항하는 유대인들과 맞서 싸웠다. 바울은 자신의 그런 사역을 두고 이방인의 사도라 말했던 것으로 보인다.

나아가 바울은 자신이 이방인의 사도가 된 것은 이방인들을 위한 것이기도 하지만 도리어 유대인들을 위해서임을 분명히 언급했다(롬 11:13,14). 즉 이방인을 변호하는 그의 사역을 통해 유대인들로 하여금 시기가 나게 하려는 의도가 있음을 밝히고 있다. 그로 말미암아 유대인들 가운데 자신을 되돌아보며 하나님 안에서 구원받게 될 성도들이 있다는 것이다. 이는 우리가 기억해야 할 매우 중요한 내용이다.

바울은 또한 하나님께서 이스라엘 민족에게 더 이상 절대적인 위치를 부여하지 않음으로써 이방인들과 화목하게 되었음을 언급했다. 하나님께서는 유대인과 이방인 사이에 아무런 차별을 두지 않으셨다. 그가 유대인들 가운데서 다시 받아들이는 백성들이 있다면 그것은 저들에게 새로운 생명이 공급되는 것을 의미한다(롬 11:15). 하나님께서 이스라엘 민족을 무조건 버리는 것이 아니라 그들 가운데 있는 자기 자녀들을 부르시게 되는 것이다.

2) 영적으로 완벽한 민족으로서 이스라엘의 의미

사도 바울은 구원받은 이방인 출신의 성도들에게 유대인들에 대해 교만한 태도를 가지지 말도록 요구하고 있다. 이는 단순한 개별적인 의미가 아니라 역사적 이스라엘 민족과 더불어 해석되어야 한다. 즉 이방인들이 거룩하게 된 것은 특별히 선택된 언약의 백성인 이스라엘 민족에 그 기초를 두고 있다. 이는 하나님의 언약에 연관된 매우 중요한 의미를 지닌다. 이방인들이 구원을 받게 된 것은 아무런 과정 없이 그냥 된 것이 아니라 구약에 계시되어 온 언약과 연관되어 있는 것이다.

그러므로 바울은 이방인들이 하나님 앞에서 거룩하게 된 것은 영적으로 유대인들에게 접붙어 있기 때문이라고 설명하고 있다. 이방인들은 저들 스스로가 아니라 이스라엘 민족을 통해 약속된 하나님의 언약으로 말미암아 거룩하게 되었다. 바울은 첫 열매로서 하나님께 바쳐진 반죽 덩어리가 거룩하면 전체 떡 덩어리가 거룩하다고 말하면서 감람나무에 관한 비유를 들고 있다.

> "또한 가지 얼마가 꺾이었는데 돌 감람나무인 네가 그들 중에 접붙임이 되어 참 감람나무 뿌리의 진액을 함께 받는 자가 되었은즉 그 가지들을 향하여 자랑하지 말라 자랑할지라도 네가 뿌리를 보전하는 것이 아니요 뿌리가 너를 보전하는 것이니라"(롬 11:17,18)

사도 바울은 이 말씀 가운데서 참 감람나무와 돌 감람나무를 예로 들어 비유적으로 말하고 있다. 참 감람나무의 가지 가운데 일부를 꺾어내고 그 자리에 돌 감람나무 가지를 접붙인다. 그렇게 되면 참 감람나무의 뿌리의 진액을 참 감람나무 줄기가 빨아올려 그것을 돌 감람나무에게 공급하게 된다.[35]

그러므로 참 감람나무 가지에 접붙여지게 된 돌 감람나무 가지는 참 감람나무의 뿌리와 줄기로 말미암아 진정한 생명을 공급받아 열매를 맺는다. 따라서 참 감람나무에 접붙여진 돌 감람나무 가지가 참 감람나무 가지들을 향해 자신을 자랑하거나 교만할 만한 것이 없다. 왜냐하면 접붙여진 가지가 줄기와 그 뿌리를 보전하는 것이 아니라 도리어 그 뿌리와 줄기가 접붙여진 가지들을 보전하기 때문이다.

바울은 참 감람나무와 돌 감람나무에 관한 비유를 말하면서 유대인들과 이방인들의 관계를 설명하고 있다. 즉 이방인 출신의 성도들은 하나님께서 특별히 택하신 역사적 이스라엘 민족으로부터 진리의 진액을 공급받고 있음을 말했던 것이다.

바울은 여기서 우리에게 매우 중요한 교훈을 주고 있다. 그는 하나님께서 아브라함을 통해 특별히 조성하신 이스라엘 민족에게 원 둥치로서의 완벽한 개념을 부여하면서 교회에 대한 설명을 한다. 하나님께서는 유대인들 가운데 믿지 않는 자들을 잘라내고 그 자리에 믿는 이방인들을 접붙이게 되었음을 말씀하셨다. 그렇게 함으로써 완벽한 이스라엘을

---

35) 이는 식물학적 개념과는 상당한 차이가 난다. 일반적인 경우 식물학에서는 오히려 이와는 정반대라 할 수 있다. 예를 들어 사과나무나 대추나무에 접붙이기를 한다면, 좋지 않은 나무에 좋은 나무 가지를 잘라다가 접붙이게 된다. 즉 좋은 나무의 가지를 잘라내고 거기에 나쁜 가지를 접붙이는 것이 아니라 좋지 않은 나무의 가지를 잘라내고 양질의 나무 가지를 접붙이게 되는 것이다. 그렇게 되면 그 가지를 통해 더 나은 과일이 맺히게 되는 것이다. 그러나 로마서 본문에 나타나는 참 감람나무와 돌 감람나무의 접붙이는 비유는 식물학적 개념이 아니라 특별한 의미로 설명되고 있다.

만들어 가신다. 즉 원 둥치인 이스라엘은 하나님의 심판을 받아 완전히 사라지는 것이 아니라 여전히 역사 가운데 존재하고 있는 것이다.

즉 영적인 측면에서 완벽해야 할 이스라엘 민족 가운데서 믿음이 없는 자들은 하나님에 의해 잘려나가게 되고 대신 그 자리에 믿음을 가진 이방인들이 접붙여지게 된다. 바울은 여기서 완벽한 개념으로 역사적이며 영적인 이스라엘을 언급한다. 이는 사실 매우 신비한 개념으로서 우리가 여간 주의를 기울여 이해하지 않으면 안 된다.

> "형제들아 너희가 스스로 지혜 있다 하면서 이 신비를 너희가 모르기를 내가 원하지 아니하노니 이 신비는 이방인의 충만한 수가 들어오기까지 이스라엘의 더러는 우둔하게 된 것이라 그리하여 온 이스라엘이 구원을 받으리라"(롬 11:25,26)

우리는 사도 바울이 말하고 있는 이 말의 의미를 단편적으로 볼 것이 아니라 역사적 관점에서 전체적으로 이해해야 한다. 바울은 여기서 '온 이스라엘이 구원 받으리라'고 분명히 언급하고 있다. 정말 이 세상에 존재하는 모든 혈통적 이스라엘 백성들이 최종적인 구원을 받게 되는가? 만일 그렇다면 과거에 살다가 죽은 수많은 혈통적인 유대인들은 어떻게 되는 것인가?

바울을 통해 계시된 이 말씀은 단순히 혈통적 이스라엘 민족에 국한된 것이 아니다. 그렇다고 해서 혈통적 이스라엘 민족과 아무런 상관이 없는 것도 아니다. 우리는 여기서 그에 대한 신비한 의미를 분명히 깨달아야만 한다. 바울이 본문에서 말하고 있는 것처럼 '온 이스라엘'이 구원을 받게 된다는 사실은 분명하다. 즉 모든 영적 이스라엘 백성이 하나님의 궁극적인 구원의 대상이 되는 것이다.

우리는 이 즈음에서 역사적 이스라엘 민족이 모든 구원받을 성도들의 원형原型이 된다는 사실을 우선 기억해야 한다. 그러므로 그 원형의 둥치 가운데서 악한 유대인들은 잘려지게 되고 하나님으로부터 선하다고 인정받은 이방인들이 그 자리를 채우게 된다. 따라서 하나님의 구원의 대상인 이스라엘의 원형은 그대로 존재한다. 그들과 그들에게 접붙임을 받게 된 자들이 곧 ‘참 이스라엘’이며, 바울이 말한 것처럼 ‘온 이스라엘’이 구원을 받게 되는 것이다.

이방인으로서 하나님의 자녀가 된 자들은 결코 역사적 유대인들에 대해 교만할 수 없다. 즉 유대인들의 불순종을 보며 그것을 자기와 무관한 것으로 생각해서는 안 된다. 바울은 이방인으로서 유대인들에게 접붙임을 받은 자들은 저들에게 주어진 율법을 기억하며 하나님을 경외하며 순종하는 삶을 살도록 요구하고 있다.

돌 감람나무인 이방인 출신의 성도들은 참 감람나무인 구약의 역사적인 언약 백성으로부터 생명을 공급받게 된다. 참 감람나무에 접붙여진 돌 감람나무 가지가 그 뿌리와 원 둥치로부터 진액을 공급받듯이, 하나님께서 조성하신 참 유대인들에게 접붙여진 이방인 출신의 성도들은 그 뿌리인 역사적 유대인들로부터 진리를 공급받는 것이다.

그러므로 바울은 하나님의 교회 가운데서, 접붙임을 받기 전의 이방인의 행세를 하는 자들에 대해서는 하나님께서 참 이스라엘로부터 다시 찍어내버리실 것이라고 경고했다. 이 말을 ‘성도의 견인’(Perseverance of the Saints)을 부인하는 뜻으로 받아들여서는 안 된다. 이는 하나님의 자녀로 인정받은 성도가 하나님의 뜻 가운데 사는 것은 선택의 문제가 아니라 지극히 당연한 것이라는 사실을 말하고 있는 것이다. 바울은 이 말을 통해 지상의 교회에 속한 하나님의 자녀들에게 강한 경각심을 주고자 했다.

구약시대에 약속의 땅에 살았던 역사적 이스라엘 민족은 사도교회 시대뿐 아니라 현대에 존재하는 우리에게도 동일한 의미를 가진다. 이방인인 우리가 그들에게 접붙여졌기 때문이다. 오늘날 우리가 교회 가운데서 이스라엘 민족에게 주어진 구약성경을 통해 진리를 알아가는 것은 의미상 저들로부터 생명을 공급받고 있음을 말해주고 있다.

그러나 바울이 언급하고 있는 이스라엘 민족은 현대의 팔레스틴 지역과 전 세계에 흩어져 있는 일반 유대인들을 의미하지 않는다. AD 70년 로마제국에 의해 예루살렘 성전이 파괴된 후의 유대인들에게는 더 이상 그와 같은 의미가 없다. 구속사적인 모든 기능이 끝난 다음의 그들은 이제 지구상에 존재하는 여러 종족과 민족들 가운데 하나가 되어 버린 것이다.

3. 혈통적 이스라엘과 영적 이스라엘의 구원

구약시대의 역사적 이스라엘 민족은 이 세상에 존재해 온 모든 인간들과 밀접하게 연관되어 있다. 이는 세상의 다른 여타의 모든 민족들이 그런 특별한 기능을 가지지 않은 것과 비교된다. 이스라엘 민족 이외의 다른 민족들은 상호간에 일상적인 것 외에 달리 특별한 상관관계에 놓여있지 않다.

즉 구약시대에 존재했던 숱하게 많은 여러 종족들과 현재 한민족韓民族 사이에는 아무런 이해 관계가 없다. 21세기에 살고 있는 아프리카의 어느 민족과 10세기에 살았던 아메리카 대륙의 어느 민족 사이에도 서로 상관이 없다. 이 세상에는 수 없이 많은 민족과 종족들이 살고 있지만 서로간 본질적인 상관관계에 놓여 있지 않은 것이다.

이와는 달리 구약시대의 역사적 이스라엘 민족은 세상의 모든 민족들과 매우 중요한 관계에 놓여 있다. 이에 대해서는 아무런 예외가 있을 수 없다. 이스라엘 민족은 하나님께서 아브라함을 통해 특별히 조성하신 민족으로서 그 언약의 민족을 모르면 구원에 대해 알 수 없다. 하나님을 알지 못했던 역사상의 모든 민족들은 이스라엘 민족이 가졌던 언약과 율법으로 말미암아 하나님의 준엄한 심판을 받게 된다. 그들은 이스라엘 민족과 부정적인 측면에서 깊은 관계가 있는 것이다.

이에 반해 하나님의 선택을 받은 이방 민족 출신의 모든 성도들은 긍정적인 측면에서 이스라엘 민족과 직접 연관된다. 그들이 가진 언약과 율법으로 인해 하나님을 알게 되고 죄인인 자신의 모습을 분명하게 깨닫게 되는 것이다. 그들은 구약시대의 역사적 이스라엘 민족과 본질적인 의미에서 불가분의 밀접한 관계가 있는 자들이다.

그러므로 사도 바울은 복음의 관점에서 보면 이방인으로서 구원받은 성도들로 인해 유대인들이 하나님과 원수가 되었으며, 선택의 관점에서 보면 그들의 조상들로 말미암아 놀라운 사랑을 입게 되었음을 말하고 있다(롬 11:28).

이는 전적인 하나님의 은혜로 말미암는 것이다. 다시 언급하지만 이스라엘 민족 가운데 불순종의 결과로 인해 떨어져 나온 유대인들의 자리에 이방인인 우리가 접붙여지게 됨으로써 하나님의 긍휼을 입게 된 것이다.

타락한 아담의 자손인 이 세상의 모든 인간들은 하나님께 저항하여 불순종의 자리에 있었지만, 하나님께서는 창세전에 택하신 모든 자녀들을 구원의 원형인 참 이스라엘 민족 가운데로 부르셨다. 즉 모든 인간들이 불순종 가운데 갇혔던 것을 통해 하나님께서는 택하신 모든 자기 자녀들에게 긍휼을 베푸시게 된 것이다.

물론 제한된 인간인 우리는 하나님께서 이루어 가시는 모든 신비한 내용들을 확실하게 알 수 없다. 하나님의 놀라운 구원계획을 벌레같이 우준한 인간이 다 알 수 없는 것이다. 하지만 그 놀랍고 오묘한 진리가 우리로 하여금 하나님께 영광을 돌리게 한다.

"깊도다 하나님의 지혜와 지식의 풍성함이여, 그의 판단은 헤아리지 못할 것이며 그의 길은 찾지 못할 것이로다 또는 부요와 지혜와 지식이여 누가 주의 마음을 알았느냐 누가 그의 모사가 되었느냐 누가 주께 먼저 드려서 갚으심을 받겠느냐 이는 만물이 주에게서 나오고 주로 말미암고 주에게로 돌아감이라 그에게 영광이 세세에 있을지어다 아멘"(롬 11:33-36)

이러한 고백은 비단 신약시대의 사도 바울만 말했던 것이 아니다. 구약시대의 믿음의 선배들도 그와 동일한 고백들을 했으며(욥 11:7; 36:22,23; 시 139:6; 사 40:12,13) 신약성경에 기록된 모든 성도들 역시 마찬가지였다. 따라서 하나님의 교회에 속한 오늘날의 모든 성도들도 그와 동일한 고백을 할 수밖에 없다.

이 세상에 있는 만물은 하나님으로 말미암아 존재하게 되었다. 하나님께서 우주만물을 창조하신 것은 오직 자신의 영광을 위해서였다. 그러므로 하나님의 자녀들은 만물의 근원이 되시는 하나님께 영광이 세세토록 존재한다는 사실을 알고 기원하게 된다.

하지만 타락한 인간들은 항상 고유한 본분을 잊고 죄로 오염된 자신의 지식과 능력을 믿는다. 따라서 하나님에 대해서도 상당부분 스스로 알 수 있는 것처럼 착각한다. 그러나 죄에 빠진 인간들은 결코 하나님에 대한 온전한 지식을 가질 수 없다. 인간들이 상상하거나 짐작하는 신은 죄로 오염된 인간들에 의해 고안된 거짓 신일 뿐이다.

인간들이 하나님을 알 수 있는 유일한 방편은 하나님께서 계시하신 기록된 성경이다. 그나마 인간 스스로 그것을 택하여 취하는 것이 아니라 하나님께서 은혜 베푸신 자라야만 성령의 도우심을 통해 그 말씀을 받아들이게 된다. 그 성경 가운데는 하나님의 오묘한 섭리와 사역에 관한 놀라운 내용들이 담겨 있다. 우리는 그 말씀을 통해 하나님을 알아 그의 놀라운 영광에 참여하게 되는 것이다.

제13장
성도의 삶과 교회 공동체

(롬 12:1-21)

(로마서 12:1-21)

12:1 그러므로 형제들아 내가 하나님의 모든 자비하심으로 너희를 권하노니 너희 몸을 하나님이 기뻐하시는 거룩한 산 제사로 드리라 이는 너희의 드릴 영적 예배니라

12:2 너희는 이 세대를 본받지 말고 오직 마음을 새롭게 함으로 변화를 받아 하나님의 선하시고 기뻐하시고 온전하신 뜻이 무엇인지 분별하도록 하라

12:3 내게 주신 은혜로 말미암아 너희 중 각 사람에게 말하노니 마땅히 생각할 그 이상의 생각을 품지 말고 오직 하나님께서 각 사람에게 나눠주신 믿음의 분량대로 지혜롭게 생각하라

12:4 우리가 한 몸에 많은 지체를 가졌으나 모든 지체가 같은 직분을 가진 것이 아니니

12:5 이와 같이 우리 많은 사람이 그리스도 안에서 한 몸이 되어 서로 지체가 되었느니라

12:6 우리에게 주신 은혜대로 받은 은사가 각각 다르니 혹 예언이면 믿음의 분수대로,

12:7 혹 섬기는 일이면 섬기는 일로, 혹 가르치는 자면 가르치는 일로,

12:8 혹 권위하는 자면 권위하는 일로, 구제하는 자는 성실함으로, 다스리는 자는 부지런함으로, 긍휼을 베푸는 자는 즐거움으로 할 것이니라

12:9 사랑엔 거짓이 없나니 악을 미워하고 선에 속하라

12:10 형제를 사랑하여 서로 우애하고 존경하기를 서로 먼저 하며

12:11 부지런하여 게으르지 말고 열심을 품고 주를 섬기라

12:12 소망 중에 즐거워하며 환난 중에 참으며 기도에 항상 힘쓰며

12:13 성도들의 쓸 것을 공급하며 손 대접하기를 힘쓰라

12:14 너희를 핍박하는 자를 축복하라 축복하고 저주하지 말라

12:15 즐거워하는 자들로 함께 즐거워하고 우는 자들로 함께 울라

12:16 서로 마음을 같이 하며 높은 데 마음을 두지 말고 도리어 낮은 데 처하며 스스로 지혜 있는 체 말라

12:17 아무에게도 악으로 악을 갚지 말고 모든 사람 앞에서 선한 일을 도모하라

12:18 할 수 있거든 너희로서는 모든 사람으로 더불어 평화하라

12:19 내 사랑하는 자들아 너희가 친히 원수를 갚지 말고 진노하심에 맡기라 기록되었으되 원수 갚는 것이 내게 있으니 내가 갚으리라고 주께서 말씀하시니라

12:20 네 원수가 주리거든 먹이고 목마르거든 마시우라 그리함으로 네가 숯불을 그 머리에 쌓아 놓으리라

12:21 악에게 지지 말고 선으로 악을 이기라

제13장 _ 성도의 삶과 교회 공동체

(롬 12:1-21)

1. 하나님께 드려질 참된 영적 예배

1) "거룩한 산 제물"

하나님의 자녀들은 계시된 말씀을 통해 우주만물의 존재 이유를 알게 된다. 이 세상의 모든 것들은 원천적으로 하나님으로 말미암은 것이며 하나님을 위해 존재한다. 하나님께서는 자신을 위해 천지 만물을 창조 하셨기 때문이다. 따라서 하나님은 그로부터 모든 영광을 받기에 합당 하신 분이다.

그러므로 사도 바울은 성도들의 본질적인 의미와 그에 따른 의무에 관해 기록하고 있다. 이는 어떤 종교적인 특별한 행동을 요구하는 것과 다르다. 바울이 말하고자 한 것은 모든 성도들이 가져야 할 기본적 삶의 상태에 관한 것이다. 그것은 교회에 속한 성도들의 모든 삶의 본질적인 의미에 대해 말해주고 있다.

"그러므로 형제들아 내가 하나님의 모든 자비하심으로 너희를 권하

노니 너희 몸을 하나님이 기뻐하시는 거룩한 산 제물로 드리라 이는 너
희가 드릴 영적 예배니라"(롬 12:1)

바울은 이 말씀의 서두에서 하나님의 자비하심으로 성도들을 권한다
고 말한다. 이는 인간들이 자신의 판단에 의해 그렇게 하기로 결단함으
로써 하나님께서 저들을 받으시는 것이 아니라는 뜻이다. 하나님께서
용납하시고자 하는 뜻이 없으면 인간들이 아무리 종교적인 고상한 노력
을 할지라도 아무런 의미가 없다.

사도 바울이 하나님의 모든 자비심으로 권한다고 말한 의미 가운데는
모든 것이 하나님의 전적인 의지에 달려 있음을 보여준다. 그가 성도들
에게 요구한 것은 저들의 몸을 자신의 종교적인 취향에 따른 행위가 아
니라 하나님께서 기뻐하시는 거룩한 산 제물로 바치라는 것이었다.

구약성경에서는 성전제사를 드릴 때 흠 없는 어린 양을 제물로 바칠
것을 명령하고 있다. 아무리 값비싼 제물이라 할지라도 흠이 있다면 온
전한 제물이 될 수 없다. 바울이 로마에 있는 성도들에게 저들의 몸을
거룩한 산 제물로 드리라고 한 것은 그와 연관된다.

그런데 우리가 문제에 부딪치는 것은 인간이 과연 자신의 몸을 하나
님이 기뻐하시는 거룩한 산 제물로 만들 수 있는가 하는 점이다. 우리가
단언할 수 있는 사실은 그것이 불가능하다는 사실이다. 죄로 말미암아
타락한 인간은 결코 자기의 몸을 하나님 앞에서 거룩하게 할 수 없다.

이에 대해서는 우리 자신의 육신을 살펴보면 쉽게 알 수 있다. 낡고
오염된 인간의 몸은 어떤 상태인가? 개개인 성도들이 최선을 다해 자신
의 몸을 잘 관리함으로써 거룩하게 될 수 있는가? 한국교회에서는 이에
대한 좋은 예를 하나 들어볼 수 있다. 다수의 기독교인들은 담배를 피우
지 말아야 할 이유가 자기의 몸을 더러운 담배연기로 오염시키지 말아
야 하기 때문이라고 주장한다.

그러나 그런 사고는 근본적으로 잘못된 생각이다. 모든 인간의 육신은 외부에서 미치는 특별한 영향과 아무런 상관없이 이미 부패한 상태에 놓여있다. 한국교회가 주장하듯이 만일 담배연기가 성도의 몸을 더럽히게 된다는 식의 논리라면 기독교인들은 공기가 심하게 오염된 도시에 살아서는 안 된다. 올바른 성도라면 공기가 맑은 시골에 살면서 자기의 몸을 거룩하게 관리해야 할 의무가 있기 때문이다.

하지만 바울이 말하고 있는 거룩한 몸이란 그런 것을 말하지 않는다. 모든 인간의 육신은 쇠약하여 더러운 냄새가 나며 오염된 몸뚱아리에 지나지 않는다. 비록 아무것도 모르는 어린아이와 신체 건장한 청년들이라 할지라도 예외가 될 수 없다.

그렇다면 우리의 몸을 거룩하게 할 방법이 없는가? 성도들이 하나님 앞에서 자신의 몸을 거룩하게 할 수 있는 유일한 방법은 자신의 몸을 십자가에 달리신 거룩하신 주님의 몸에 예속시키는 것이다. 이는 상징적인 의미를 지니지만 동시에 실제적인 의미를 지니고 있다.

2) 공 예배 시간에 시행되는 교회의 성찬

하나님의 몸된 교회에 속하기 위해서는 예수 그리스도와 더불어 죽고 사는 것을 고백하는 세례를 필수조건으로 한다. 그 세례는 원칙적으로 모든 성도들이 하나님을 경배하는 공 예배시간에 공적으로 이루어진다. 따라서 세례는 개인의 문제일 뿐 아니라 모든 회중이 참여하는 교회적인 사건이다.

그러므로 세례를 받은 모든 성도들은 공 예배시간을 통해 그리스도의 몸, 즉 그의 살과 피를 상징하는 떡과 포도주를 먹고 마신다. 그때 예수 그리스도의 몸은 은혜 가운데 성도들에게 영적으로 임재하게 된다. 이는 단순한 상징이 아니라 실제적인 의미가 성도들 가운데 발생하게 됨을 의미하고 있다.

물론 우리는 화체설化體說을 반대한다. 교회가 나누는 성찬에 사용되는 떡과 포도주가 입을 통한 섭취와 더불어 예수 그리스도의 몸의 성분으로 변하는 것은 아니다. 그런 사고는 성찬을 도리어 우상화하거나 미신화하게 될 위험에 빠지게 된다. 우리는 칼빈이 잘 설명하고 있는 바 영적임재설을 받아들인다. 그것은 로마 가톨릭의 화체설과 다를 뿐 아니라 쯔빙글리가 주장했던 단순 상징설과도 다른 것이다.

이 세상을 살아가는 성도들은 그리스도의 형상을 닮은 새로운 몸을 입었음에도 불구하고 여전히 타락한 아담의 형상을 입고 있다. 즉 그 몸은 세상으로부터의 오염을 피할 수 없는 존재이다. 인간의 몸은 그것 자체로서 끊임없이 더러움을 발산하고 있다. 이 세상에 살아있는 인간들의 육신은 항상 외부로부터 오염된 물질을 묻히고 있으며 내부적으로는 더러운 때를 만들어 내고 있다. 아무리 깨끗한 사람일지라도 하루만 씻지 않으면 외부와 내부에서 만들어지는 때로 인해 더러워질 수밖에 없다.

그런데 이보다 더욱 중요한 것은 인간들의 정신세계이다. 지상의 인간들은 항상 세상의 악한 가치관의 영향을 받기 마련이다. 그리고 내부적 정신세계에서는 끊임없이 더러운 욕망들을 분출해 내고 있다. 문제가 되는 것은 인간들이 자신의 육신의 때는 날마다 씻을 줄 알면서 오염된 정신세계에 대해서는 극도로 무관심하다는 사실이다. 그런 정신과 육체를 지닌 인간들은 악하고 더러울 수밖에 없다. 이에 대해서는 예외적인 인간이 있을 수 없다.

따라서 하나님께서 기쁘게 받으시는 성도의 몸은 자연적인 타락한 몸 자체가 아니다. 성도들은 공 예배시간을 통해 거룩한 그리스도의 살과 피를 섭취함으로써 그로 인해 거룩하게 된다. 그 몸은 십자가에 달리신 예수 그리스도와 성령의 사역으로 말미암아 새롭게 변화된 몸이다. 하나님께 드려지는 성도의 몸은 성찬을 통해 거룩하신 그리스도의 몸에 예속될 때 하나님께서 그 몸을 거룩한 산 제물로 받으시게 되는 것이다.

타락한 시대의 큰 병폐 가운데 하나는 더러운 자기의 몸을 하나님께 그대로 드리고자 하는 오만함이다. 이는 윤리적으로 부도덕한 행동을 했기 때문에 말하는 것이 아니다. 여기서 말하는 더러운 몸이란 그리스도의 몸과 아무런 상관이 없는 몸 즉 성찬을 통해 그의 거룩한 몸에 예속되지 않은 몸을 의미한다. 그런 상태로 드려지는 예배는 영적인 예배가 아니라 육적인 예배에 지나지 않는다.

나아가 하나님의 뜻을 멸시하는 악한 인간들은 거룩한 몸은커녕 타락한 몸마저 하나님께 드리기를 거부한다. 그런 자들은 자신의 몸이 아니라 자기가 '소유하고 있는 어떤 것들'을 하나님께 드림으로써 종교적인 생색을 내고자 한다. 그것들은 유무형의 모든 것을 포함한다. 그 내용은 돈과 같은 물질이 될 수도 있고 음악이나 미술 등 예술적인 것들이 될 수도 있다. 어리석은 인간들은 자기가 소유한 그런 것을 드리면 하나님께서 기뻐할 것으로 오해한다.

그렇지만 하나님께서는 인간들의 그런 것들을 기뻐하는 것이 아니라 도리어 경멸하실 수 있다는 사실을 잊어서는 안 된다. 십자가에 달리신 예수 그리스도의 몸에 예속되지 않은 상태의 더러운 몸을 가진 인간이 자기의 모든 것을 하나님께 드린다 해도 그것은 결코 하나님의 기쁨의 대상이 될 수 없다. 즉 하나님께서는 그리스도와 상관이 없는 그런 것들을 결코 기쁘게 받으시지 않는다.

그러므로 우리는 참된 성찬을 통해 십자가에 달리신 그리스도의 몸에 예속시킴으로써 거룩하게 된 우리의 몸을 하나님께 산 제물로 드려야 한다. 그것이 우리가 하나님께 드려야 할 영적 예배이며 하나님께서 기쁘게 받으시는 진정한 예배가 된다. 우리는 이점에 대해 여간 깊은 주의를 기울여 이해하지 않으면 안 된다.

2. 이 세대에 대한 분별

타락한 세상 가운데서 태어난 인간들은 누구나 죄에 익숙하다. 즉 더러운 죄가 편안하게 느껴지며 그것이 도리어 자신에게 안도감을 준다. 이땅에 살아가는 하나님의 성도들 역시 그와 마찬가지다. 타락한 아담의 형상을 지닌 인간으로서는 다른 보통 사람들과 그다지 다르지 않은 것이다.

그러므로 우리에게도 이 세상을 본받으려 하는 마음이 여전히 존재한다. 사도 바울이 로마 교회를 향해 '이 세대'에 관한 말을 했을 때 그것은 불신자들의 세계뿐 아니라 유대인들의 잘못된 신앙과 율법주의를 염두에 두고 있었음이 틀림없다.

> "너희는 이 세대를 본받지 말고 오직 마음을 새롭게 함으로 변화를 받아 하나님의 선하시고 기뻐하시고 온전하신 뜻이 무엇인지 분별하도록 하라"(롬 12:2)

바울이 여기서 말하고 있는 '이 세대'란 구체적으로 어떤 세대를 의미하고 있는가? 그리고 당시 로마에 살고 있던 성도들은 '이 세대'를 어떤 식으로 이해했을까? 우리가 가장 먼저 관심을 기울여야 할 부분은 이 세대가 현실성에 배경을 두고 있다는 사실이다.

성경에서 말하고 있는 신학적 의미로서 '오는 세대'(the age to come)는 구속사적 의미를 지니고 있다. 이는 구약성경에 기록된 언약이 성취됨으로써 도래하게 되는 새로운 시대를 의미한다. 즉 이땅에 하나님께서 보내시는 메시아가 강림하심으로써 전개되는 세대를 말하고 있는 것이다. 사도 바울은 이에 대한 의미를 잘 알고 있었을 것이 분명하다. 그가 성경에서 말하고 있는 그 사실을 모를 리 없다.

그러므로 바울이 말한 '이 세대'란 하나님으로 말미암아 약속된 '오는 세대'가 예수 그리스도를 통해 이미 도래했음에도 불구하고 여전히 세상의 더러운 사상과 뒤섞인 탐욕이 넘치는 세대를 지칭하고 있다. 하나님의 자녀들이 그런 타락한 세대에 물들게 되면 신앙에 대해 근본적인 혼선을 빚게 된다.

사도 바울은 제국의 수도인 로마에 살고 있는 성도들에게 그런 위험한 분위기에 빠지지 말도록 당부하고 있다. 하나님의 백성들은 옛 속성을 버리고 예수 그리스도로 말미암아 새로운 마음을 소유해 변화된 삶을 살아야 한다. 그것이 하나님의 뜻에 온전히 순종할 수 있는 기본적인 바탕이 된다.

교회와 그에 속한 성도들은 그것을 통해 하나님의 선하시고 기뻐하시는 뜻이 무엇인지 분별한다. 기록된 말씀에 의한 올바른 분별력을 갖추지 않으면 잘못된 세대에 속기 십상이다. 타락한 세대는 항상 하나님의 자녀들에게 옛 성품을 되살리도록 부추기며 강하게 유혹하고 있기 때문이다.

그러므로 사도 바울은 성도들이 항상 믿음 안에서 자기의 분수를 지켜야 한다고 말했다. 그리고 마땅히 생각할 정도 이상의 마음을 품지 말도록 당부했다. 그러한 것들은 인간의 욕망적인 표현일 따름이다. 따라서 신실한 성도들은 하나님께서 제각각 나누어 주신 믿음의 분량에 따라 지혜롭게 생각해야 한다(롬 12:3; 엡 4:7).

이는 사실 연약한 우리가 지켜내기 매우 어려운 요구이다. 왜냐하면 자기에게 주어진 믿음의 분량 이상으로 과도하게 생각해서도 안 되며 그것을 줄여 게으름을 피울 수도 없기 때문이다. 하나님께서 각 사람에게 나누어주신 분량대로 지혜롭게 생각하는 것이 결코 쉬운 일은 아니지만 바울은 그렇게 하도록 요구하고 있다. 성도들이 성숙해 간다는 것은 그 말씀에 온전히 순종할 수 있는 삶을 의미할 것이다.

3. 교회 공동체

하나님의 교회는 하나의 공동체를 이루고 있다. 공동체라는 말은 삶을 함께 나누는 집단을 의미한다. 예를 들어 가정과 국가는 공동체이다. 어떤 일을 당하게 되면 좋건 싫건 공동의 운명을 지게 된다. 가정에서 심각한 문제가 발생하게 되면 온 가족이 함께 그에 빠질 수밖에 없다. 국가에 전쟁이 발발하거나 극단적인 상황에 빠지게 되면 온 국민이 그로부터 심각한 영향을 받게 된다.

그러므로 가정과 국가에 속한 구성원은 공동운명체 속에 들어있는 것이다. 만일 어떤 사람이 가정이나 국가에 심각한 문제가 발생했음에도 불구하고 그것의 영향을 전혀 받지 않는다면 그는 그 가정과 국가의 일원이라 할 수 없다. 즉 가정이 어려움에 처하고 국가가 위기에 처해 있는데도 혼자 마음 편히 잘 산다고 하는 것은 진정한 공동체에 속한 자가 아니기 때문이다.

그런데 하나님의 교회는 가정과 국가보다 한층 강화된 영적인 공동체이다. 즉 교회 공동체는 자연적이거나 형식적인 공동체가 아니라 예수 그리스도로 말미암아 본질적으로 변화된 새로운 공동체이다. 교회는 하나님께서 자기의 거룩한 피로 값 주고 사심으로써 세상과 완전히 구별한 무리이다.

사도 바울은 교회 공동체에 관한 설명을 하면서 사람의 인체를 예로 들고 있다. 한 사람의 몸과 그에 속한 모든 지체들과 각 기관을 예로 들면서 하나님의 교회가 어떤 유기적인 구성체가 되어야 하는가를 말하고 있는 것이다. 이에 대해서는 고린도 교회에 보낸 바울의 편지에서 더욱 자세히 설명되어 있다(고전 12장).

사람의 몸은 제각각 서로 상이한 기능을 가진 여러 지체들로 구성되어 있다. 손과 발의 기능이 다르고 눈 코 입의 하는 일이 따로 있다. 보이지 않는 여러 내장들의 기능도 전부 다르다. 그렇지만 불필요한 것은 아무 것도 없다. 모든 지체와 기관들이 없어서는 안 되는 중요한 것들이다.

그러므로 지체들 가운데 어느 것도 자기의 중요성을 내세우며 다른 것은 불필요하다고 말할 수 없다. 바울은 고린도전서에서 인간의 몸을 비유로 말하는 중에 교회의 아름다움과 성도들의 귀중함에 대해 말했다. 그 가운데는 외부로 그럴듯하게 드러나지 않는 부위가 도리어 더 소중하다는 사실이 언급되고 있다.

> "그뿐 아니라 더 약하게 보이는 몸의 지체가 도리어 요긴하고 우리가 몸의 덜 귀히 여기는 그것들을 더욱 귀한 것들로 입혀 주며 우리의 아름답지 못한 지체는 더욱 아름다운 것을 얻느니라 그런즉 우리의 아름다운 지체는 그럴 필요가 없느니라 오직 하나님이 몸을 고르게 하여 부족한 지체에게 귀중함을 더하사 몸 가운데서 분쟁이 없고 오직 여러 지체가 서로 같이 돌보게 하셨느니라"(고전 12:22-25)

바울은 이 말씀을 기록하면서 인체 가운데 연약하게 보이는 것이 더 요긴하고 덜 귀히 여기는 것들이 귀한 대우를 받으며 아름다워 보이지 않는 지체가 도리어 더 예우를 받는다고 했다. 이는 미숙한 인간들이 자기 판단에 따라 함부로 몸의 지체들을 평가하지 못하도록 명령하고 있는 것이다.

사도 바울은 교회 공동체에 관한 교훈을 주면서 교회의 모든 지체들은 한결같이 소중한 존재임을 말하고 있다.[36] 교회를 구성하고 있는 모든 지체들은 그 자체로서 소중하고 아름답기 때문에 인위적인 노력을

---

36) 우리는 여기서 '소중하다'는 말과 '중요하다'는 말을 구분해서 이해해야 할 필요가 있다. 예를 들어 칼빈은 목사 한 사람이 전체 회중보다 오히려 더 중요한 것으로 인식했다. 이는 목사가 다른 성도들보다 더 소중하다는 말과는 다르다. 여기서 의미하는 바는 목사 한 사람이 잘못 가르치게 되면 모든 교회가 잘못된 교훈을 받아들여 교회가 어지럽게 된다. 이런 차원에서 볼 때 목사는 매우 중요한 직분자라 말할 수 있는 것이다.

통해 억지로 외형을 꾸밀 필요가 없다. 이는 하나님의 교회를 세워나가는 은사와 연관된다.

하나님께서 이미 자신의 몸된 교회의 지체들을 고르게 하셨으므로 모든 성도들은 각기 나름대로 소유한 은사들이 있다. 교회 가운데는 예언, 믿음, 섬기는 일, 가르치는 일, 위로하는 일, 구제하는 일, 긍휼을 베푸는 일 등 실로 다양한 은사들이 존재한다. 따라서 모든 성도들은 하나님으로 말미암아 은사로 소유하게 된 그것으로 인해 스스로 교만하거나 위축될 일이 전혀 없다. 단지 모든 지체들은 다양한 은사를 가진 지체들로서 예수 그리스도 안에서 서로 돌아보아야 한다.

4. 기본적인 성도의 삶

1) 교회와 나누는 일상적인 삶의 교제

하나님의 자녀들은 악을 미워함으로써 선에 속한 자들이다. 악의 근원은 사탄이며 선의 근원은 하나님이시기 때문이다. 타락한 아담의 형상을 지닌 모든 인간들의 본성은 이기적이며 악에 가득 차 있다. 그러나 완벽한 하나님의 형상이신 예수 그리스도를 통해 선하신 하나님께 속하게 되었다.

하나님의 은혜로 말미암아 구원받은 성도들은 그에 대한 진정한 깨달음과 더불어 악과 싸우며 선에 참여하기 위해 투쟁하는 삶을 살아가야 한다. 그것은 단순한 대립관계를 넘어 피가 튀기는 극명한 싸움을 의미한다. 따라서 성숙한 성도들은 자기 자신뿐만 아니라 하나님께 속한 형제들을 보호하며 지키는 심정으로 살아가게 된다.

성도의 삶의 본질은 하나님께 속해 최선을 다해 그를 섬기는 것이다. 물론 그것은 자신의 인간적인 결단으로 말미암지 않는다. 도리어 성령 하나님의 도우심에 힘입어 온전히 순종함으로써 선한 결과를 선물로 얻게 된다. 성도들은 그것을 위해 항상 깨어있어 기도에 힘쓰게 되는 것이다.

따라서 하나님의 교회에 속한 백성들은 그런 긴장된 형편 가운데 교회에 속한 형제들을 존중하며 서로 우애하는 일을 게을리하지 않는다. 그리고 다른 성도들의 일상적인 삶에 관심을 가지고 보살핀다. 만일 그들이 생활의 심한 고통을 겪는다면 자신의 소유로 공급하며 이웃에게 나누어주기를 힘써야 한다.

하나님의 백성들은 그러한 삶으로 말미암아 세상의 모든 환란과 고통 가운데서도 천상의 기쁨을 맛보며 누리게 된다. 성도들은 지상의 교회를 통해 확인되는 영원한 하나님 나라에 궁극적인 소망을 두고 그것으로 인해 즐거워하는 것이다.

2) 세상을 향한 성도들의 자세

하나님의 자녀로 부르심을 받은 성도라 할지라도 지상에서의 생명이 끝날 때까지는 여전히 하나님을 알지 못하는 세상 사람들을 가까운 이웃으로 두고 살아갈 수밖에 없다. 그러한 세상 사람들이 하나님의 성도들을 박해하는 것은 전혀 이상하지 않다. 이는 그들의 눈에는 교회에 속한 하나님의 백성들이 이 세상을 버리고 나간 배신자들로 보일 수 있기 때문이다.

물론 여기서 말하는 박해란 물리적인 행동에 의한 것을 말하지 않는다. 이는 도리어 상이한 가치관으로 인해 발생하는 삶의 본질에 대한 반응이다. 따라서 그 박해는 우리가 일반적으로 생각하는 박해처럼 보이지 않는다.

그런데 사도 바울은 하나님의 몸된 교회를 박해하는 자를 축복하고 저주하지 말도록 당부하고 있다(롬 12:14). 이는 과연 무엇을 의미하고 있는 것인가? 앞에서는 축복할 자에게 축복하고 저주할 자에게 저주하라고 말하지 않았던가? 바울은 로마서 11장 7-11절에서 원수들이 저주를 받도록 하나님께 간구하고 있는 다윗의 시편을 인용하며 그점을 분명히 말하고 있다.

그렇다면 바울은 동일한 편지 가운데서 상호 모순되는 다른 교훈을 주고 있는가? 물론 그렇지 않다. 바울이 저주를 언급한 것은 하나님의 언약 백성들을 거짓으로 미혹하며 악을 자행하는 배도자들에 관한 기록이다.

그러나 교회를 핍박하는 자들을 축복하라고 말한 것은 하나님을 알지 못하는 자들의 일상적인 생활에 연관된 것이다. 즉 그들을 축복하라는 말이 하나님의 구원사역을 염두에 두고 한 말은 아니다. 그들에게 저주하지 말라고 한 것은 그들을 불쌍히 여기라는 의미이다. 그러므로 하나님의 자녀들은 세상 가운데 살면서 세속적인 것에 집착하는 천박한 모습을 보임으로써 하나님을 알지 못하는 사람들보다 더 못한 모습을 보이지 않도록 해야 한다.

사도 바울은 또한 그 말과 더불어 아무에게도 악을 악으로 갚지 말고 모든 사람들 앞에서 선한 일을 도모하라고 가르친다. 그래서 가능하면 세상의 모든 사람들과 더불어 화목하게 지내라고 당부하고 있다. 그러나 우리는 이 말이 세상과 타협하라는 요구가 아니라는 사실을 분명히 알아야 한다. 이는 성도들은 세상 가운데서는 오히려 손해를 보며 살아야 함을 말해주고 있다. 세상에서 속고 손해를 보면서도 악을 쓰지 않는 여유로운 신앙인의 자세를 가져야 한다는 것이다.

그런데 우리가 바울의 가르침에 대한 깊은 내면을 들여다보면 저들을 진정으로 사랑하기 때문에 그렇게 하라는 것이 아님을 알 수 있다. 도리어 바울은 그들을 원수로 보고 있음이 분명하다. 우리가 선한 일을 도모하며 여유롭게 대해야 할, 하나님을 알지 못하는 불신자들은 여전히 교회의 반대편에 서 있는 자들이다. 그래서 바울은 그에 대해 분명한 어조로 말하고 있다.

> "내 사랑하는 자들아 너희가 친히 원수를 갚지 말고 하나님의 진노하심에 맡기라 기록되었으되 원수 갚는 것이 내게 있으니 내가 갚으리라고 주께서 말씀하시니라 네 원수가 주리거든 먹이고 목마르거든 마시게 하라 그리함으로 네가 숯불을 그 머리에 쌓아 놓으리라 악에게 지지 말고 선으로 악을 이기라"(롬 12:19-21)

우리는 바울이 여기서 말하고 있는 바를 분명히 이해해야 한다. 일반적으로 성도들이 세상을 향해 베푸는 선행은 종교적인 의미에서 보아 영원한 사랑이라 말할 수 없다. 그것은 도리어 저들을 향한 저주와 연관되어 있다.

사도 바울은 교회를 박해하는 자를 축복하고 저주하지 말라고 하면서 실상은 그들을 원수로 이해하고 있다. 그런데 그 원수들에게 직접 원수를 갚지 말고 하나님의 진노하심에 맡겨두라고 했다. 하나님께서는 친히 원수들을 심판하시는 분임을 밝히고 있는 것이다. 우리는 여기서 바울의 진지한 신앙적인 마음을 읽을 수 있어야 한다.

분명한 사실은 바울이 원수가 주리거든 음식을 주어 먹이고 목마르거든 물을 주어 마시게 하라고 말한 사실이다. 그것이 앞에서 말한 바대로 저들과 더불어 화목하게 살아가는 것이다. 그런데 바울은 그것이 그들을 위한 영원한 사랑이 될 수 없음을 강조하고 있다. 이는 성도들의 그런 윤리적 선행이 저들의 머리에 숯불을 쌓아놓는 것과 같은 것이라 말하고 있다. 그것이 곧 선으로 악을 이기는 방편이라고 말했던 것이다.

바울은 이 교훈을 통해 예수 그리스도로 인해 의롭게 된 성도들과 하나님을 욕되게 하는 사람들 사이에는 본질적으로 다른 가치관이 존재하고 있음을 말해주고 있다. 그것으로 말미암아 하나님의 자녀들과 세상에 속한 사람들 사이에 분명한 구분이 이루어지게 된다. 이에 대해서는 사도 베드로 역시 그와 동일한 관점에서 말하고 있다.

> "마지막으로 말하노니 너희가 다 마음을 같이 하여 체휼하며 형제를 사랑하며 불쌍히 여기며 겸손하며 악을 악으로, 욕을 욕으로 갚지 말고 도리어 복을 빌라 이를 위하여 너희가 부르심을 입었으니 이는 복을 유업으로 받게 하려 하심이라 그러므로 생명을 사랑하고 좋은 날 보기를 원하는 자는 혀를 금하여 악한 말을 그치며 그 입술로 궤휼을 말하지 말고 악에서 떠나 선을 행하고 화평을 구하여 이를 좇으라 주의 눈은 의인을 향하시고 그의 귀는 저의 간구에 기울이시되 주의 낯은 악행하는 자들을 향하시느니라 하였느니라"(벧전 3:8-12)

베드로는 바울과 마찬가지로 하나님의 자녀들이 형제를 불쌍히 여기며 사랑해야 한다는 사실을 기록하고 있다. 그리고 악과 욕을 당한다고 해도 그것으로 말미암아 악과 욕으로 갚지 말고 도리어 그들을 위해 복을 빌라고 했다. 이는 물론 교회 내부에서 불의를 행하는 자들을 두고 하는 말이 아니다. 이 말은 인간들의 일상적인 생활에 연관된다. 하나님의 자녀들은 항상 이웃에 대해 선을 행하고 세상 사람들에 대해 화평하고자 노력해야 한다.

그러나 여기서 우리가 유념해야 할 점은 이 교훈이 성도들에게 세상 사람들과의 타협을 허용하거나 요구하는 말이 아니라는 사실이다. 또한 사도들이 형편을 고려하지 않은 채 모든 면에서 무조건 그렇게 행하도록 가르치는 것으로 보아서도 안 된다. 도리어 우리는 하나님의 교회를 어지럽히는 비진리에 대해서는 피가 튀기는 싸움을 싸워야 하며, 순교까지 각오해야 한다는 사실을 기억해야만 한다.

물론 이 세상에서 발생하는 모든 일들에 대해서도 마찬가지다. 우리는 진리와 연관되는 부분은 추호도 양보할 수 없으며 뒤로 물러서서도 안 된다. 하지만 인간들이 살아가는 일상생활에 대해서는 모든 것을 양보하고도 여유로운 신앙인의 자세를 유지해야 한다.

우리는 사도 베드로가 위의 본문 마지막 부분에서 '주의 눈은 의인을 향하시고 그의 귀는 저의 간구에 기울이시되 주의 낯은 악행하는 자들을 향하시느니라 하였느니라'(벧전 3:12)고 한 말을 귀담아 들어야 한다. 이 말은 사도 바울이 로마서에서 그에 관해 교훈하고 있는 내용과 동일한 의미를 지니고 있다.

제14장
국가권력에 대한 성도의 자세

(롬 13:1-7)

(로마서 13:1-7)

13:1 각 사람은 위에 있는 권세들에게 굴복하라 권세는 하나님께로 나지 않음이 없나니 모든 권세는 다 하나님의 정하신 바라

13:2 그러므로 권세를 거스리는 자는 하나님의 명을 거스림이니 거스리는 자들은 심판을 자취하리라

13:3 관원들은 선한 일에 대하여 두려움이 되지 않고 악한 일에 대하여 되나니 네가 권세를 두려워하지 아니하려느냐 선을 행하라 그리하면 그에게 칭찬을 받으리라

13:4 그는 하나님의 사자가 되어 네게 선을 이루는 자니라 그러나 네가 악을 행하거든 두려워하라 그가 공연히 칼을 가지지 아니하였으니 곧 하나님의 사자가 되어 악을 행하는 자에게 진노하심을 위하여 보응하는 자니라

13:5 그러므로 굴복하지 아니할 수 없으니 노를 인하여만 할 것이 아니요 또한 양심을 인하여 할 것이라

13:6 너희가 공세를 바치는 것도 이를 인함이라 저희가 하나님의 일꾼이 되어 바로 이 일에 항상 힘쓰느니라

13:7 모든 자에게 줄 것을 주되 공세를 받을 자에게 공세를 바치고 국세 받을 자에게 국세를 바치고 두려워할 자를 두려워하며 존경할 자를 존경하라

제14장 _ 국가권력에 대한 성도의 자세

(롬 13:1-7)

1. 국가에 관한 이해

세상에는 다양한 집단과 단체들이 있다. 그 가운데는 자연발생적인 집단이 있는가 하면 임의적인 연합체도 있다. 예를 들어 민족과 종족은 자연발생적인 성격을 지닌다. 그리고 학교, 회사 등은 특수한 목적을 추구하기 위해 세워진 단체들이다. 이외에도 친목계, 각종 연합모임 등 단순회원 단체들도 많이 있다.

이런 단체들과 달리 하나님으로 말미암은 특별한 기능을 소유한 기관들이 있다. 성경의 가르침에 배경을 둔 전통적인 신학원리에서는 가정과 교회, 그리고 국가를 하나님께서 특별히 관여하는 단체로 이해한다.

가정은 하나님께서 창조와 더불어 특별히 세우신 제도로 인간들의 삶의 기초가 된다. 그리고 교회는 하나님께서 예수 그리스도의 십자가 사역과 오순절날 강림하신 성령을 통해 세우신 거룩한 공동체이다. 그러므로 우리는 가정과 교회를 하나님께서 세우신 본질적인 공동체로 이해한다.

가정과 교회 이외에 하나님의 특별한 관여를 받는 또 하나의 단체가 곧 국가이다. 이는 종족과 민족적인 개념과 전혀 다르다. 태생적 의미를 지닌 민족과는 달리 국가에는 다른 어느 기관에도 허락되지 않는 특별한 기능이 주어졌기 때문이다. 이에 대해서는 기독교 국가인가 세속국가인가 하는 점은 전혀 문제가 되지 않는다.

우리가 여기서 말하고자 하는 것은 국가 자체에 대한 특수성이다. 국가에 맡겨진 사명은 우선 인간의 생명과 직접 연관된다. 국가는 다른 기관들과 달리 절대적인 주권과 배타성을 띠고 있다. 그 가운데 가장 중요한 것은 국가의 판단에 따라 사람의 생명을 합법적으로 박탈하는 기능을 한다는 사실이다.

일반적인 관점에서 말한다면 국가는 전쟁수행권[37]과 사형권[38]을 가진다. 즉 국가는 전쟁의 주체가 되며 범죄자에게 사형을 언도하고 집행할 수 있다. 물론 그에 대해서는 많은 해석이 요구되지만 그것은 국가만이 가지는 기능으로 이해한다.

그러므로 국가 이외에 어느 단체나 집단도 전쟁의 주체가 될 수 없다. 또한, 만일 국가 이외의 개인이나 특정 집단이 사람을 죽이게 되면 살인범이 된다. 그러면 공권력을 지닌 국가가 직접 개입해 그에 상응하는 벌을 내린다. 도저히 있을 수 없다고 판단되는 흉악범일 경우에는 그를 사형에 처해 죽이게 된다.

그러면서 국가는 사람을 죽이는 권리가 있다고 여긴다. 그래서 전쟁에서 적군을 죽이는 것은 합법적이며 나아가 많은 사람을 죽이면 죽일수록 상을 받고 훈장을 받는다. 사람을 죽이면서 국가가 마땅히 해야 할 직무를 수행한 것으로 여기는 것이다.

---

37) 이광호, 『아름다운 신앙생활』(서울: 도서출판 칼뱅, 2007), pp.146-150 참조.
38) 이광호, "사형제도에 관한 기독교 윤리적 고찰", 「철학논총」(새한철학회), pp.321-334 참조.

국가가 전쟁을 수행하고 사형을 집행하는 최종적인 의미는 국민들을 보호하기 위한 것이며 질서유지를 위해서이다. 그것은 사람을 죽이지 못하도록 하면서 합법적으로 사람을 죽이는 아이러니컬ironical한 사실이지만 국가는 그러한 공권력을 가지고 있다.

우리가 유념해야 할 점은 공권력을 지닌 세속국가 안에 하나님의 교회가 존재한다는 사실이다. 교회에 속한 성도들은 하나님 나라의 시민(빌 3:20)이면서 동시에 특정 국가의 시민으로 살아가게 된다. 우리가 여기서 매우 주의깊게 생각해야 할 것은 '교회'는 의미상 국가에 속하지 않았지만 '개인 성도들'은 국가에 속해 있다는 점이다.

하나님의 교회는 세상에 존재하고 있지만 원칙적으로 세속국가의 간섭이나 통치를 받지 않는다. 도리어 교회가 기록된 말씀을 통해 국가와 그에 속한 모든 것들을 판단하며 해석한다. 하지만 교회에 속한 성도들은 국가의 시민으로서 고유한 권리와 의무를 가지게 되는 것이다. 우리는 이에 대한 의미를 올바르게 이해하지 않으면 안 된다.

2. 국가에 관련된 성경의 교훈

1) 세속국가의 통치력에 대한 성도의 자세

사도 바울은 제국의 심장부인 로마에 살고 있는 성도들에게 이방국가의 권력에 복종하도록 명하고 있다. 그것은 단순한 권면이 아니라 하나님의 교회에 속한 성도로서 그렇게 하지 않으면 안 된다는 것이었다. 세속국가의 권력에 복종하는 것은 하나님의 뜻으로 말미암는다는 점을 강조했던 것이다.

이는 당시의 상황에 비추어 볼 때 매우 민감한 문제가 될 수 있는 말이었다. 왜냐하면 로마인들은 유대인들에게 있어서 원수와 같은 존재였기 때문이다. 물론 배도한 유대인들은 예수님을 십자가에 못박는 일을 비롯하여 저들의 뚜렷한 목적이 있을 때는 평소 원수라고 여기던 로마인들과 손을 잡고 타협하기를 주저하지 않았다.

그렇지만 유대인들은 내심 로마인들을 부정한 이방족속이라 간주했으며 그들이 통치하는 로마제국을 경멸했다. 따라서 유대인들은 로마제국의 압제에서 벗어나기 위해 투쟁을 하며 많은 애를 썼다. 열성당원들(the zealots)을 비롯한 과격주의자들은 로마제국으로부터 독립하기 위한 민족적 저항운동을 게을리하지 않았다.

그런 상황에서 예수 그리스도를 증거하는 사도이자 교회의 중요한 지도자인 바울이 성도들에게 보내는 편지 가운데 로마제국의 권력에 복종해야 한다고 말했다.[39] 이는 일반 유대인들의 입장에서는 결코 용납될 수 없는 말이었다. 나아가 교회 안에 있는 유대인 출신 성도들도 그점을 받아들이기에 쉽지 않았을 것이다. 그럼에도 불구하고 바울은 그점을 매우 강조해 말하고 있다.

> "각 사람은 위에 있는 권세들에게 복종하라 권세는 하나님으로부터 나지 않음이 없나니 모든 권세는 다 하나님께서 정하신 바라 그러므로 권세를 거스르는 자는 하나님의 명을 거스름이니 거스르는 자들은 심판을 자취하리라"(롬 13:1,2)

바울은 국가의 위정자들에게 복종하라고 말하면서 모든 권세가 하나님으로부터 나왔음을 언급하고 있다. 그러므로 국가의 권위에 불복종하는 것은 하나님의 명령을 거스르는 것임을 강조했다. 세속국가의 권세를 거스르는 자들은 하나님의 심판을 자취하는 것이라 말했던 것이다.

---

39) 사도 바울의 이 말은 유대 민족주의자들에게는 충격적이었다. 이는 우리 민족이 과거 일본에 의해 강점당한 상태일 때 교회의 지도자들이 일반 성도들에게 일본 제국의 권력제도에 복종하는 것이 하나님의 뜻이라고 가르치는 것과 크게 다르지 않다. 그것은 독립운동을 하는 민족주의자들의 반감을 사기에 충분하다.

이는 하나님께서 국가와 위정자들에게 허락하신 특별한 기능이 있다는 사실을 보여준다.

로마 교회를 향한 이 말은 바울의 개인적인 판단이나 정서에 기인한 것이 아니다. 즉 그가 친 로마적인 인사였기 때문에 교회를 향해 그렇게 명령하지는 않았다. 바울이 로마제국의 심장부인 로마시에 살고 있는 성도들에게 그렇게 요구한 이유는 그것이 곧 하나님의 뜻이었기 때문이다.

사도 바울은 로마에 있는 교회를 향해 국가의 기능에 관한 설명을 하고 있다. 세상의 국가가 해야 할 중요한 일 가운데 하나는 윤리적 관점에서 이해되는 선을 장려하고 악을 징벌하는 것이다. 즉 일반적인 권선징악이 국가의 중요한 임무이다. 그것을 위해 하나님께서는 국가제도와 더불어 권력을 허용하신 것이다.

지상에 사는 모든 인간들은 다양한 개별적인 배경을 가지고 있다. 그들 가운데는 건강하고 부유한 자들이 있는가 하면 병약하고 가난한 자들도 많이 있다. 이 세상에 살고 있는 타락한 인간들은 자기중심적이며 불공평한 가운데 살아갈 수밖에 없다. 그러므로 힘이 있는 자는 약자를 부당하게 괴롭힐 수 있다.

국가의 중요한 기능 가운데 하나는 그런 부당한 일이 발생하는 것을 방지하는 일이다. 하나님께서는 그 일을 위해 국가에 '칼'(sword) 곧 무력을 허락하셨다. 따라서 사도 바울은 국가를 '하나님의 사역자'(롬 13:4,6)로 칭하고 있는 것이다.

그러므로 국가의 위정자들은 하나님 대신에 일반적인 범죄를 저지른 자들을 찾아 벌하게 된다. 이는 성경에서 일컫는 본질적인 죄가 아니라 세상에서 발생하는 일반적인 죄악을 의미한다.[40] 이는 하나님의 교회와

---

40) 여기서 말하는 본질적인 죄란 아담이 사탄의 유혹을 받아 하나님께 범죄한 원죄를 의미한다. 그리고 일반적인 죄악이란 살인, 강도, 간음 등 현상적인 죄를 말하고 있다.

성도들이 살고 있는 세상의 질서를 유지하기 위한 중요한 방편이 된다. 성도들이 국가의 권력에 복종하는 것은 하나님의 진노를 두려워하기 때문이 아니라 저들이 가진 선한 양심으로 말미암는다.

세속국가의 권력에 복종해야 하는 문제에 대해서는 사도 베드로 역시 그와 동일한 교훈을 주고 있다. 베드로는 본도, 갈라디아, 갑바도기아, 아시아와 비두니아 등지에 흩어져 있는 여러 교회들(벧전 1:1)을 향해 성도들이 가져야 할 국가관을 설명했다.

> "인간에 세운 모든 제도를 '주를 위하여' 순복하되 혹은 위에 있는 왕이나 혹은 악행하는 자를 징벌하고 선행하는 자를 포장하기 위하여 그의 보낸 방백에게 하라"(벧전 2:13,14)

베드로는 여기서 성도들을 향해 세속국가와 통치자에게 복종하라고 말한다. 나아가 악한 자들을 징벌하고 선을 행하는 자들에게 상주기 위해 국가의 임무를 부여받은 관리들에게도 그렇게 하라고 했다. 이는 국가에 속한 시민으로서 성도들이 선택할 수 있는 사항이 아니라 당연히 순종해야 할 의무이다.

그런데 하나님의 백성들이 그렇게 해야 하는 까닭은 단순히 세속국가와 통치자들을 위해서가 아니다. 그것은 근본적으로 하나님과 그에 속한 백성들을 위해 그렇게 해야 하는 것이다.[41] 베드로가 특별히 언급한 '주를 위하여'(벧전 2:13) 인간이 세운 모든 제도, 곧 국가에 순복하라고

---

41) 우리는 이에 대한 이해를 위해 예수님과 사도들이 활동하던 1세기를 살펴볼 수 있다. 당시 배도한 유대인들은 예수님과 그를 따르던 성도들을 죽이고 박해하기 위해 혈안이 되어 있었다. 그 결과 수많은 성도들을 죽였다. 그들은 예수님을 죽였으며, 야고보와 스데반을 죽였다. 뿐만 아니라 베드로와 바울 같은 사도들을 죽이기 위해 온갖 음모를 다 꾸몄다. 악한 유대인들이 하나님의 백성들을 함부로 죽이지 못하도록 한 자들은 로마제국의 권력자들이었다. 그러나 아이러니하게도 그들은 나중에 교회를 핍박하지만, 그럴 때도 국가 이외의 다른 세력이 사사롭게 성도들을 해치지 못하게 하는 공권력을 지니고 있었다.

한 것은 우리에게 매우 중요한 의미를 지닌다. 이에 대해서는 우리가 여간 주의를 기울여 생각하지 않으면 안 된다.

성경은 우리에게 국가에 대한 무조건적인 충성을 요구하지 않는다. 즉 세속국가와 통치자에게 무조건 복종하며 충성을 다하는 것이 하나님의 복음을 아는 성도의 도리인 것은 아니다. 성도들이 하나님의 뜻에 따라 겸손한 자세로 세속국가와 통치자의 정당한 공권력에 복종하는 것은 근본적으로 하나님을 위해서라는 사실을 기억해야 한다.

2) 세속국가가 부과하는 세금에 관한 성도의 자세

사도 바울은 국가의 권력에 복종해야 한다는 교훈과 더불어 국가에서 부과하는 세금에 관한 언급을 하고 있다. 하나님의 교회에 속한 성도들은 성실한 납세의무를 다해야 한다. 이는 국가와 그에 속한 시민으로서의 관계로 말미암는 것이며, 특별한 종교적 이념이나 정치체제와 무관하다. 즉 국가가 지향하는 정치이념과 종교정책 여부와 상관없이 기독교인들은 국가가 부과한 세금을 성실하게 납부해야 하는 것이다.

사도교회 시대의 로마제국은 일반 유대인들의 심한 견제의 대상이었다. 그러므로 로마 황제에게 세금을 바치는 것은 항상 민감한 문제가 되어 있었다.[42] 즉 이스라엘 민족을 강점하여 박해하는 로마제국에 성실한 납세의무를 다한다는 것은 소극적인 이적행위利敵行爲가 되는 것으로 볼 수 있기 때문이다.

그런데 바울은 성도들에게 로마제국에 대한 납세를 적극적으로 요청하고 있다. 그것은 단순한 권면이 아니며 명령보다 강한 어조였다. 바울

---

42) 유대인들의 눈에는, 예수님과 그의 제자들은 유대왕국을 위해서 십일조를 바치는 것은 율법적인 의무가 아닌 듯이 말하면서 로마제국에 바치는 세금에 대해서는 강조하는 것같이 보였을 것이다.

은 세속국가에 대한 납세가 마땅한 의무이며 그것을 행하지 않는 것은 하나님의 뜻에 위배된다고 말했던 것이다. 유대 민족주의자들의 눈에는 그것이 배신행위로 비쳐질 수밖에 없었다.

예수님께서도 세속국가에 바치는 세금 문제를 언급하신 적이 있다. 어느날 예수님을 시험하는 유대인들이 그를 올무에 걸리게 할 목적으로 민감한 질문을 했다. 로마 황제에게 세금을 바치는 것이 과연 옳은 것이냐 하는 문제였다. 예수님이 그렇게 하는 것이 옳다고 하면 반유대적인 인물로 내몰릴 우려가 있으며, 그렇게 하지 말고 하면 반로마적인 인물로 내몰릴 수 있었다. 물론 예수님은 그런 식의 민족주의적 이념을 가진 분이 아니었다. 유대인들의 질문을 받은 예수님은 곧바로 그에 대한 답변을 하셨다.

"우리가 가이사에게 세를 바치는 것이 가하니이까 불가하니이까 하니 예수께서 그 간계를 아시고 가라사대 데나리온 하나를 내게 보이라 뉘 화상과 글이 여기 있느냐 대답하되 가이사의 것이니이다 가라사대 그런즉 가이사의 것은 가이사에게, 하나님의 것은 하나님께 바치라 하시니 저희가 백성 앞에서 그의 말을 능히 책잡지 못하고 그의 대답을 기이히 여겨 잠잠하니라"(눅 20:22-26)

예수님은 유대인들의 질문을 받고 로마제국의 화폐에 새겨진 황제의 화상畵像과 로마의 글귀를 가리키며 그것이 누구의 것인가 묻고 그 주인인 황제에게 세금을 바치라고 말했다. 이는 유대인들뿐 아니라 기독교인을 포함한 모든 시민들은 로마제국에 납세의무를 성실히 행해야 한다는 사실을 말해주고 있다.

예수님의 말씀을 들은 유대인들은 감히 그의 가르침을 책잡지 못했다. 그렇다고 해서 그들이 예수님의 교훈을 긍정적으로 받아들인 것으로 보이지는 않는다. 단지 하나님의 아들 메시아라고 주장하며 새로운 왕국 설립을 계획하고 있다는 예수님이 로마 황제에게 세금을 내라고 하는 것에 대해 이해하지 못한 자들이 다수 있었던 것으로 보인다. 또한 자기를 시험하는 자들이 그 문제를 더 이상 확대하지 못하도록 한 그의 지혜에 놀랐던 것이다.

이에 관한 교훈은 우리를 비롯한 신약시대의 모든 성도들이 주의깊게 받아들여야 한다. 즉 이 가르침은 당시 예수님의 주변에 있던 유대인들과 그의 제자들에게만 해당되는 것이 아니었다. 그러므로 사도 바울은 로마에 살고 있던 성도들에게 국가에 바쳐야 할 세금에 관해 예수님과 동일한 교훈을 주고 있는 것이다.

> "너희가 조세를 바치는 것도 이로 말미암음이라 그들이 하나님의 일꾼이 되어 바로 이 일에 항상 힘쓰느니라 모든 자에게 줄 것을 주되 조세를 받을 자에게 조세를 바치고 관세를 받을 자에게 관세를 바치고 두려워할 자를 두려워하며 존경할 자를 존경하라"(롬 13:6,7)

하나님의 자녀들이 세속국가에 성실한 자세로 납세의무를 다해야 하는 이유는 국가의 부강을 위한 것이 일차적인 목적이 아니다. 그것은 국가의 통치자들이 하나님의 일꾼이 되어 국가의 질서유지와 더불어 국가정책을 수행하게 되며, 그 가운데 있는 하나님의 자녀들을 비롯한 일반 백성들이 그로 인해 기본적인 삶을 보호받게 되기 때문이다. 그들은 하나님의 일꾼이 되어 하나님의 일을 대행하는 자들이므로 우리는 그들의 직무수행을 위해 성실하게 세금을 납부해야 한다.

바울은 또한 여기서 특별히 탈세를 하지 말아야 한다는 뉘앙스를 지닌 내용을 언급하고 있다. 그가 '두려워할 자를 두려워하라'고 말한 것은 그런 의미를 담고 있는 것으로 보인다. 하지만 우리 시대의 성도들이 실제로 현실적 조세법에 따라 그대로 적용하기란 결코 쉽지 않다. 원리에 대한 공평성을 따지지 않고 무조건 납세의무를 완벽하게 이행해야 하는가 하는 문제는 여전히 우리에게 어려운 숙제로 남는다.

그리고 세금 문제는 우리에게 매우 중요한 점을 시사해주고 있다. 그 것은 국가가 해야 할 일과 교회가 할 일이 따로 분리되어 있음을 말하고 있기 때문이다. 원칙적인 측면에서 본다면 국가는 교회의 신앙적인 정당한 일을 간섭하거나 제재하지 말아야 한다. 그리고 교회는 국가가 감당해야 할 일을 교회 안으로 끌어들이려 해서는 안 된다.

이에 관한 이해를 돕기 위해 요즘 한국교회에서 유행하고 있는 교회의 복지사업을 예로 들어 설명할 수 있다. 현대의 많은 교회들은 노인복지, 장애인복지, 여성복지, 아동복지 등을 위해 조직을 구성하고 시설을 마련하는 것을 보게 된다. 그에 매진하는 자들은 그것이 곧 교회가 행해야 하는 일인 양 크게 착각하고 있다.

그러나 그런 사회복지사업과 연관되는 일들은 하나님의 교회가 직접할 일이 아니다.43) 교회가 할 일은 하나님을 예배하고 말씀을 선포하며 성도들간의 교회적 구제를 통해 말씀에 조화되는 순수한 신앙공동체를 세워나가는 것이다. 그 교회는 예수 그리스도께서 십자가에 달려 피로 값 주고 사신 단체로서 세상과 구별되는 거룩한 공동체이다. 교회가 고유한 위치에서 벗어나게 되면 세속화 되어 타락하게 된다.

그러므로 교회는 아무리 순수한 의도라 할지라도 사회복지사업에 관계된 일을 직접 주도하려는 것은 바람직하지 않다. 그대신 교회에 속한 모든 성도들은 개별적으로 세속국가의 정책을 통해 그 일을 잘 감당할 수 있도록 성실하게 도와주어야 한다. 그에 대한 중요한 방편이 곧 성실한 납세의무를 다하는 것이다.

이제 그에 대한 좀더 구체적인 이유를 생각해 볼 필요가 있다. 국가는 그런 일을 수행하면서 나름대로의 정책과 더불어 공평한 원칙을 가지고 복지사업에 임할 수 있다. 우리나라를 예로 든다면 국가가 노인 복지정

---

43) 이광호, 『열매맺는 신앙생활』(서울: 도서출판 칼뱅, 2007), pp.54-57 참조.

책을 펴면서 전체적으로 살펴 국가의 도움을 필요로 하는 모든 노인들에게 고른 혜택이 돌아가게 한다. 장애인복지, 여성복지, 아동복지에 대해서도 마찬가지다. 국가는 백성들이 낸 세금을 기본적인 재원으로 하여 어려운 약자들을 돕게 되는 것이다.

하지만 교회가 그 일을 수행하게 되면 결코 공평한 혜택을 줄 수 없다. 눈에 띄는 사람들은 상당한 혜택을 받게 되지만 그렇지 못한 어려운 사람들에게는 그로 인해 더욱 심한 소외감을 안겨줄 수 있다. 더구나 그런 것을 종교적인 포교의 수단으로 삼으려 한다면 심각한 문제를 야기하게 된다.

거기에는 이미 진정한 순수성이 결여되어 있다. 교회가 사회복지를 앞세워 좋은 일을 하는 듯 생색을 낸다는 것은 결코 바람직하지 않다. 나아가 만일 교회로부터 복지혜택을 입은 사람들이 그에 보답하는 태도로 교회에 출석하게 되면 교회의 순수성을 해칠 우려마저 없지 않다.

그러므로 교회는 직접 그런 복지사업을 하려 할 것이 아니라 성도들의 성실한 납세를 통해 국가로 하여금 그 일을 감당할 수 있도록 도와주어야 한다. 즉 교회와 성도들은 국가를 통해 간접적으로 그에 참여하게 된다. 그렇게 함으로써 국가가 공평한 복지사업을 하도록 도와주고 교회는 하나님 앞에서의 본연의 사역을 감당하게 되는 것이다.

3) 국가법과 교회법의 관계

국가법과 교회법 사이에는 역사 가운데 항상 심한 갈등을 빚어 왔다. 그럼에도 불구하고 앞에서 언급한 것처럼 하나님의 성도들은 세속국가의 권력에 복종해야 한다. 그리고 국가가 부과하는 세금을 성실하게 납부해야 한다. 그러므로 사도시대와 초대교회 시대의 성도들은 국가의 권력에 복종했으며 성실한 납세의무를 다했다.

그렇다면 교회에 속한 과거 믿음의 선배들은 세속국가의 모든 법들을 무조건 잘 지켰던가? 그것은 결코 그렇지 않다. 국가에 대한 의무를 다 하고자 애썼던 성도들도 국가의 모든 법을 그대로 지켰던 것은 아니다.

예를 들어 초대 교회는 로마제국의 통치아래 있는 성도들에게 황제승배를 허락하지 않았다. 하나님의 자녀들은 모진 박해를 무릅쓰고 기독교 신앙을 금지하는 세속국가의 법을 어기며 그에 강력하게 저항했다. 나아가 로마제국의 권력이 다른 사람들에게 복음을 전파하는 행위를 금했지만 교회는 그 일을 게을리 하지 않았다.

이에 대해서는 신약시대의 모든 교회들과 마찬가지로 오늘날 우리 시대의 교회 역시 그렇다. 현대에는 법적으로 복음전파를 금지하는 국가들이 많이 있다. 다수의 이슬람 국가들은 기독교 복음을 증거하는 것을 원천적으로 금하고 있다. 이는 비단 이슬람교뿐 아니라 다른 이방종교를 신봉하는 국가들 가운데도 그런 예는 많다. 또한 종교적인 문제로 인한 것이 아니어도 정치적 이유로 인해 복음을 전파하는 것을 법적으로 금지하는 나라들도 있다.

그런데 그런 국가에 살고 있는 성도들은 국법을 지키기 위해 예수를 믿지 않아야 하는가? 다른 지역 출신의 성도들은 국가법으로 복음전파를 금지하고 있는 그들에게 복음을 전해서는 안 되는가? 교회는 저들의 언어로 성경을 번역하고 저들이 읽을 수 있는 책들을 펴내는 행위를 하지 말아야 하는가?

우리가 알 수 있는 것은 성경이 복음전파를 금하는 지역에 살면서 신앙을 지키는 성도들을 격려하고 있다는 사실이다. 성경은 성도들에게 세속국가의 법을 어기고 더욱 힘써 하나님의 말씀에 순종하라고 한다. 나아가 교회는 저들에게 복음을 선포하지 않을 것이 아니라 도리어 저들에게 복음을 들을 수 있는 기회를 제공해야 함을 명령하고 있다.

이외에도 구체적인 내용들을 살펴본다면 세속국가의 법과 교회법이 서로 충돌하는 부분이 많을 것이다. 그럴 경우 성도들은 당연히 세속법이 아니라 하나님의 말씀에 순종하며 건전한 교회법을 따라야 한다. 그렇게 하다보면 교회에 속한 성도들은 세속국가의 법을 어기게 됨으로써 처벌을 피할 수 없게 된다.

그러므로 초대교회의 성도들은 세속국가의 위협을 피해 카타콤 catacomb에 숨기도 하고 이리저리 유리하기도 했다. 그들은 하나님의 법을 따르기 위해 세속국가가 제시하는 법령과 타협하지 않았다. 그들은 진리를 위해 자신의 귀중한 생명을 내어놓았으며 고난받는 삶을 선택했던 것이다.

교회와 성도들은 결코 국가법을 지키기 위한 목적으로 교회법에 불순종하는 행위를 해서는 안 된다. 우리는 이에 대한 올바른 이해를 해야만 한다. 교회에 속한 성도들이 세속국가의 제도적 권세에 복종하며 세금을 성실하게 납부하는 것은 근본적인 측면에서 보아 국가 자체가 아니라 하나님과 그의 백성들을 위해서이다.

그러므로 국가 권력에 복종하고 납세를 하는 것은 하나님과 그의 몸 된 교회를 위한 성도들의 기본적인 의무사항이다. 하지만 하나님의 말씀에 위배되고 참된 신앙에 반하는 법으로서 하나님께 불순종하는 내용이라면 당연히 세속국가법을 지키지 말아야 한다. 따라서 국가법을 무조건 성실하게 지키는 것 자체가 올바른 신앙인의 자세인 것은 아니다.

제15장
종말에 임박한 성도들에게 요구되는 삶

(롬 13:8-14:6)

(로마서 13:8-14:6)

13:8 피차 사랑의 빚 외에는 아무에게든지 아무 빚도 지지 말라 남을 사랑하는 자는 율법을 다 이루었느니라

13:9 간음하지 말라, 살인하지 말라, 도적질하지 말라, 탐내지 말라 한 것과 그 외에 다른 계명이 있을지라도 네 이웃을 네 자신과 같이 사랑하라 하신 그 말씀 가운데 다 들었느니라

13:10 사랑은 이웃에게 악을 행치 아니하나니 그러므로 사랑은 율법의 완성이니라

13:11 또한 너희가 이 시기를 알거니와 자다가 깰 때가 벌써 되었으니 이는 이제 우리의 구원이 처음 믿을 때보다 가까왔음이니라

13:12 밤이 깊고 낮이 가까왔으니 그러므로 우리가 어두움의 일을 벗고 빛의 갑옷을 입자

13:13 낮에와 같이 단정히 행하고 방탕과 술 취하지 말며 음란과 호색하지 말며 쟁투와 시기하지 말고

13:14 오직 주 예수 그리스도로 옷 입고 정욕을 위하여 육신의 일을 도모하지 말라

14:1 믿음이 연약한 자를 너희가 받되 그의 의심하는 바를 비판하지 말라

14:2 어떤 사람은 모든 것을 먹을 만한 믿음이 있고 연약한 자는 채소를 먹느니라

14:3 먹는 자는 먹지 않는 자를 업신 여기지 말고 먹지 못하는 자는 먹는 자를 판단하지 말라 이는 하나님이 저를 받으셨음이니라

14:4 남의 하인을 판단하는 너는 누구뇨 그 섰는 것이나 넘어지는 것이 제 주인에게 있으매 저가 세움을 받으리니 이는 저를 세우시는 권능이 주께 있음이니라

14:5 혹은 이 날을 저 날보다 낫게 여기고 혹은 모든 날을 같게 여기나니 각각 자기 마음에 확정할지니라

14:6 날을 중히 여기는 자도 주를 위하여 중히 여기고 먹는 자도 주를 위하여 먹으니 이는 하나님께 감사함이요 먹지 않는 자도 주를 위하여 먹지 아니하며 하나님께 감사하느니라

제15장 _ 종말에 임박한 성도들에게 요구되는 삶

(롬 13:8-14:6)

1. 사랑은 율법의 완성

사도 바울은 로마의 성도들에게 피차 사랑의 빚 외에는 아무에게도 다른 빚을 지지 말라고 했다(롬 13:8). 빚이란 남에게 반드시 갚아야 하는 부채를 의미한다. 그것은 경제 용어로서 권리에 해당하는 것이 아니라 마땅히 이행해야만 할 의무이다.

하나님의 자녀로서 우리가 다른 사람들에게 갚아야 할 재정적인 빚이 있는가? 만일 그것을 아무런 해명없이 오랫동안 방치한다면 저들로 하여금 내가 빚을 갚기를 애타게 기다리게 하는 것이다. 우리가 저들에게 갚아야 할 빚이 있다면 그들이 기다리기에 지치지 않도록 빨리 그 빚을 갚아야만 한다. 그 의무를 이행하지 않는다면 형제를 괴롭히는 것이 된다.

그런데 사도 바울은 우리가 아무리 갚아도 다 갚지 못할 중요한 빚이 남아 있는 것으로 말하고 있다. 이는 내가 받을 빚이 아니라 반드시 갚아야 할 빚이다. 그것은 채권이 아니라 무형의 채무에 해당되는 것이다.

바울은 그것을 '사랑의 빚'이라고 표현했다.44) 이는 단번에 갚으면 끝나는 것이 아니라 끊임없이 갚아야 할 빚이다.

우리가 여기서 잘 생각해야 할 것은 그 채무가 모든 성도들에게 부과되어 있다는 사실이다. 그러므로 하나님의 자녀들은 서로간 사랑의 빚을 갚기 위해 최선을 다해야 한다. 바울이 성도들을 향해 서로 사랑하라고 한 것은 그런 의미를 지닌다.

> "피차 사랑의 빚 외에는 아무에게든지 아무 빚도 지지 말라 남을 사랑하는 자는 율법을 다 이루었느니라"(롬 13:8);
> "Owe no man any thing, but to love one another: for he that loveth another hath fulfilled the law"(Rom.13:8, KJV)

우리는 바울이 한 이 말을 매우 냉철하게 생각해야 한다. 바울은 로마의 교회를 향해 이 교훈을 주면서 매우 중요한 의미를 부여하고 있기 때문이다. 이 본문 가운데서 '남을 사랑하는 자는 율법을 다 이루었다'고 한 말은 과연 무슨 뜻을 지니고 있는가?

이 말은 개별적으로 다른 사람을 사랑하는 자는 개인적으로 율법을 다 이루었다고 하는 의미가 아닌 것은 분명하다. 이는 이웃을 향한 개인적인 사랑의 감정에 머물지 않는다. 바울이 한 이 말 가운데는 교회적인 의미가 내포되어 있다. 즉 교회의 온 성도들이 전체적으로 받아들여 순종해야 할 의무가 있는 것이다.

위에 영어성경을 통해 소개한 대로 다른 아무 빚도 지지 않고 서로 사

---

44) 이 사랑의 빚은 의무로서의 사랑을 일컫는다. 즉 인간의 욕망으로부터 발생하는 사랑과 구별된다. 인간들의 마음에서 나오는 사랑은 대개 욕망으로 인한 것이다. 그 사랑은 자기가 할 만하며 하고 싶기 때문에 하는 것이다. 즉 자기가 그렇게 하고자 하는 마음이 없는데도 할 수 있는 사랑이 아니다. 그러나 여기서 말하는 사랑이란 사랑하고자 하는 욕망이 일어나지 않아도 그렇게 해야만 하는 의무로서의 사랑이다. 부부간의 사랑과 가족간의 사랑은 어느 정도 의무적인 사랑에 연관된다. 부부와 가족간에는 설령 사랑하고자 하는 마음이 일어나지 않더라도 사랑해야만 하는 특수한 관계가 형성되어 있기 때문이다.

랑한다면 그것이 율법을 이룬 증거가 된다. 교회에 속한 성도들이 서로 사랑한다는 것은 개별적 의미가 아니라 공동체로서 집단적인 의미를 지닌다. 즉 개개인 성도들의 삶을 통해 교회 가운데 드러나는 예수 그리스도의 사랑은 구약의 모든 율법이 성취된 결과이다.

사도 바울은 그것을 설명하기 위해 구약에 기록된 율법을 언급하고 있다. 모세가 받은 언약인 십계명의 여러 부분을 제시하면서(롬 13:9) 그것이 그리스도로 인해 성취된 사실과 연결지어 말했다. 그러한 것들이 곧 교회를 통해 이루어지는 율법의 완성을 보여주고 있다는 것이다.

이에 대해서는 예수께서도 율법의 완성에 관한 의미를 설명하면서 자신이 그 중심에 서 계신다는 사실을 말씀하셨다. 간음, 살인, 도둑질, 탐심 등 모든 것들을 율법이 금한 것은 언약 백성인 이스라엘 민족의 순결을 요구하는 표식이다. 그 가운데 하나님의 아들이신 메시아가 강림하시게 된 것이다. 그러므로 하나님의 몸된 교회 안에서 성도들을 사랑하는 자리에 있다는 사실은 율법이 완성된 것을 의미하고 있다.

또한 예수님은 율법의 완성과 사랑의 관계에 대한 교훈을 하셨다. 예수님을 궁지에 빠뜨리기 위해 시험하던 바리새인들이 그에게 찾아와 율법 중에 어느 것이 가장 크냐고 물었던 적이 있다. 물론 그들은 예수님으로부터 진리의 말씀을 듣고자 했던 것이 아니라 그를 시험하기 위한 목적을 가지고 있었다. 그때 예수님은 저들에게 그에 대한 답변을 하셨다.

"예수께서 가라사대 네 마음을 다하고 목숨을 다하고 뜻을 다하여 주 너의 하나님을 사랑하라 하셨으니 이것이 크고 첫째 되는 계명이요 둘째는 그와 같으니 네 이웃을 네 몸과 같이 사랑하라 하셨으니 이 두 계명이 온 율법과 선지자의 강령이니라"(마 22:37-40)

예수님의 이 말씀은 악한 유대인들에게 하신 답변이었으나 실상은 그 자리에 함께 있던 제자들을 위한 것이었다. 유대인들은 주님의 말씀을 들은 후 그것을 곧 버렸지만 제자들은 마음에 깊이 새기지 않을 수 없었다. 이는 사실 지상에 세워진 교회의 본질적인 기초가 되는 말씀이다. 예수께서 하나님과 이웃을 사랑함에 대해 말씀하셨던 것은 하나님의 몸된 교회 안에서 이루어져야 할 내용이다.

하나님을 사랑하는 것은 단순히 인간적인 판단과 감정에 의해 이루어지지 않는다. 그것은 오로지 기록된 하나님의 말씀과 성령을 통해 가능한 일이다. 이와 마찬가지로 이웃을 자기 몸과 같이 사랑하는 것은 인간들의 결단이나 선행으로 말미암아 이루어지지 않는다. 그것은 십자가에 달리신 예수 그리스도의 사역과 그의 몸을 통해 이루어지게 된다. 예수님은 하나님과 이웃에 대한 온전한 사랑을 요구하시면서 그것이 구약성경에 기록된 율법과 선지자의 강령이라고 말씀하고 계신다.

이 모든 것들은 오순절 성령께서 강림하심으로 세워진 교회를 통해 구체적으로 이루어지게 된다. 사도 바울이 로마에 있는 교회와 성도들에게 했던 말도 이와 동일하다. 우리는, '이웃을 사랑하는 자가 하나님의 모든 율법을 다 이룬 것'(롬 13:8)이라고 말하는 바울의 깊은 의도를 잘 읽을 수 있어야 한다.

2. 항상 깨어 각성해야 할 성도들

하나님께서 거룩한 피로 값 주고 사신 교회는 항상 종말의 시대에 처해 있다. 그러므로 그에 속한 모든 성도들은 늘 깨어 있어야 한다. 세상은 마치 피를 흘리며 싸우는 영적 전쟁터와 같다. 잠시라도 신앙의 자세가 흐트러져 마음이 느슨해지면 원수들이 우리를 노리게 된다.

만일 전투 중에 있는 군인이 정신을 바짝 차리지 않고 태만하다면 어떻게 될까? 나아가 전쟁을 치르고 있는 국가의 모든 군인들이 정신적 해이에 빠져 있다면 그 나라는 과연 어떻게 될까? 자신의 욕망을 이기지 못하고 절제하지 않는다면 그들이 패배하여 멸망하게 될 것은 불을 보듯 뻔한 일이다.

그러므로 사도 바울은 로마 교회에 편지하면서 때를 분명히 분별해야 만 한다는 사실을 강조하고 있다. 나아가 정신을 빠짝 차려 깨어있지 않으면 안 된다고 말한다. 하나님의 심판날이 점차 가까워지게 됨으로써 사탄의 세력이 더욱 기승을 부리게 된다는 것이다.

사도 베드로 역시 그와 동일한 교훈을 주고 있다. 베드로는 그의 서신에서 하나님의 교회를 대적하는 마귀가 우는 사자같이 두루 다니며 성도들을 미혹하고 있음을 언급했다. 이는 세상에 존재하는 모든 교회와 성도들이 처한 형편이다. 즉 이 세상을 살아가면서 안심하고 세상이 주는 평화를 노래할 성도들은 아무도 없다.

> "근신하라 깨어라 너희 대적마귀가 우는 사자 같이 두루 다니며 삼킬 자를 찾나니 너희는 믿음을 굳게 하여 저를 대적하라 이는 세상에 있는 너희 형제들도 동일한 고난을 당하는 줄을 앎이니라"(벧전 5:8,9)

베드로는 이 말씀 가운데서 하나님의 자녀들은 교회와 세상 사이에 일어나는 본성적 충돌을 피할 수 없음을 말하고 있다. 하나님을 대적하는 마귀가 마치 우는 사자같이 성도들을 미혹해 집어삼키려 발악을 한다. 그러므로 교회와 성도들은 믿음으로써 악한 마귀를 대적해야 한다. 하지만 하나님의 백성들은 이 세상에서 승리를 쟁취하는 것이 아니라 도리어 심한 고난을 당하게 된다.

우리는 혹시 이 세상의 악한 속성에 대해 착각을 하고 있지는 않은가? 우리가 살아가고 있는 세상은 영적 전투의 현장임에도 불구하고 오히려 그곳을 안식처로 삼으려 하는 것은 아닌가? 대적 마귀가 마치 우는 사자처럼 설쳐대는 세상에서 그와 친하게 지내기 위해 온갖 노력을 다하지는 않는가? 피가 튀기고 사람이 죽어가는 마당에 우리는 조용히 눈을 감고 낭만적인 환상과 착각에 빠져 영적인 현실을 망각해서는 안 된다. 그것은 곧 죽음의 길과 연결되어 있기 때문이다.

더군다나 사탄은 때로 자신의 악한 모습을 숨긴 채 교묘한 수법으로 변장하여 성도들에게 접근한다. 무서운 이리가 양의 탈을 쓰고 성도들을 미혹하는 것과 동일한 수법이다. 그러므로 바울은 고린도 교회에 편지하면서 그점을 강조하고 있다.

> "저런 사람들은 거짓 사도요 궤휼의 역군이니 자기를 그리스도의 사도로 가장하는 자들이니라 이것이 이상한 일이 아니라 사단도 자기를 광명의 천사로 가장하나니 그러므로 사단의 일꾼들도 자기를 의의 일꾼으로 가장하는 것이 또한 큰 일이 아니라 저희의 결국은 그 행위대로 되리라"(고후 11:13–15)

하나님의 백성들은 정신을 바짝 차려 진리와 거짓을 분별하지 않으면 안 된다. 따라서 바울은 로마의 교회와 성도들을 향해 깊은 밤이 지나가고 이제 날이 샐 때가 되었음을 언급하고 있다(롬 13:11). 그리스도의 재림과 심판의 때가 가까워져 오고 있으니, 거룩한 교회에 속한 성도들은 모든 어두움의 행실을 버리고 빛의 갑옷을 입어야 한다는 사실을 강조했다.

하나님의 자녀들은 그렇게 함으로써 빛 가운데 행하듯이 단정히 행하여 방탕하고 음란한 행위를 버려야 한다. 그리고 세상의 더러운 욕망을 채우기 위해 다른 사람과 다투거나 시기하는 미숙한 행동을 하지 말아야 한다. 하나님의 몸된 교회에 속한 성도들은 오직 거룩하신 예수 그리스도로 옷 입음으로써 자신의 욕망이 아니라 하나님의 나라와 그의 뜻을 추구하기 위해 최선을 다할 따름이다.

사도 바울은 에베소에 있는 교회에 편지하면서도 그점을 매우 강조하고 있다. 성도들이, 미혹하는 사탄과 악의 세력에 저항해 싸우기 위해서는 그에 적합한 무장을 해야만 한다. 갑옷과 투구를 비롯한 장비를 갖추고 방어준비를 해야 하며 적을 공격하기 위한 확실한 무기를 손에 들고 있어야 하는 것이다.

> "종말로 너희가 주 안에서와 그 힘의 능력으로 강건하여지고 마귀의 궤계를 능히 대적하기 위하여 하나님의 전신갑주를 입으라 우리의 씨름은 혈과 육에 대한 것이 아니요 정사와 권세와 이 어두움의 세상 주관자들과 하늘에 있는 악의 영들에게 대함이라 그러므로 하나님의 전신갑주를 취하라 이는 악한 날에 너희가 능히 대적하고 모든 일을 행한 후에 서기 위함이라 그런즉 서서 진리로 너희 허리띠를 띠고 의의 흉배를 붙이고 평안의 복음의 예비한 것으로 신을 신고 모든 것 위에 믿음의 방패를 가지고 이로써 능히 악한 자의 모든 화전을 소멸하고 구원의 투구와 성령의 검 곧 하나님의 말씀을 가지라"(엡 6:10-17)

바울은 교회와 성도들이 사탄의 세력에 저항해 싸우는 전투에 관한 언급을 하면서 우리가 싸우는 대상은 지상에 존재하는 혈과 육에 관련된 것을 넘어 외부에서 공격해 들어오는 사탄이 주관하는 어두움의 세력이라는 사실을 말하고 있다. 그들은 육안으로 볼 수 없는 무서운 영적인 세력이다.

그런 무모한 원수들과 싸우기 위해서는 그에 적합한 준비를 하지 않으면 안 된다. 힘 있는 대적들에 맞서 싸우려면 기초체력을 갖추는 것은 기본이다. 이는 하나님의 말씀에 대한 기본적인 깨달음과 이해를 말한다. 기초체력이 약한 상태에서는 아무리 좋은 갑옷과 무기가 있다 해도 무용지물이 될 수밖에 없다. 따라서 바울은 성도들에게 튼튼한 체력을 갖춘 바탕 위에 철저한 무장을 하도록 구체적으로 지시하고 있다.

사도 바울은 우선 모든 성도들이 교회에 속한 군인이라는 사실을 언급하고 있다. 그들은 하나님의 전신갑주를 입어야 한다. 이는 인간들이 스스로 만들어 입는 갑옷이 아니라 하나님으로부터 제공되는 것이다. 그 갑옷 위에 진리로 된 허리띠를 매야 한다. 갑옷을 자기의 몸에 맞도록 띠를 매어 행동하기에 거추장스럽지 않게 하는 것이다.

그리고는 가슴에 의의 흉배를 붙여야 한다. 이는 하나님의 의로 가슴 막이를 해야 함을 의미한다. 적군이 날카로운 무기로 심장을 겨냥해 공격해 올지라도 하나님으로 말미암는 의가 그것을 막아주게 된다. 그리고 양쪽 발에는 복음의 군화를 신고 머리에는 구원의 투구를 써야 한다. 그런 다음 한 손에는 믿음의 방패를 들고 다른 한 손에는 성령의 검 곧 하나님의 말씀을 들고 전투에 임해야 한다.

이렇게 하여 완전무장을 함으로써 성도들은 하나님의 편에서 싸우는 용맹한 군인의 모습을 갖추게 된다. 이것이 곧 지상에서 살아가는 성도들의 결연한 모습이다. 우리가 유념해야 할 바는 교회란 사탄의 세력에 맞서 전투하는 신령한 조직이며, 교회에 속한 성도들은 완전무장한 영적인 모습을 갖춘 용맹한 군인이라는 사실이다. 공격해 오는 적을 맞아 싸워야 할 군인들이 정신적 해이에 빠져 스스로 무장을 해제하면 패망할 수밖에 없다. 우리가 이런 처절한 싸움을 싸워야 하는 이유는 하나님께서 허락하시는 완전한 승리를 바라보기 때문이다.

그런데 우리 시대의 교회 현실은 어떠한가? 그리고 그리스도의 군사로서 전투에 임하는 우리의 정신 자세는 어떤가? 과연 우는 사자와 같이 우리를 사납게 위협하고 있는 악한 세력에 대한 올바른 인식을 하고 있는가? 우리는 현대의 안일함에서 벗어나야 한다. 참된 교회는 보이지 않는 세상의 세력과 결연한 자세로 맞서 싸워야 한다. 그것을 위해 하나님의 말씀이 요구하는 전신갑주를 입고 믿음의 방패와 공격의 무기인 예리한 말씀의 검을 손에 굳게 잡고 있지 않으면 안 된다.

3. '음식과 날'에 관한 문제

사도 바울은 성도들의 거룩한 영적 전투에 관한 언급을 한 후 믿음이 연약한 성도들에 관한 기록을 하고 있다. 믿음이 연약한 자를 교회가 받되 저의 의견을 함부로 비판하지 말라는 것이다(롬 14:1). 이는 윤리적인 행동과 그에 관한 견해를 말하는 것이 아니라 구약의 율법과 연관되어 있다.

우리는 바울이 말하는 '믿음이 연약한 자'와 우리가 직시해야 할 '믿음이 잘못된 자' 사이를 분명히 구분할 수 있어야 한다. 교회는 믿음이 연약한 자를 받되 믿음이 잘못된 자에 대해서는 함부로 받아들여서는 안 된다. 그러므로 믿음이 연약한 자의 의견을 함부로 비판해서는 안 되지만, 믿음이 잘못된 자의 왜곡된 교리는 비판없이 받아들일 수 없다.

그런데 바울은 왜 여기서 믿음이 연약한 자를 받아들이고, 그의 의견을 비판하지 말라고 했을까? 우리는 이에 대한 중요한 의미를 생각해야 한다. 그 말 가운데는 저가 앞으로 장성한 성도로 자라가야 할 성도임을 전제하고 있다. 이는 앞에서 언급된 교회가 이땅에서 행하는 거룩한 영적 전투와도 연관이 된다.

하나님의 교회에 속한 모든 성도들은 처음부터 믿음이 강했던 것이 아니다. 그런 자는 이 세상에 아무도 없다. 즉 교회에는 항상 믿음이 강한 사람들만 모여 있지 않다. 이 말은 교회에 출석한 기간의 오래됨과 종교적 경험의 풍부함을 의미하지 않는다. 그런 자들 가운데도 믿음이 연약한 자들은 얼마든지 있을 수 있다.

지상의 교회 가운데는 믿음이 연약하여 신앙이 어린 성도들이 항상 있기 마련이다. 이는 교회의 상속과 밀접하게 연관되는 의미를 지닌다. 믿음이 연약한 자들은 점차 믿음이 강해져서 또 다시 다음 세대의 믿음이 연약한 자들을 받아들여 돌보며 보호하게 된다. 이는 교회의 지속적인 상속을 의미하는 것이다.

바울은 믿음이 연약한 자에 대한 설명을 하기 위해 일반적인 사람의 경우를 비교하며 예로 들고 있다(롬 14:2). 어떤 사람은 모든 것을 먹고 소화시킬 만한 장성한 믿음이 있는가 하면 믿음이 연약한 자는 채소만 먹는다. 믿음이 성숙해서 단단한 모든 음식을 먹을 수 있는 자들은 그렇지 못한 자들을 업신여겨서는 안 된다. 그리고 채소만 먹는 자들은 소화 능력이 있어서 모든 것을 먹는 자를 비판하지 말아야 한다. 하나님께서 받아들이신 자를 인간의 판단기준에 따라 함부로 비판해서는 안 되기 때문이다.

바울은 그에 대한 말을 하면서 하나님의 종을 감히 누가 함부로 비판할 수 있느냐며 지적하고 있다. 주인이 마음을 먹으면 언제든지 그를 세울 수 있으며 그에 관한 모든 권능은 하나님께 달려 있다는 것이다. 이는 개인의 신앙적 경험이나 종교적 취향에 따라 다른 성도들을 함부로 평가하지 말라는 경고이다.

나아가 성경에 기록된 절기를 지키는 문제에 있어서도 그와 동일한 교훈을 하고 있다. 어떤 사람들은 절기에 따른 특별한 날을 더 의미 있는 것으로 받아들이고 다른 어떤 사람들은 모든 날을 동일하게 여긴다. 여기서 사람들이 어떤 날을 특별히 지키는 것은 일반적인 경우를 두고 하는 말이다. 그러므로 바울은 그에 대해 개인 성도들이 각각 확정하도록 권했다(롬 14:5). 즉 각자의 양심에 따라 하되 그에 대한 새로운 율법을 만들지 말라고 한 것이다.

바울이 이렇게 말한 것은 로마의 교회에 유대인 배경을 가진 성도들과 이방인 출신의 성도들이 섞여 있었기 때문이다. 이는 믿음이 연약한 성도들을 위한 배려였던 것으로 보인다. 사실 먹는 음식에 대해서는 그렇게 민감하게 반응할 필요가 없다. 바울은 골로새서에서 먹고 마시는 문제로 인해 문제될 것은 없다고 말했던 것이다.

"그러므로 먹고 마시는 것과 절기나 월삭이나 안식일을 인하여 누구든지 너희를 폄론하지 못하게 하라"(골 2:16)

물론 골로새 교회를 향해 쓴 편지에서 바울이 언급한 것은 유대주의 자들에 대한 경계를 염두에 둔 말이다. 하지만 바울은 구약의 율법적 개념에서 절기를 지키는 행위에 대해서는 철저하게 금했다. 그것을 율법 적으로 되풀이하여 지킨다는 것은 예수 그리스도께서 십자가 위에서 성취하신 구속사적 사역의 의미를 모른다는 뜻이다. 그러므로 바울은 갈라디아 교회를 향해 분명한 어조로 말했다.

> "이제는 너희가 하나님을 알뿐더러 하나님의 아신바 되었거늘 어찌하여 다시 약하고 천한 초등 학문으로 돌아가서 다시 저희에게 종노릇 하려 하느냐 너희가 날과 달과 절기와 해를 삼가 지키니 내가 너희를 위하여 수고한 것이 헛될까 두려워하노라"(갈 4:9-11)

율법적 개념에 따라 구약의 절기를 지킨다는 것은 약하고 천한 초등 학문으로 되돌아가는 것에 지나지 않는다.[45] 그것은 예수 그리스도의 복음을 온전히 알지 못하기 때문에 나타나는 현상이다. 사도 바울은, 자기가 전한 복음의 내용은 구약의 모든 율법이 그리스도를 통해 성취되었음을 증거하고 있는 것이라 밝히고 있다.

그럼에도 불구하고 바울은 로마의 성도들에게 절기와 음식문제에 관해 개개인 성도들로 하여금 확정하도록 했다. 이는 강압적이지 않은 과정을 통해 연약한 성도들의 믿음이 성숙하게 되어 악한 사탄의 세력과 맞서 싸우는 강인한 군인으로 자라가기를 원하는 사도의 마음을 보여준다. 이렇게 하여 역사상의 참된 교회들은 강한 믿음을 소유한 성도들을 통해 지속적으로 상속되어 가게 된다.

---

45) 우리는 여기서 매우 중요한 한 가지 사실을 기억해야 한다. 우리 시대에 누군가 율법적인 의무로서 '날과 달과 절기와 해'를 지킨다면 그것은 그리스도에 대한 깨달음이 없기 때문이다. 그러나 신약시대의 주일을 지키는 것을 여기서 말하는 '날'에 포함시켜서는 안 된다. 주일은 구약의 안식일 언약에 대한 성취의 의미를 지니고 있는 것이다. 그러므로 주일을 지키는 방법도 구약의 율법을 지키는 방법과는 사뭇 다르다. 주일은 곧 성도들을 위한 은혜의 날이기 때문이다.

제16장
하나님과 형제를 위한 성도들

(롬 14:7-15:13)

(로마서 14:7-15:13)

14:7 우리 중에 누구든지 자기를 위하여 사는 자가 없고 자기를 위하여 죽는 자도 없도다

14:8 우리가 살아도 주를 위하여 살고 죽어도 주를 위하여 죽나니 그러므로 사나 죽으나 우리가 주의 것이로라

14:9 이를 위하여 그리스도께서 죽었다가 다시 살으셨으니 곧 죽은 자와 산 자의 주가 되려 하심이니라

14:10 네가 어찌하여 네 형제를 판단하느뇨 어찌하여 네 형제를 업신여기느뇨 우리가 다 하나님의 심판대 앞에 서리라

14:11 기록되었으되 주께서 가라사대 내가 살았노니 모든 무릎이 내게 꿇을 것이요 모든 혀가 하나님께 자백하리라 하였느니라

14:12 이러므로 우리 각인이 자기 일을 하나님께 직고하리라

14:13 그런즉 우리가 다시는 서로 판단하지 말고 도리어 부딪힐 것이나 거칠 것으로 형제 앞에 두지 아니할 것을 주의하라

14:14 내가 주 예수 안에서 알고 확신하는 것은 무엇이든지 스스로 속된 것이 없으되 다만 속되게 여기는 그 사람에게는 속되니라

14:15 만일 식물을 인하여 네 형제가 근심하게 되면 이는 네가 사랑으로 행치 아니함이라 그리스도께서 대신하여 죽으신 형제를 네 식물로 망케 하지 말라

14:16 그러므로 너희의 선한 것이 비방을 받지 않게 하라

14:17 하나님의 나라는 먹는 것과 마시는 것이 아니요 오직 성령 안에서 의와 평강과 희락이라

14:18 이로써 그리스도를 섬기는 자는 하나님께 기뻐하심을 받으며 사람에게도 칭찬을 받느니라

14:19 이러므로 우리가 화평의 일과 서로 덕을 세우는 일을 힘쓰나니

14:20 식물을 인하여 하나님의 사업을 무너지게 말라 만물이 다 정하되 거리낌으로 먹는 사람에게는 악하니라

14:21 고기도 먹지 아니하고 포도주도 마시지 아니하고 무엇이든지 네 형제로 거리끼게 하는 일을 아니함이 아름다우니라

14:22 네게 있는 믿음을 하나님 앞에서 스스로 가지고 있으라 자기의 옳다 하는 바로 자기를 책하지 아니하는 자는 복이 있도다

14:23 의심하고 먹는 자는 정죄되었나니 이는 믿음으로 좇아 하지 아니한 연고라 믿음으로 좇아 하지 아니하는 모든 것이 죄니라

15:1 우리 강한 자가 마땅히 연약한 자의 약점을 담당하고 자기를 기쁘게 하지 아니할 것이라

15:2 우리 각 사람이 이웃을 기쁘게 하되 선을 이루고 덕을 세우도록 할지니라

15:3 그리스도께서 자기를 기쁘게 하지 아니하셨나니 기록된 바 주를 비방하는 자들의 비방이 내게 미쳤나이다 함과 같으니라

15:4 무엇이든지 전에 기록한 바는 우리의 교훈을 위하여 기록된 것이니 우리로 하여금 인내로 또는 성경의 안위로 소망을 가지게 함이니라

15:5 이제 인내와 안위의 하나님이 너희로 그리스도 예수를 본받아 서로 뜻이 같게 하여 주사

15:6 한 마음과 한 입으로 하나님 곧 우리 주 예수 그리스도의 아버지께 영광을 돌리게 하려 하노라

15:7 이러므로 그리스도께서 우리를 받아 하나님께 영광을 돌리심과 같이 너희도 서로 받으라

15:8 내가 말하노니 그리스도께서 하나님의 진실하심을 위하여 할례의 수종자가 되셨으니 이는 조상들에게 주신 약속들을 견고케 하시고

15:9 이방인으로 그 긍휼하심을 인하여 하나님께 영광을 돌리게 하려 하심이라 기록된 바 이러므로 내가 열방 중에서 주께 감사하고 주의 이름을 찬송하리로다 함과 같으니라

15:10 또 가로되 열방들아 주의 백성과 함께 즐거워하라 하였으며

15:11 또 모든 열방들아 주를 찬양하며 모든 백성들아 저를 찬송하라 하였으며

15:12 또 이사야가 가로되 이새의 뿌리 곧 열방을 다스리기 위하여 일어나시는 이가 있으리니 열방이 그에게 소망을 두리라 하였느니라

15:13 소망의 하나님이 모든 기쁨과 평강을 믿음 안에서 너희에게 충만케 하사 성령의 능력으로 소망이 넘치게 하시기를 원하노라

제16장 _ 하나님과 형제를 위한 성도들

(롬 14:7-15:13)

1. 그리스도와 일치된 성도의 삶

사도 바울은 기독교 신앙을 가진 것을 떳떳하게 밝히고 있는 우리로 하여금 심히 부끄러움을 느끼도록 하는 말을 하고 있다. 하나님을 믿는 성도들 가운데 자신을 위해 살거나 자신을 위해 죽는 자가 아무도 없다는 언급을 하고 있기 때문이다. 오늘날 우리는 과연 그런가? 우리 가운데 바울의 이 말을 따라 고백할 수 있는 사람이 있겠는가?

필자는 바울이 기록한 것처럼 오직 주를 위해 산다고 말할 자신이 전혀 없다. 도리어 자신을 위해 안간힘을 다해 살아간다는 것이 우리의 솔직한 모습 그대로 아닌가? 그런데 바울은 그에 대해 아무런 망설임도 없이 그 말을 하고 있다.

> "우리 중에 누구든지 자기를 위하여 사는 자가 없고 자기를 위하여 죽는 자도 없도다 우리가 살아도 주를 위하여 살고 죽어도 주를 위하여 죽나니 그러므로 사나 죽으나 우리가 주의 것이로다"(롬 14:7,8)

우리가 분명히 알 수 있는 점은 바울의 말에는 아무런 과장도 없으며 전혀 거짓이 아니라는 사실이다. 그런데 바울은 자신뿐 아니라 자기 주변의 성도들은 물론 로마에 있는 성도들까지 모두가 자기를 위해 살고 죽는 자가 없다고 말했다. 살아도 주를 위하여 살고 죽어도 주를 위하여 죽는다는 사실을 말하고 있다. 그러므로 하나님을 믿는 성도의 몸은 자신의 것이 아니라 주님의 소유라는 것이다.

여기서 우리는 심각하게 생각하지 않을 수 없다. 예수 그리스도의 피로 값 주고 사심으로써 하나님의 소유가 된 우리의 몸과 삶을 세속에 빠진 자신의 욕망과 목적을 위해 이용하려고 우리는 온갖 애를 쓰고 있기 때문이다. 우리는 흔히 인간들이 하나님의 것을 도적질한다는 표현을 쓴다. 특히 돈과 같은 물질에 연관지어 말할 때 그렇다.

그런데 바울의 기록을 보면 우리는 자신의 것이 아니라 이미 하나님의 소유가 되어 있다. 하나님의 것인 자신의 몸과 삶을 주님을 위해 온전히 바치지 않고 도리어 자신을 위해 사용하면서 도적질하고 있는 현실을 어떻게 해석해야 할지 앞이 캄캄하다. 바울의 말은 결코 상징적인 것을 의미하지 않는다. 말 그대로 모든 성도들의 삶은 하나님의 소유이다.

그러므로 하나님의 소유를 개인적인 욕망을 위해 마음대로 사용하려는 것은 무서운 죄악이다. 자신의 소유가 아닌 것을 주인의 허락도 없이 사용하는 것은 불법이자 도둑질에 해당한다. 그러므로 바울은 빌립보교회와 갈라디아 교회 등 여러 성도들에게 편지하면서 그와 연관된 분명한 말을 하고 있다.

"나의 간절한 기대와 소망을 따라 아무 일에든지 부끄럽지 아니하고 오직 전과 같이 이제도 온전히 담대하여 살든지 죽든지 내 몸에서 그리스도가 존귀히 되게 하려 하나니 이는 내게 사는 것이 그리스도니 죽는 것도 유익함이니라"(빌 1:20,21);

"내가 그리스도와 함께 십자가에 못 박혔나니 그런즉 이제는 내가 산

> 것이 아니요 오직 내 안에 그리스도께서 사신 것이라 이제 내가 육체 가
> 운데 사는 것은 나를 사랑하사 나를 위하여 자기 몸을 버리신 하나님의
> 아들을 믿는 믿음 안에서 사는 것이라"(갈 2:20)

사도 바울은 자기의 몸이 더 이상 자기의 것이 아님을 밝히고 있다. 그러므로 살든지 죽든지 자기의 몸에서 그리스도가 존귀하게 되기를 원하며 살아간다고 했다. 이는 그리스도가 자기 몸의 주인임을 고백하고 있는 것이다.

바울은 또한 주님을 위한 그런 삶을 위해서는 담대하지 않으면 안 된다고 말했다. 따라서 자기 안에 예수 그리스도께서 살아 계시기 때문에 자기는 죽는 것도 유익하다는 사실을 고백하고 있다. 이 말 가운데는 그리스도께서 저와 함께 계시기 때문에 죽어도 영원히 죽는 것이 아니라는 의미를 담고 있다.

그는 하나님 안에 살아가고 있는 자신의 삶에 대해 그 어떤 것도 부끄럽지 않다는 사실을 고백했다. 이는 그의 삶이 하나님 앞에서 진지하고 신실함을 드러내고 있는 것이다. 하지만 세상 가운데 살아가는 성도로서 그런 온전한 신앙의 자세를 가지고 살아가는 것이 결코 호락호락한 일은 아니다. 그럼에도 불구하고 바울이 모든 성도들에게 그런 삶을 요구하고 있다는 사실을 결코 잊어서는 안 된다.

2. "형제를 비판하지 말라"

사도 바울은 로마에 있는 성도들에게 형제를 비판하지 말라고 명령했다. 그리고 형제를 업신여기지 않도록 당부했다. 그는 로마의 성도들 가운데 일부 그런 자들이 있다는 사실을 의식하며 저들을 책망하듯이 말했다. 결국 모든 사람들은 하나님의 마지막 심판대 앞에 설 것이므로 극히 조심하라는 것이다.

사실 우리는 이에 대해 매우 주의깊게 이해해야만 한다. 왜냐하면 바울의 교훈에서 윤리적인 문제와 진리에 연관된 문제를 잘 구분지어 생각해야 하기 때문이다. 즉 일반적인 문제에 대해 형제를 함부로 비판하거나 업신여기는 것은 조심해야 된다. 하지만 진리를 왜곡함으로 하나님의 교회를 어지럽히는 자들에 대해서는 반드시 냉철한 비판을 해야 한다. 신앙이 어린 성도들을 보호하기 위해서라도 반드시 그렇게 하지 않으면 안 된다.

이에 대해서는 예수께서도 제자들에게 동일한 교훈을 하셨다. 우리는 예수님의 말씀을 통해 그에 관한 분명한 이해를 할 수 있다. 예수님은 산상수훈 가운데서 제자들에게 비판하지 말라는 말씀을 하셨다.

> "비판을 받지 아니하려거든 비판하지 말라 너희의 비판하는 그 비판으로 너희가 비판을 받을 것이요 너희의 헤아리는 그 헤아림으로 너희가 헤아림을 받을 것이니라"(마 7:1,2)

우리가 분명히 알 수 있는 것은 예수께서 남을 비판하지 말라고 명령하셨다는 사실이다. 다른 사람을 비판하게 되면 그와 동일한 비판을 되돌려 받게 된다. 하지만 우리는 예수님의 말씀이 진리를 벗어난 잘못된 가르침에 대한 비판을 중단하도록 요구하는 것이 아니라는 사실을 알아야 한다.

마태복음 7장 1절에서 '비판하지 말라'고 하신 예수님은 바로 뒤이어 진리를 어지럽히는 악한 유대인들에게 '개와 돼지' 취급을 하는 극단적인 언어를 사용하면서 심하게 비판하셨다. 예수님은 7장 6절에서 배도에 빠진 유대인들을 지칭하면서 '거룩한 것을 개에게 주지 말며 너희 진주를 돼지 앞에 던지지 말라'고 말씀하셨던 것이다. 그들은 진리와 복음을 전해줘도 깨달을 수 없는 악한 인간들이었기 때문이다.

이스라엘 백성들에게 있어서 이보다 더 심한 욕은 없다. 개와 돼지는 구약의 율법에서 부정한 동물들이다(레 11:7; 신 14:8; 23:18; 사 66:17). 뿐만 아니라 예수님은 유대인들을 향해 더 심한 욕설을 퍼붓기도 하셨다. 그는 예루살렘의 종교지도자들에게 '독사의 자식'이라는 극단적인 표현마저 아끼지 않으셨던 것이다. 그러한 언사들은 악한 유대인들에 대한 엄청난 비판의 목소리였음에 틀림없다.

그럼에도 불구하고 예수님은 제자들에게 '비판하지 말라'고 말씀하셨다. 우리가 전체적인 문맥을 통해 알 수 있는 것은 하나님의 진리를 해치는 악한 자들에 대해서는 강한 비판을 가하되 교회의 성도들 가운데 발생하는 일반적인 삶에 연관된 문제들에 대해서는 함부로 비판하지 말아야 한다는 것이다.

이에 대해서는 사도 바울 역시 동일한 말을 하고 있다. 로마서의 위 본문에서는 형제를 비판하지 말라고 당부했지만 교회를 어지럽히며 거짓 교훈을 전하는 자들에 대해서 '개들'로 표현하며 행악하는 자로 지목하여 극히 견제했다(빌 3:2). 여기서 우리가 알 수 있는 점은 바울이 비판하지 말라고 한 것은 형제들의 사소한 실수를 관대한 마음으로 수용하라는 뜻이지, 어떤 경우에도 다른 사람들을 비판하지 말라고 한 것이 아니라는 사실이다.

도리어 하나님의 말씀을 통해 마땅히 비판해야 할 내용에 대해 비판하지 않는다면 위험한 윤리주의자에 지나지 않는다. 잘못된 윤리주의는 하나님의 교회를 세속화하게 된다는 점을 기억해야만 한다. 그런 사상을 가진 자들은 하나님의 진리와 참된 교회가 아니라 자신의 이기적인 삶에 관심을 가지고 있을 따름이다. 그런 사람들은 도리어 하나님의 말씀을 통해 강하게 비판받아야 할 자들이다.

하지만 형제인 성도들의 삶에 대해서는 누구나 관용해야 한다. 즉 우리는 형제들의 일반적인 일에 대해서는 하나님께서 직접 심판하신다는 사실을 잘 알고 있다. 바울은 이사야 선지자가 전한 하나님의 말씀을 인용하며 그에 대한 설명을 하고 있다.

> "정녕 나는 모든 무릎을 내 앞에 꿇게 할 것이며 모든 입이 하나님께 자백하리라"(롬 14:11; 사 45:23 인용)

하나님께서는 모든 인간들이 자기 앞에 무릎을 꿇게 되리라는 사실과 모든 입술이 하나님께 자백하게 되리라는 사실을 말씀하셨다. 즉 모든 성도들이 하나님 앞에 직접 서는 날이 오게 된다는 것이다. 그러므로 성도들은 인간적인 판단에 따라 형제들을 함부로 비판하거나 업신여기는 모든 언행들을 삼가야 한다. 바울은 그점에 대해 구약에 기록된 선지자의 말씀을 인용하며 강조했던 것이다.

3. 형제들에 대한 배려와 양심에 따른 죄의 문제

사도 바울은 본문 가운데서 인간의 악하고 못된 본성에 대해 지적하고 있다. 타락한 인간들은 항상 남을 비판한다. 그 근저에는 그것을 통해 자기가 높아지고자 하는 심성이 있기 때문이다. 다른 사람의 어떤 문제에 대해 비판하면서 자신은 그렇지 않다는 사실을 소극적으로 공표하고 있는 것이다.

나아가 인간들은 남을 넘어뜨리고자 하는 교묘한 습성을 지니고 있다. 그런 악행을 행하면서도 아닌 듯 가장하는가 하면 자기를 합리화할 수 있는 여지를 남겨둔다. 또한 이웃을 위하는 척하면서 도리어 걸려 넘어지게 하는 돌을 형제의 발 앞에 놓아두기도 한다. 인간의 부패한 심성을 잘 알고 있는 바울은, 이제 하나님을 아는 성도로서 더 이상 그런 악행을 저지르지 않도록 당부하고 있다.

> "그런즉 우리가 다시는 서로 비판하지 말고 도리어 부딪칠 것이나 거
> 칠 것을 형제 앞에 두지 아니하도록 주의하라"(롬 14:13)

사도 바울은 여기서 성도들간에 발생하는 일반적인 이해관계로 말미
암는 문제를 말하지 않는다. 도리어 그것은 자신의 신앙형태와 다른 점
을 두고 남을 비판하고 편을 만드는 것에 연관된다. 즉 자기의 판단이
신앙적인 표준이 되는 양 오해하여 다른 사람들로부터 동의를 받아내
려는 속성을 의미한다. 그런 유형의 악한 속성은 타락한 아담의 형상을
입은 모든 인간들에게 있기 마련이다. 그러므로 그리스도의 형상을 입
은 성도들은 그런 미숙한 태도를 빨리 벗어버려야 함을 말하고 있는 것
이다.

바울은 특별히 음식물에 관한 이야기를 하고 있다. 이는 구약의 율법
에 연관되어 있기 때문이다. 구약성경에 대한 올바른 깨달음이 없으면,
자신의 종교적 지식과 경험으로써 모든 것을 판단하여 이웃을 비판하려
한다. 그러나 그리스도께서 이땅에 오신 후에는 음식 자체에 거룩하고
속된 것은 없다(딤전 4:4). 즉 레위기에 기록된 것과 같은 정한 음식과 부
정한 음식이 달리 있는 것이 아니다.

예수 그리스도가 오신 이후의 신약시대에는, 어떤 사람이 특정 음
식을 속되거나 부정하다고 생각한다면 그에게는 그것이 속된 음식이
된다. 이는 그 음식 자체에 부정한 요소가 들어있는 것이 아니라 사람
의 판단과 생각에 따라 그렇게 되는 것이다. 그러나 하잘것없는 음식
으로 인해 연약한 형제의 신앙에 걸림이 된다면 그것을 피하는 것이
마땅하다.

음식으로 인해 다른 형제들로 하여금 시험에 들게 할 필요가 없으며
그것으로 말미암아 불필요한 비방을 받을 이유도 없다. 그렇게 되면 그
음식이 연약한 성도들에게 부딪쳐 넘어질 수 있는 걸림돌이 될 수 있는

것이다. 형제를 넘어지게 할 만한 것들은 피하는 것이 성도의 아름다운 자세이다. 바울은 만일 그런 것으로 인해 형제가 실족케 된다면 평생 고기를 먹지 않겠다고 말했다(고전 8:13).

바울은 하나님 나라는 인간들이 세상에서 판단하고 행동하는 것에 달려 있지 않다는 사실을 강조하고 있다. 인간들은 자신의 종교적 판단이 곧 하나님께서 기뻐하시는 것인 양 착각하며 살아간다. 그래서 바울은 그에 대한 본질적 의미를 설명하고 있다.

> "하나님의 나라는 먹는 것과 마시는 것이 아니요 오직 성령 안에 있는 의와 평강과 희락이라 이로써 그리스도를 섬기는 자는 하나님을 기쁘시게 하며 사람에게도 칭찬을 받느니라"(롬 14:17,18)

인간들은 하나님과 그의 나라를 자기의 이성과 경험에 따라 속단하려는 품성을 지니고 있다. 그러나 하나님 나라는 죄에 빠져 타락한 인간들이 가진 이성의 연장선상에서 정의될 수 없다. 바울은 하나님 나라는 이 땅에서처럼 먹고 마시는 것이 아님을 강조하여 말하고 있다. 그 나라는 성령 안에 있는 의와 평강과 희락에 연관된다.

그럼에도 불구하고 인간들은 더 이상 본질적 연관성이 없는 음식물을 통해 자신과 다른 사람들의 신앙을 평가하고자 하는 오류에 빠진다. 따라서 바울은 먹는 음식에 대한 율법적 규례나 전통적 견해를 따져 신앙의 기준으로 삼지 못하도록 당부했다. 음식에 문제가 있는 것이 아니라 그것을 먹는 인간에게 문제가 있을 따름이기 때문이다.

그러므로 우리가 중요하게 생각해야 할 점은 먹는 음식이 아니라 그것이 하는 역할이다. 즉 음식 자체는 대단한 것이 아니라 할 수 있지만 그로 말미암아 형제가 실족케 된다면 예삿일이 아니다. 즉 음식보다 훨씬 중요한 것은 함께 신앙생활을 하는 성도들이다. 하나님의 백성들은 어떤 경우에도 먹는 음식으로 인해 형제를 실족케 하지 않도록 주의를 기울여야 한다. 형제로 하여금 실족케 하는 것이 얼마나 두려운 일인가에 대해서는 예수님께서도 제자들에게 분명히 말씀하셨다.

> "누구든지 나를 믿는 이 소자 중 하나를 실족케 하면 차라리 연자 맷돌을 그 목에 달리우고 깊은 바다에 빠뜨리우는 것이 나으니라 실족케 하는 일들이 있음을 인하여 세상에 화가 있도다 실족케 하는 일이 없을 수는 없으나 실족케 하는 그 사람에게는 화가 있도다"(마 18:6,7)

예수님은 어떤 경우에도 다른 사람들을 실족케 하지 않도록 당부하셨다. 본질적인 것이 아닌 중요하지 않은 것들에 대해 필요 이상의 의미를 부여하는 일은 매우 조심해야 한다. 그것은 자기의 종교적 경험을 다른 형제들에게 강조하거나, 혹은 다른 형제의 신앙적 판단을 멸시함으로써 발생하게 되는 것이다. 물론 여기서 말하는 실족이란 단순한 실수에 대한 차원이 아니라 참된 신앙의 길을 훼방하는 것과 연관된다.

그러므로 우리는 하나님을 섬김에 있어서 자신의 이성과 종교적 경험에 의존하려 해서는 안 된다. 바울이 말하고 있는 것처럼 중요한 것은 성령 안에 있는 의와 화평과 희락으로써 예수 그리스도를 온전히 섬기는 일이다. 물론 그것들은 인간들이 종교적으로 창안한 것들이 아니며 이성과 경험으로 말미암는 것도 아니다. 하나님의 은혜 가운데 그의 뜻에 순종함으로써 하나님을 섬길 때 하나님과 교회로부터 인정과 칭찬을 받게 되는 것이다.

성숙한 성도들은 계시된 말씀에 근거한 믿음에 따라 하나님 앞에서 사고하며 행동한다. 먹는 음식에 있어서도 마찬가지다. 구약시대와 달리 율법의 기준이 되지 않는 음식에 관해서는 하나님을 경외하는 가운데 소신껏 처신하면 된다. 즉 죄가 되고 되지 않음은 음식에 달려 있는 것이 아니라 그 음식을 먹는 사람에게 달려 있는 것이다. 바울은 그에 대해 분명히 말하고 있다.

"네게 있는 믿음을 하나님 앞에서 스스로 가지고 있으라 자기가 옳다 하는 바로 자기를 정죄하지 아니하는 자는 복이 있도다 의심하고 먹는 자는 정죄되었나니 이는 믿음을 따라 하지 아니하였기 때문이라 믿음을 따라 하지 아니하는 것은 다 죄니라"(롬 14:22,23)

바울이 로마에 있는 교회에 편지를 쓸 당시에는 구약의 율법에 관한 문제가 여전히 중요한 위치를 차지하고 있었다. 즉 유대인 출신 성도들과 이방인 출신 성도들 사이에는 음식문화와 식생활에 있어서 상당한 차이가 났을 것이 틀림없다. 바울은 그들에게 음식과 죄에 연관된 의미를 설명했던 것이다.

이에 대해서는 오늘날 우리 역시 귀담아 들어야 할 교훈이 분명히 있다. 하나님의 복음을 알게 된 성도들에게는 제각각 다양한 음식문화가 있으며 식생활에 상당한 차이가 난다. 인간들은 본성적으로 자신의 것을 기준으로 삼게 되는 강한 문화적 경향성을 띠게 된다. 우리가 주의해야 할 점은 음식문제는 그것 자체로서 정죄의 기준이 되지 않는다는 사실이다.

하지만 음식으로 인해 나타나는 영향에 대해서는 잘 알고 있어야 한다. 왜냐하면 앞에서도 언급한 것처럼 그것이 다른 형제들에게 심각한 걸림돌이 될 우려가 있기 때문이다. 그리고 동일한 음식물이 섭취하는 사람에 따라 죄가 될 수도 있고 그렇지 않을 수도 있는 매우 민감한 기능을 하게 된다.

사도 바울은 위의 본문에서 바로 그런 경우를 염두에 두고 그점을 강조해 말하고 있다. 만일 어떤 음식에 대해서 양심의 거리낌이 있다면 당연히 그것을 피해야 하며 아무런 거리낌이 없다면 섭취해도 된다. 그렇다고 해서 어떤 음식을 먹음으로 인해 그것이 하나님 앞에서 죄가 되는 것은 아니다. 그러므로 우리는 동일한 음식이 어떤 성도들에게는 죄가

되며 또 다른 어떤 성도들에게는 죄가 되지 않는다는 사실을 깨달아야 한다.46)

4. "선을 이루고 덕을 세우라"

성숙한 성도들은 자기의 종교적 욕망을 추구하며 그에 따라 살지 않으려 애쓴다. 아무리 유명한 기독교 지도자라 할지라도 자신의 종교적인 욕망을 추구하는 데 몰두하고 있다면 아직 신앙이 매우 어린 자라 할 수밖에 없다. 그가 수십 년 동안 목회한 경력을 지닌 목사이든 한평생 장로로서 활동해 왔든 마찬가지다.

바울은 성숙하여 믿음이 강한 성도들은 마땅히 믿음이 약한 자들의 연약한 부분을 잘 감당하여 자기를 기쁘게 하지 말아야 한다는 사실을 강조하고 있다(롬 15:1). 이는 공동체 사회 가운데서는 자연스럽게 일어나야 할 현상이다. 예를 들어 가정에서는 그 일이 비교적 잘 이루어지고 있다. 성숙한 어른들은 아직 연약한 어린아이들을 돌보기 위해 최선의 노력을 기울인다. 상식적인 부모들은 자기 자신이 아니라 자식을 위해 살아간다고 말할 때, 우리는 그 말을 쉽게 이해할 수 있다.

이처럼 하나님의 교회도 그러해야 한다. 성숙한 성도들은 자기 자신뿐 아니라 어린 성도들을 돌보며 그들을 양육하는 데 최선의 노력을 기울여야 하는 것이다. 우리가 여기서 주의깊게 생각해 보아야 할 점은,

---

46) 한국교회에 일반적으로 금지되고 있는 '술과 담배' 문제는 여기에 속한다. 일부 서구교회 성도들의 '개고기'에 관한 입장도 그렇다. 어떤 성도들에게는 술, 담배, 개고기를 섭취하는 것이 아무런 죄가 되지 않지만 동일한 것들을 양심의 가리낌으로 먹는다면 그것이 죄가 될 수 있는 것이다. 하지만 한국교회에서 흔히 말하는 대로 하나님의 성전인 몸을 담배연기로 더럽히는 것은 죄라고 주장하는 논리는 잘못된 억지에 지나지 않는다. 만일 그런 논리라면 담배를 피우는 사람 옆에 있으면서 담배연기를 쐬는 것도 역시 죄가 되어야 한다. 남의 담배 연기가 성도의 몸을 더럽히고 있기 때문이다.

경우에 따라서는 성숙한 일반 성도가 신앙이 어린 목회자와 장로들을 잘 돌볼 수 있어야 한다는 사실이다.

물론 정상적으로 잘 성장한 교회에서는 그런 일이 발생하지 않는다. 하지만 연약한 시대에는 얼마든지 그와 같은 일이 일어날 수 있다. 예를 들어 교회 가운데 직분을 가지지 않은 신앙이 성숙한 일반 성도가 있다면 신앙이 성숙하지 못한 목회자들을 비롯한 다른 직분자들을 잘 돌아보며 도와줄 수 있어야만 하는 것이다.

또한 성숙한 교회라면 성도들 상호간에 성경이 말하는 바 선을 행하며 덕을 세워나가게 된다. 이는 자신의 이기적인 목적을 위한 것이 아니라 하나님의 몸된 교회를 온전히 세워나가게 됨을 의미한다. 바울은 이에 대한 교훈을 주면서 예수 그리스도께서 미리 그런 본을 보이셨음을 말했다. 그리스도께서 모진 고난을 당하시고 십자가에 달려 돌아가신 것은 자기 백성들을 죄로부터 구원하시기 위해서였다.

우리는 성경에 기록된 말씀들을 통해 교회 가운데서 서로간 위로를 받으며 영원한 소망을 가지게 된다. 그러나 연약한 우리로서는 온전한 신앙생활을 하는 것이 결코 쉽지 않다. 그것은 많은 인내와 희생을 요구한다. 나아가 하나님의 은혜가 아니면 결코 그런 성숙한 삶을 살 수 없다. 그럼에도 불구하고 사도 바울은 우리가 그렇게 해야만 하는 사실에 대해 언급하고 있다.

> "이제 인내와 위로의 하나님이 너희로 그리스도 예수를 본받아 서로 뜻이 같게 하여 주사 한마음과 한 입으로 하나님 곧 우리 주 예수 그리스도의 아버지께 영광을 돌리게 하려 하노라"(롬 15:5,6);
>
> "May the God who gives endurance and encouragement give you a spirit of unity among yourselves as you follow Christ Jesus, so that with one heart and mouth you may glorify the God and Father of our Lord Jesus Christ"(Rom.15:6,7)

우리가 이 말씀 가운데서 눈여겨보아야 할 점은 하나님은 자기 자녀들을 위해 은혜를 베푸시는 분이며 성도들은 그로 말미암아 하나님께 영광을 돌리는 존재라는 사실이다. 바울은 그것을 통해 교회의 의미를 설명하고 있다.

사도 바울은 인내와 위로를 주시는 하나님께서 그리스도를 따르는 우리 가운데 연합의 영(a spirit of unity)을 주시기를 간구했다. 그로 인해 한 마음과 한 입술로 하나님께 영광을 돌릴 수 있도록 하기 위해서였다. 그러므로 교회는, 그리스도께서 성도들을 받아 하나님께 영광을 돌리는 것처럼 성도들간에 서로 용납함으로써 하나님을 경배하게 되는 것이다.

하나님께 영광을 돌릴 수 있는 모든 것은 전적으로 자기 백성들을 구속하신 예수 그리스도께 달려 있다. 그것은 본질적으로는 인간의 판단과 노력에 의해 이루어지지 않는다. 그러나 우리가 성령 하나님의 인도하심에 따라 말씀에 순종할 때 예수 그리스도를 통해 하나님께 영광을 돌리게 된다.

5. 열방 가운데 존재하는 교회

인간의 몸을 입으신 예수님은 하나님의 진리를 드러내고 믿음의 조상들에게 약속하신 것을 확증하기 위해 특별히 할례받은 자들을 위해 섬기는 자가 되셨다(롬 15:8). 이는 그가 이스라엘 민족 가운데 출생하여 창세전에 택하신 모든 하나님의 백성들을 구원하시기 위해 구속사역을 이루신 것을 말하고 있는 것이다.

또한 사도 바울은 이스라엘 민족 가운데 예수 그리스도께서 출생하신 것은 이방인들에게 긍휼을 베푸시기 위해서라는 놀라운 사실을 기록하고 있다(롬 15:9). 그렇게 함으로써 열방으로 하여금 하나님께 영광을 돌리게 하고자 했다. 하나님은 특정한 민족의 신이 아니며 한 지역에 갇혀 계시는 분이 아니었던 것이다.

예수께서 이땅에 오셔서 모든 사역을 이룩하셨던 것은 유대인들뿐 아니라 이방인들 가운데 있는 자기 백성들을 위해서였다. 하나님께서는 유대인과 이방인을 넘어선 모든 민족들로부터 영광을 받으시기에 합당한 분이시다. 이에 대해서는 구약성경에 이미 지속적으로 예언되어 왔던 내용이다. 바울은 다윗의 시편과 모세의 율법, 그리고 이사야 선지자의 글을 통해 그에 대해 기록하고 있다(롬 15:9-12).

> "이러므로 여호와여 내가 열방 중에서 주께 감사하며 주의 이름을 찬양하리이다"(시 18:49; 삼하 22:50);
> "너희 열방은 주의 백성과 즐거워하라"(신 32:43);
> "너희 모든 나라들아 여호와를 찬양하며 너희 모든 백성들아 저를 칭송할지어다"(시 117:1);
> "그 날에 이새의 뿌리에서 한 싹이 나서 만민의 기호로 설 것이요 열방이 그에게로 돌아오리니 그 거한 곳이 영화로우리라"(사 11:10)

위에 언급된 구약성경은 전부 메시아 언약에 직접 관련된 본문들이다. 바울은 구약을 인용하면서 열방 가운데 있는 모든 민족이 하나님께 감사하며 찬양과 영광을 돌린다는 사실을 노래하고 있다. 물론 이는 만인구원설을 말하고 있는 것이 아니라 열방 가운데 흩어져 존재하는 택한 백성들을 의미한다.

오늘날 우리가 교회를 이루어 하나님을 경배하며 살아갈 수 있는 것도 구약의 예언에 따른 것이다. 다양한 민족과 종족, 언어들을 사용하는 자들 가운데서 많은 사람들이 하나님께 돌아왔다. 하나님께서는 저들을 세상으로부터 불러내어 영원한 기쁨과 평강이 충만케 하셨다. 그것은 믿음 안에서 우리 가운데 항상 존재하는 것이다.

이로 인해 지상에 존재하는 하나님의 교회는 성령으로 말미암는 영원한 소망을 소유하게 된다. 교회에 속한 모든 성도들은 항상 그에 대한 분명한 깨달음을 가지고 있어야 한다. 세상과 분명히 구별되는 공동체로서 거룩한 교회는 오직 세상 가운데 존재하며 끊임없이 하나님을 경배하게 되는 것이다. 따라서 하나님의 교회 안에서는 민족과 신분 등 어떤 이유라 할지라도 그것을 배경으로 하여 특별한 기득권을 가질 수 없다.

제17장
로마를 방문하고자 하는 이방인의 사도

(롬 15:14-33)

(로마서 15:14-33)

15:14 내 형제들아 너희가 스스로 선함이 가득하고 모든 지식이 차서 능히 서로 권하는 자임을 나도 확신하노라

15:15 그러나 내가 너희로 다시 생각나게 하려고 하나님께서 내게 주신 은혜로 인하여 더욱 담대히 대강 너희에게 썼노니

15:16 이 은혜는 곧 나로 이방인을 위하여 그리스도 예수의 일꾼이 되어 하나님의 복음의 제사장 직무를 하게 하사 이방인을 제물로 드리는 그것이 성령 안에서 거룩하게 되어 받으심직하게 하려 하심이라

15:17 그러므로 내가 그리스도 예수 안에서 하나님의 일에 대하여 자랑하는 것이 있거니와

15:18 그리스도께서 이방인들을 순종케 하기 위하여 나로 말미암아 말과 일이며 표적과 기사의 능력이며 성령의 능력으로 역사하신 것 외에는 내가 감히 말하지 아니하노라

15:19 이 일로 인하여 내가 예루살렘으로부터 두루 행하여 일루리곤까지 그리스도의 복음을 편만하게 전하였노라

15:20 또 내가 그리스도의 이름을 부르는 곳에는 복음을 전하지 않기로 힘썼노니 이는 남의 터 위에 건축하지 아니하려 함이라

15:21 기록된 바 주의 소식을 받지 못한 자들이 볼 것이요 듣지 못한 자들이 깨달으리라 함과 같으니라

15:22 그러므로 또한 내가 너희에게 가려 하던 것이 여러 번 막혔더니

15:23 이제는 이 지방에 일할 곳이 없고 여러 해 전부터 언제든지 서바나로 갈 때에 너희에게 가려는 원이 있었으니

15:24 이는 지나가는 길에 너희를 보고 먼저 너희와 교제하여 약간 만족을 받은 후에 너희의 그리로 보내줌을 바람이라

15:25 그러나 이제는 내가 성도를 섬기는 일로 예루살렘에 가노니

15:26 이는 마게도냐와 아가야 사람들이 예루살렘 성도 중 가난한 자들을 위하여 기쁘게 얼마를 동정하였음이라

15:27 저희가 기뻐서 하였거니와 또한 저희는 그들에게 빚진 자니 만일 이방인들이 그들의 신령한 것을 나눠 가졌으면 육신의 것으로 그들을 섬기는 것이 마땅하니라

15:28 그러므로 내가 이 일을 마치고 이 열매를 저희에게 확증한 후에 너희에게를 지나 서바나로 가리라

15:29 내가 너희에게 나갈 때에 그리스도의 충만한 축복을 가지고 갈 줄을 아노라

15:30 형제들아 내가 우리 주 예수 그리스도로 말미암고 성령의 사랑으로 말미암아 너희를 권하노니 너희 기도에 나와 힘을 같이하여 나를 위하여 하나님께 빌어

15:31 나로 유대에 순종치 아니하는 자들에게서 구원을 받게 하고 또 예루살렘에 대한 나의 섬기는 일을 성도들이 받음 직하게 하고

15:32 나로 하나님의 뜻을 좇아 기쁨으로 너희에게 나아가 너희와 함께 편히 쉬게 하라

15:33 평강의 하나님께서 너희 모든 사람과 함께 계실지어다 아멘

제17장 _ 로마를 방문하고자 하는 이방인의 사도

(롬 15:14-33)

1. 복음을 위한 제사장 직분

성숙한 성도들에게는 어떤 형태로서 그에 대한 증거가 나타나는가? 사도 바울은 충만한 선과 온전한 지식을 성숙한 신앙의 기초로 보고 있다(롬 15:14). 여기서 말하는 선이란 일반 윤리적인 성품을 의미한다기보다는 그리스도 안에서 죽은 삶으로 인해 발생하는 성도의 고유한 성품을 의미한다. 그리고 지식이란 하나님의 말씀을 통해 얻게 되는 진리를 일컫는다.

그런 기본적인 요건이 잘 갖추어진 성도들은 서로 주 안에서 권면하며 함께 온전한 신앙생활을 영위해 간다. 즉 참된 선과 지식을 갖춘 성도들이 상호 권면하는 것은 하나님의 교회를 세워가는 소중한 역할을 한다. 하지만 그렇지 못한 자들의 미숙한 상태에서 행해지는 자의적 권면은 도리어 위험하다.

이는 우리에게 매우 중요한 사실을 말해주고 있다. 그리스도 안에서 생성된 선이 충만하지 않고 계시된 말씀에 관한 온전한 지식이 결여된 채 이성적인 판단과 경험에 의한 상호 권면은 도리어 경계해야 할 대상이다. 그러한 관계는 교회를 인본주의적인 종교단체로 변질시킬 가능성이 농후하기 때문이다.

사도 바울은 이런 사실을 염두에 두고 로마에 있는 성도들에게 예수 그리스도의 은혜로 말미암아 자신의 사역에 연관된 하나님의 계시를 전하고 있다. 그것은 특별히 이방인들을 위한 복음에 관련된 것이었다. 이에 대한 언급을 하면서 바울은 매우 의미심장한 말을 하고 있다. 그것은 '자신을 하나님의 제사장' 으로 비유하면서 '이방인을 하나님께 바쳐지는 제물' 로 비유하고 있기 때문이다.

> "이 은혜는 곧 나로 이방인을 위하여 그리스도 예수의 일꾼이 되어 하나님의 복음의 제사장 직분을 하게 하사 이방인을 제물로 드리는 것이 성령 안에서 거룩하게 되어 받으실 만하게 하려 하심이라"(롬 15:16)

우리는 이 말을 매우 신중하게 이해해야 한다. 우선 바울은 자기가 이방인을 위한 예수 그리스도의 일꾼이 된 것은 하나님의 은혜라는 사실을 밝혔다. 이는 그것이 자신의 개인적인 결단이 아니라 하나님께서 특별히 허락하신 제사장 직분이라는 점을 강조하고 있다. 우리는 여기서 사도 바울의 이방인을 위한 특별한 사역이 의미하는 바를 깨닫게 된다.

그리고 바울은 복음을 깨달아 믿음을 소유하게 된 이방인 성도들을 하나님께 바쳐질 거룩한 제물로 설명했다. 물론 그 이방인들이 거룩하게 되는 것은 십자가에 달리신 예수 그리스도 안에서 이루어지는 성령의 사역으로 말미암는다. 거룩하신 하나님께서는 그리스도와 상관없는 부정한 제물들을 결코 용납하시지 않는다.

이는 지상 교회가 감당해야 할 중요한 사역 가운데 하나인 복음전파에 대한 제사장적 의미와 연관된다. 즉 우리가 일반적으로 이해하는 전도와 선교는 제사장 직무를 수행하는 것과 상통하는 개념이다. 이방인들에게 하나님의 복음을 전파하고 증거하는 것은 평면적인 전도의 개념에 그치는 것이 아니라, 복음을 깨달은 성도들을 하나님께 제물로 바치는 입체적 개념을 띠고 있다. 즉 전도와 선교를 통해 기독교를 믿는 종교인들의 수를 늘리는 것 자체가 목적이 될 수 없다. 그것은 종교적인 포교활동에 지나지 않는다. 따라서 보다 중요한 사실은 저들을 하나님께 제물로 바치는 사역이 동반되어야 하는 것이다.

물론 이는 개별 성도들의 문제가 아니라 전체적인 교회의 사역으로 이해해야 한다. 바울은 이방인들을 위해 부르심을 받은 하나님의 특별한 사도로서 자신의 제사장 직분을 언급했으나 오늘날 우리에게 있어서는 개인이 아닌 교회의 공적인 사역을 의미한다. 개인이 다른 사람들을 하나님께 제물로 바치는 제사장적 기능을 하는 것으로 보기는 어렵다. 교회가 복음을 모르는 이방 지역에 선교를 하는 중요한 목적은 교회의 공적인 제사장 직분과 직접 연결되어 있는 것이다.

그러므로 사도 바울은 예수 그리스도 안에서 이루어지는 하나님의 복음 사역에 대해 자랑스럽게 여기고 있음을 언급하고 있다. 하나님께서는 복음의 완성을 위해 바울이 전한 많은 가르침과 삶(행 19:11) 그리고 다양한 표적들 및 기사와 성령의 능력을 통해 거룩한 사역을 이루어 가셨다(행 15:12;19:11,12). 바울은 자신이 예루살렘으로부터 멀리 일루리곤 Illyricum 47)에 이르기까지 온 세상에 그리스도의 복음을 전파한 것은 하나님의 말씀에 대한 사도의 순종행위였음을 강조하고 있다.

---

47) 일루리곤(Illyricum)은 로마제국의 속주로서 마게도니야 서부의 북쪽에 해당하는 아드리아 해 동쪽 지방이다. 이 지역은 후에 달마티아(Dalmatia)라 불려졌다.

2. 교회를 위한 영적 건축

우리는 '건축'이라는 용어를 사용할 때 건물을 짓는 것을 머리에 떠올린다. 건축을 하기 위해서는 여러 가지 준비와 작업 과정이 있다. 우선 건축설계를 해야 하고 벽돌과 목재 등 기본적인 여러 종류의 자재資材들이 구비되어야 한다. 그리고 그것을 건축하기 위해서는 건축기술자와 노동자들이 필요하다. 이외에도 훨씬 더 많은 것들이 필요할 것이다.

이처럼 하나님의 교회 역시 건축가가 건물을 짓듯이 이땅에 세워져 간다. 물론 건축주는 하나님이시며 모든 성도들은 건축물의 구성요소가 된다. 성경이 신약시대의 교회를 하나의 거룩한 건축물로 설명하는 것은 하나님의 보편교회가 역사 가운데 영적으로 건축되어 가고 있음을 말해주고 있다.

물론 여기서 말하는 교회란 사람들이 일반적으로 생각하는 예배당 건물과는 아무런 상관이 없다. 하나님께서 피로 값 주고 사신 교회 공동체를 예배당 건축물과 혼동해서는 안 된다. 예배당은 성도들이 예배와 교육을 비롯한 신앙의 목적을 위해 사용하는 소중한 편의시설이지만 그 가운데 어떤 영적인 의미가 존재하는 것은 결코 아니다.

사도 바울은 지상에 존재하는 하나님의 교회를 건축함에 있어서 그 기초에 관한 중요한 사실을 언급하고 있다. 이는 예수 그리스도가 교회의 모퉁이돌이 된다는 것이다. 그전에 예수님은 유대인들로부터 버림을 받은 자신을 두고 건축자들이 버린 모퉁이돌이라고 말씀하셨다. 이는 곧 그가 구원과 심판의 기준이 됨을 말해준다.

> "저희를 보시며 가라사대 그러면 기록된바 건축자들의 버린 돌이 모퉁이의 머릿돌이 되었느니라 함이 어찜이뇨 무릇 이 돌 위에 떨어지는 자는 깨어지겠고 이 돌이 사람 위에 떨어지면 저로 가루를 만들어 흩으리라 하시니라"(눅 20:17)

예수님은 여기서 가장 중요한 영적인 건축물의 기초석은 인간들이 예비하여 놓는 것이 아님을 말씀하신다. 타락한 인간들의 눈에는 진정한 기초석이 도리어 불필요한 천박한 돌로 보인다. 하지만 하나님께서는 인간들이 버린 그 참된 돌을 기초로 하여 구원과 심판을 이루어가기 위해 자신의 교회를 세워나가신다.

그러므로 사도 바울은 예수 그리스도 이외에 어느 누구도 교회의 기초가 될 수 없음을 못박아 말하고 있다. 그 위에 하나님의 은혜에 따라 택하신 사도들이 지혜로운 건축자와 같이 교회 건축을 위한 터를 닦게 된다. 그 다음 하나님께 속한 모든 성도들은 하나님의 동역자로서 교회의 건축에 참여하게 되는 것이다. 바울은 지상의 교회와 성도들을 하나님의 밭으로 표현하며 그의 집이라 묘사했다.

> "우리는 하나님의 동역자들이요 너희는 하나님의 밭이요 하나님의 집이니라 내게 주신 하나님의 은혜를 따라 내가 지혜로운 건축자와 같이 터를 닦아 두매 다른 이가 그 위에 세우나 그러나 각각 어떻게 그 위에 세우기를 조심할찌니라 이 닦아 둔 것 외에 능히 다른 터를 닦아 둘 자가 없으니 이 터는 곧 예수 그리스도라"(고전 3:9-11)

지상에 세워지는 교회에 대한 구체적인 계획과 더불어 친히 건축하시는 분은 하나님이시다. 인간들이 감히 하나님의 설계와 건축계획에 변형을 꾀할 수 없다. 자재를 함부로 아무것이나 가져와 사용해서도 안 된다. 만일 인간들이 이성과 경험을 통해 자의로 그에 끼어들게 되면 부실건축을 자초할 뿐이다. 그러므로 바울은 교회를 세워감에 있어서 함부로 행하지 말도록 엄하게 당부하고 있는 것이다.

또한 사도 바울은 이미 복음이 증거된 곳이라면 더 이상 자기가 필요하지 않으리란 사실을 언급하고 있다. 바울이 그리스도의 이름을 부르는 곳에서 복음을 전하지 않겠노라고 말한 것은 하나님의 직접적인 사역과 연관된다. 이는 언약으로 말미암아 지상에 세워진 교회는 성령의 사역을 통해 원만히 세워져 간다는 사실을 말해준다.

> "또 내가 그리스도의 이름을 부르는 곳에는 복음을 전하지 않기를 힘썼노니 이는 남의 터 위에 건축하지 아니하려 함이라"(롬 15:20)

우리는 바울이 한 이 말을 매우 신중한 주의를 기울여 이해하지 않으면 안 된다. 왜냐하면 이에 대해서 오해하고 있는 사람들이 다수 있기 때문이다. 즉 바울의 이 말을 선교와 연관된 일종의 개척정신으로 여기는 사람들이 상당수 있다. 그런 사람들은 바울의 말이 마치 자신을 남과 구별하기 위한 방편인 것처럼 오해한다.

그렇게 생각하게 되면 다른 사람들은 교회가 있는 곳에 복음을 전하지만 자기는 아직 복음이 전해지지 않은 소위 미전도 지역을 찾아가 선교함으로써 바울의 삶을 따르는 것인 양 오해하게 된다. 그러나 바울의 말을 근거로 하여 그런 주장을 하는 것은 매우 잘못된 사고이다. 바울이 본문 가운데서 말하고 있는 것은 그런 의미가 아니기 때문이다.

그렇다면 사도 바울이 그리스도의 이름을 부르는 곳에서는 복음을 전하지 않겠다고 말한 근본적인 의도는 무엇이었을까? 그리고 '남의 터'란 과연 무엇을 의미하고 있는가? 바울은 그리스도를 부르는 곳에서 복음을 전하지 않고 남의 터 위에 건축하지 않으려 한다는 자신의 입장을 분명히 밝히고 있다.

우리는 '그리스도의 이름을 부르는 곳'이란 이스라엘 민족과 연관되는 개념이라는 사실을 이해해야 한다. 언약의 백성들은 구약시대부터 이땅에 그리스도가 오시기를 간절히 기다리고 있었다. 그러나 하나님을 알지 못하는 이방인들은 그리스도를 기다리지 않았다. 그들은 하나님께서, 택하신 자녀들을 위해 그런 놀라운 계획을 세워둔 사실 자체에 대해서 알지 못했다. 바울이 본문 가운데서 말하고자 한 것은, 그리스도에

대한 지식이 없는 이방인들 가운데 있는 하나님의 택하신 자녀들에게
더 많은 관심을 가지고 있다는 점이다.

바울이 '남의 터' 위에 건축하지 않겠다고 말한 것도 이와 동일한 관
점에서 이해해야 한다. 이는 하나님의 교회를 두고 서로간 터와 영역에
관련된 권리를 주장하는 것이 아니다. 이 말은 구약의 언약에 따라 지상
에 하나님의 교회를 세우기 위해 애쓰는 사도들의 사역에 대한 특이성
을 드러내고 있다. 이는 바울 자신의 사역이 보다 탁월한 것이라 주장하
려는 것이 아니라 온 세상에 증거되어야 할 복음과 교회에 관한 의미를
설명하고 있는 것이다. 그러므로 바울은 갈라디아 교회에 편지를 쓰면
서 자신을 스스로 이방인의 사도로 칭하는가 하면 베드로를 할례자의
사도로 칭했다.

> "도리어 그들은 내가 무할례자에게 복음 전함을 맡은 것이 베드로가
> 할례자에게 맡음과 같은 것을 보았고 베드로에게 역사하사 그를 할례
> 자의 사도로 삼으신 이가 또한 내게 역사하사 나를 이방인의 사도로 삼
> 으셨느니라"(갈 2:7,8)

사도 바울은 여기서 결코 자신의 우월성을 나타내려고 한 것이 아니
다. 그는 언약의 백성인 이스라엘 민족과 이방인들 가운데 부르심을 입
은 자들의 관계와 사도로서의 사역에 대한 특성을 보여주고 있다. 이점
에 대해서는 이 책의 앞부분에서 이방인의 변호자로서 바울의 사역을
이미 언급한 바 있다.

바울은 로마에 있는 성도들에게 편지하면서, 이와 같은 관점과 더불
어 자신은 '남의 터' 위에 교회를 건축하지 않겠다는 사실을 말했다. 즉
바울은, 구약시대의 참 이스라엘 백성이 가지는 역사적인 기초로서의
역할과 더불어 그것을 말하고 있는 것이다.

이에 관해서는 사도 베드로 역시 동일한 언급을 하고 있다. 그는, 영적

인 건축물인 교회가 지상에 세워지기 위해 예수 그리스도께서 친히 보배로운 산 돌로서 머릿돌이 되었음을 말했다. 그런데 이스라엘 왕국을 세우는 건축자 역할을 했던 언약의 민족에 속한 지도자들은, 하나님의 메시아 왕국 건축을 위해 절대적으로 필요한 모퉁이돌을 알아보지 못하고 바깥에 내다버렸다. 그들은 그 참된 모퉁이돌인 예수 그리스도 위에 세워진 건축물에 연결되지 않음으로써 참된 교회에 속할 수 없었다.

> "사람에게는 버린 바가 되었으나 하나님께는 택하심을 입은 보배로운 산 돌이신 예수에게 나아와 너희도 산 돌 같이 신령한 집으로 세워지고 예수 그리스도로 말미암아 하나님이 기쁘게 받으실 신령한 제사를 드릴 거룩한 제사장이 될찌니라 경에 기록하였으되 보라 내가 택한 보배롭고 요긴한 모퉁이돌을 시온에 두노니 저를 믿는 자는 부끄러움을 당치 아니하리라 하였으니 그러므로 믿는 너희에게는 보배이나 믿지 아니하는 자에게는 건축자들의 버린 그 돌이 모퉁이의 머릿돌이 되고 또한 부딪히는 돌과 거치는 반석이 되었다 하니라 저희가 말씀을 순종치 아니하므로 넘어지나니 이는 저희를 이렇게 정하신 것이라"(벧전 2:4-8)

베드로는 교회의 머릿돌이 되신 보배로운 산 돌 위에 세워진 건축물에 속하지 않은 자들은 하나님의 무서운 심판을 받게 되리라는 사실을 말하고 있다. 할례자의 사도가 된 베드로는 할례자들인 이스라엘 민족이 도리어 하나님의 말씀을 순종치 않음으로써 부딪쳐 깨어지고 멸망당할 것을 말했던 것이다.

바울도 이사야 선지자의 말을 인용하며 '기록된 바 주의 소식을 받지 못한 자들이 볼 것이요 듣지 못한 자들이 깨달으리라 함과 같으니라'(롬 15:21;사 52:15)고 기록했다. 이처럼 바울과 베드로를 비롯한 모든 사도들은 동일하게 참된 모퉁이돌이신 예수 그리스도의 터 위에 교회가 건축되어야 함을 말하고 있다. 그러면서 사도들은 각기 주어진 사명에 따라 성실하게 주어진 사도직을 감당해갔다. 오늘날 예수 그리스도께 속한 교회는 그들의 사역의 열매로 신령한 건축물이 되어 거룩한 제사장으로서 직무를 감당하고 있는 것이다.

3. 바울의 로마 방문 계획

바울은 이방인의 사도로서 교회를 위한 신령한 건축을 언급한 후 로마를 방문하고자 하는 자신의 뜻을 전했다. 이는 바울의 즉흥적인 생각이 아니었다. 그는 제국의 수도인 로마를 방문하고자 하는 마음을 이미 오래전부터 가지고 있었다.

그전부터 바울은 예루살렘에 잠시 들렀다가 로마를 방문할 계획을 세워두고 있는 상태였다(행 24:17). 그가 당시 예루살렘을 방문하고자 했던 것은 그곳에 있는 교회와 성도들이 심한 기근으로 인해 고통을 당하고 있었기 때문이다.

> "이 일이 다 된 후 바울이 마게도냐와 아가야로 다녀서 예루살렘에 가기를 경영하여 가로되 내가 거기 갔다가 후에 로마도 보아야 하리라 하고"(행 19:21);
> "이는 지나가는 길에 너희를 보고 먼저 너희와 사귐으로 얼마간 기쁨을 가진 후에 너희가 그리로 보내주기를 바람이라"(롬 15:24)

바울은 그전부터 로마에 살고 있는 교회와 성도들을 만나 교제하기를 원했다. 하지만 로마로 가고자 하는 그의 계획이 여러 번 좌절되었다(롬 15:22). 물론 우리는 그 직접적인 원인에 대해서는 잘 알지 못한다. 그것이 정치적인 이유였는지, 재정적인 이유였는지, 아니면 건강상의 이유였는지 정확하게 말할 수 없다. 분명한 것은 그가 오래전부터 로마에 있는 교회들을 직접 방문하기를 원했다는 사실이다.

한편 그가 로마를 방문하고자 했던 데는 나름대로 여러 가지 이유들이 있었을 것이 분명하다. 물론 제국의 심장부인 로마였기에 더욱 그랬을 것이다. 로마에는 세상에 흩어진 이방 지역의 성도들이 가장 빈번하게 방문하는 도시였다. 따라서 이방출신의 성도들은 로마의 교회를 통해 많은 것을 전해 듣고 배울 수밖에 없다.

바울은 로마에 있는 교회와 교제하며 성도들에게 올바른 가르침을 베풀고자 했다. 그것은 로마의 성도들뿐 아니라 온 세상에 흩어져 있는 이방 지역의 모든 교회와 성도들을 위해 매우 중요한 일이었다. 바로 그점이 바울이 로마를 방문하고자 했던 주된 이유로 보인다.

그리고 바울은 스페인 지역으로 가기를 원했는데 그때 지나는 길에 로마의 성도들을 보고자 하는 마음이 있었다(롬 15:23). 하여튼 그는 여러 가지 이유들로 인해 로마를 직접 방문하고자 했다. 그래서 그는 이방 지역의 교회들이 사랑으로 모아준 연보를 가지고 예루살렘을 방문한 후(롬 15:25; 행 24:17) 로마로 가고자 한다는 자기의 뜻을 전했다.

우리는 여기서 바울이 단순히 로마를 방문하고자 한다는 외적인 이유들 이외에 좀더 본질적인 의미를 생각해야 한다. 이는 지금 바울이 로마서를 쓰고 있는 곳인 고린도와 아가야 지역에 있는 교회, 마게도냐 지역의 교회, 예루살렘의 교회, 그리고 로마에 있는 교회 등 전 세계에 흩어진 모든 교회들이 하나의 교회임을 선포하고 있다는 사실이다. 즉 서로 얼굴을 알지 못하고 민족과 종족이 다르다 해도 참된 교회에 속한 모든 성도들은 예수 그리스도 안에서 한 몸을 이루고 있는 것이다.

4. 보편교회의 일체성

1) 교회를 위한 연보

이방 지역의 교회들에 속한 성도들은 예루살렘에 있는 교회와 형제들이 심한 기근으로 인해 생활의 궁핍을 겪고 있다는 소식을 듣고 기쁨으로 연보48)를 했다. 이는 낯선 사람들에게 베푸는 단순한 선행이나 구제를 의미하지 않는다.49) 이방 지역에 있는 교회의 성도들은 마땅히 해야 할 일을 했을 따름이다. 세상에 존재하는 모든 참된 교회에 속한 성도들은 한 형제들이다. 따라서 주 안에서 한 형제가 된 사람들이 삶을 나누지 않을 수 없다.

바울은 로마의 교회에 편지하면서 세상에 있는 모든 성도들이 가져야 할 형제애兄弟愛에 관한 설명을 했다. 그는 이방 지역의 모든 교회들은 예루살렘 교회에 영적인 빚을 지고 있음을 말했다. 따라서 이방의 형제들이 모교회인 예루살렘 교회의 육적인 어려운 소식을 듣고 그에 동참하는 일은 지극히 당연하다는 것이었다. 지금 로마에 있는 교회는 그에 참여하지 못하지만 여전히 그런 자세를 가져야 함을 말하고 있다.

그러므로 바울은 자신이 로마를 방문했다가 나중 스페인으로 가게 되면 로마 교회가 그에 대해 재정적인 도움을 주기를 바란다고 말했다(롬 15:28). 이는 단순한 후원을 부탁하는 말이 아니라 모든 하나님의 자녀들은 하나의 보편교회에 속한 성도들임을 말하고 있는 것이다. 세상에 흩어져 있는 모든 교회들은 어디에 있든지 동일한 계시의 말씀을 통해 한 하나님을 섬기는 형제들이기 때문이다.

---

48) 신약교회의 연보는 희생제물이 아니다. 즉 신약시대의 성도들은 공 예배시간에 연보를 하면서 구약시대의 성도들이 제물을 바치듯이 드리는 것이 아니라, 자신의 소유 중 일부를 연보함으로써 자기의 삶에 대한 고백을 드러내게 된다. 그러므로 연보의 액수가 많고 적음이 문제가 될 수 없으며 연보 자체에 대한 정성이 직접적인 의미를 발생하지 않는다. 성도들은 교회적 사역을 위해 연보함으로써 보편교회에 속한 자신의 삶을 고백하게 되는 것이다.

49) 교회 내에서는 일반적인 의미의 '구제'나 '선행'이 이루어지지 않는다. 더 엄밀하게는 교회 내부의 성도들 상호간에는 '구제'나 '선행'이라는 용어가 쓰여질 수 없다. 이는 마치 가정에서 가족끼리 서로 '구제'하거나 '선행'을 행하지 않는 것과 같다. 교회에 속한 성도들은 마땅히 서로간 물질을 나누며 함께 살아가야만 한다. 그것이 곧 주님께서 말씀하신 교회 공동체가 취해야 할 근본적인 자세이다.

교회의 절대적인 주권을 지닌 주인은 오직 하나님 한 분밖에 없다고 말할 때 그 의미가 분명히 드러난다. 올바르고 참된 교회라면 개인이나 특정집단이 주인이 될 수 없다. 아무리 유능하고 훌륭한 인물이라 할지라도 그가 교회의 주권자가 될 수 없는 것이다. 나아가 전체 회중이 주인이 될 수 있는 것도 아니다.[50] 교회의 주인은 오직 하나님이시며 예수 그리스도가 교회의 머리가 될 따름이다. 예수께서 베드로의 고백을 듣고 반석 위에 '나의 교회'(마 16:18)를 세우신다고 했을 때 교회의 주권은 분명히 확정되었다.

그러므로 하나님의 교회를 개인이나 집단이 사유화私有化한다는 것은 하나님을 멸시하는 무서운 죄악이라는 사실을 잊어서는 안 된다. 이 세상의 어떤 인간도 주님께서 피로 값 주고 사신 교회에서 기득권을 가질 수 없다. 성숙한 모든 성도들은 기록된 성경을 통해 성령께서 말씀하시는 바를 주의깊게 들어 그에 순종할 수 있을 따름이다. 그러므로 바울은 예루살렘으로 가서 이방 지역의 교회들이 모은 연보를 전한 후 로마를 거쳐 스페인으로 가리라고 말하면서 주 안에서 하나로 엮어진 교회를 강조하고 있다.

2) 교회의 기도

바울은 나중 로마로 갈 때 그리스도의 '충만한 복'을 가지고 가겠노라고 말했다(롬 15:29). 우리가 분명히 생각해야 할 바는 그가 결코 허언虛言을 한 것이 아니었다는 사실이다. 그런데 그가 실제로 로마를 방문할

---

50) 우리가 감독교회나 회중교회를 조심스럽게 바라보는 이유는 바로 이점 때문이다. 교회에서는 특정 개인이 더 많은 권세를 가질 수 없으며, 전체 회중이 함께 힘을 가지는 민주적인 영역이 되어서도 안 된다. 교회의 주인은 오직 하나님 한 분밖에 없다. 그러므로 장로교회에서는 직분제도를 소중히 여기며, 개인의 능력이 아니라 하나님의 뜻에 따르고자 하는 제도를 세워두고 있는 것이다.

때는 남 보기에 그럴듯한 화려한 모습이 아니라 자유가 박탈된 죄수의 몸으로 로마를 방문하게 되었다. 로마를 방문한 바울은 외형상 권위와 위엄을 갖춘 교사가 아니라 로마제국 당국자들의 감시를 받는 죄수였던 것이다.

물론 바울은 로마에 있는 교회에 편지할 당시에 자신이 그런 모습이 되어 로마에 가게 될 줄은 미처 알지 못했다. 그런데 그런 식으로 가게 된 것이 과연 바울이 말했던 바 '충만한 복'을 가지고 간 것이라 말할 수 있는가? 하지만 우리가 여기서 분명히 깨달아야 할 점은 바울의 육신적인 몸은 비록 초라한 모습이었으나 사도인 그는 하나님의 놀라운 복음을 소유하고 로마 교회를 향해 나아갔다는 사실이다.

그런 전반적인 상황을 앞둔 상태에서 바울은 로마에 있는 교회와 성도들이 자기와 동일한 자세로 하나님께 기도해 주도록 당부하고 있다. 그것은 유대주의자들로부터 위험을 당하지 않고 예루살렘 교회를 위한 자신의 뜻이 잘 전달되도록 하기 위함이다. 이는 이방인 출신의 교회들과 예루살렘 교회의 원만한 교제를 염두에 두고 있는 것이다.

바울은 여기서 결코 사사로운 목적을 두고 자기를 위해 기도해 달라고 당부하지 않았다. 그것은 공적인 의미를 지니고 있다. 기도는 하나님과 교제하는 교회의 신앙의 표현이자 흩어져 존재하는 교회와 교회를 연결하는 끈의 역할을 하게 된다. 그런 관계는 로마의 교회 역시 다른 이방 지역의 모든 교회들과 마찬가지로 예루살렘 교회에 대해 동일한 입장에 놓여 있다. 그러므로 바울은 나중 하나님의 뜻에 따라 로마에 가게 되면 그곳의 성도들과 더불어 편히 쉬기를 원한다며 기도를 부탁했던 것이다.

"나로 유대에서 순종하지 아니하는 자들로부터 건짐을 받게 하고 또 예루살렘에 대하여 내가 섬기는 일을 성도들이 받을 만하게 하고 나로

하나님의 뜻을 따라 기쁨으로 너희에게 나아가 너희와 함께 편히 쉬게
하라"(롬 15:31,32)

우리는 여기서 결코 간과하지 말아야 할 매우 중요한 의미를 생각해
야 한다. 그것은 바울과 로마에 있는 교회가 기도했던 내용들이 우리가
일반적으로 생각하는 관점에서 볼 때 과연 이루어졌는가 하는 점 때문
이다. 우리가 분명히 알 수 있는 것은 로마의 성도들이 저들의 기도 가
운데 바울을 기억했을 것이라는 사실이다.

바울은 하나님을 알지 못하는 유대주의자들로부터 어려움을 당치 않
기를 원했지만 그는 그들에 의해 모진 고난을 당해야만 했다. 그는 나중
죄수의 몸으로서 로마로 압송되어 그들 가운데서 평안히 쉴 것이 아니
라 도리어 가택에 연금되어 자유를 박탈당한 몸이 되었다. 그럼에도 불
구하고 예루살렘 교회는 바울이 전한 이방 지역의 형제들이 모은 연보
를 기쁘게 받아들였다. 이는 구약에서 선민이었던 유대인 출신의 성도
들과 이방인 출신의 교회 사이에 벽이 완전히 허물어졌음을 말해주고
있다.

그리고 바울은 비록 죄수의 몸으로 고난 가운데 로마로 압송되어 교
회와 더불어 편안히 쉬지는 못했지만 성도들을 만나 주님 안에서 기쁨
으로 교제했다. 바울과 로마의 교회가 기도하는 내용이 그대로 이루어
지지 않고 그들이 원한 것은 아니었지만 하나님께서는 저들을 인도하시
며 저들 가운데 진정한 기쁨을 허락하셨다.

우리는 여기서 바울과 로마에 있는 교회를 비롯한 당시 흩어진 모든
교회들이 하나님께 간구했던 기도의 내용을 생각해 본다. 교회와 성도
들에게 있어서 기도는 매우 중요하다. 그것은 기록된 말씀을 통한 하나
님과의 교제를 의미하기 때문이다. 하나님의 자녀라 하면서 그를 향한
올바른 기도의 교제가 없다면 말이 되지 않는다.

현대의 어린 교인들 가운데는 흔히 기도응답에 대해 지나치게 민감한 관심을 가지고 말하는 것을 보게 된다. 그들은 대개 기도하면서, 말씀을 통한 하나님과의 영적인 교제가 아니라 눈앞에 놓여있는 문제 해결과 자신에게 필요한 무엇인가를 응답받고자 애쓴다. 특정 내용을 두고 하나님께 간구했는데 원하는 결과를 가지게 되면 그것을 기도응답으로 생각하는 것이다. 그러나 우리는 그것이 매우 위험한 주관주의적 신앙에 빠질 우려가 있다는 사실을 기억하지 않으면 안 된다.

우리가 올바른 기도에 대해 생각할 때 항상 기도의 공적인 의미를 염두에 두는 것이 매우 중요하다. 즉 모든 기도는 교회에 연관된 공적인 성격을 띤다. 비록 개인이 자기 혹은 이웃을 위해 기도한다고 할지라도 사적인 욕망이 아니라 교회를 위한 공적인 의미가 함유되어 있어야 한다.

하나님께 기도하면서 개인의 목적을 이루기 위한 기도는 매우 조심해야 한다. 그것은 결국 자신의 욕망을 채우고자 하여 하나님을 향해 하소연하는 것밖에 되지 않기 때문이다. 그러므로 예수님은 제자들에게 기도에 관한 교훈을 주시면서 그에 관한 말씀을 하셨다.

> "너희는 먼저 그의 나라와 그의 의를 구하라 그리하면 이 모든 것을 너희에게 더하시리라"(마 6:33)

예수께서는 기도의 초점이 항상 하나님의 나라와 그의 의에 맞추어져 있어야 함을 말하고 있다. 이는 교회와 교회를 통한 하나님의 뜻이 이루어짐과 연관된다. 산상수훈에는 하나님의 자녀들이 기도할 때 이방인들처럼 먹고 마시고 입는 문제를 위해 기도하지 말라는 주님의 명령이 나온다(마 6:31,32). 하물며 세상에서 자기의 욕망을 채우기 위해 기도한다는 것은 절대로 피해야 할 일이다.

하나님의 백성들은 자신이나 다른 성도들을 위해 기도할 때 항상 교회의 공적인 입장에서 기도해야 한다는 사실을 잊지 말아야 한다. 이웃이 질병에 걸려 고통을 당하거나 경제적인 어려움을 당할 때, 혹은 가정에 힘든 일이 있을 때 우리는 기도 중 저들을 기억한다. 우리가 그들의 문제를 염두에 두고 함께 기도하는 것은 그것을 통해 진리와 더불어 영원한 소망을 확인함으로써 교회를 온전히 세우기 위함이다.

또한 우리가 여기서 기억할 수 있는 교훈은, 성도들 가운데 세상에서 성공하여 부자가 되고 풍요를 누리는 자가 있다면 그들을 염려하며 기도해야 한다는 사실이다. 그들이 세상의 많은 것들을 소유함으로 인해 어리석은 만족감에 빠지지 않도록 기도 중 기억해야 하는 것이다. 그 과정에서 하나님의 자녀들은 일반적인 응답여부를 떠나 하나님의 놀라우신 위로를 받게 된다.

우리는 로마서 15장 나중 부분에 기록된 바울의 기도요청에서 기도에 대한 진정한 의미를 배우게 된다. 바울은 눈앞에 있는 기도의 응답에 일차적인 관심을 가졌던 것이 아니라 하나님 앞에서 교회를 위해 살아가는 성도들이 올바른 신앙적인 자세를 가져야 함을 말했던 것이다. 그러므로 바울은 로마 교회의 성도들에게 '평강의 하나님께서 모든 성도들과 함께 계시기를 기원'(롬 15:33)했던 것이다.

제18장
마지막 문안과 권면

(롬 16:1-27)

(로마서 16:1-27)

16:1 내가 겐그레아 교회의 일군으로 있는 우리 자매 뵈뵈를 너희에게 천거하노니

16:2 너희가 주 안에서 성도들의 합당한 예절로 그를 영접하고 무엇이든지 그에게 소용되는 바를 도와줄지니 이는 그가 여러 사람과 나의 보호자가 되었음이니라

16:3 너희가 그리스도 예수 안에서 나의 동역자들인 브리스가와 아굴라에게 문안하라

16:4 저희는 내 목숨을 위하여 자기의 목이라도 내어 놓았나니 나뿐 아니라 이방인의 모든 교회도 저희에게 감사하느니라

16:5 또 저의 교회에게도 문안하라 나희 사랑하는 에배네도에게 문안하라 저는 아시아에서 그리스도께 처음 익은 열매니라

16:6 너희를 위하여 많이 수고한 마리아에게 문안하라

16:7 내 친척이요 나와 함께 갇혔던 안드로니고와 유니아에게 문안하라 저희는 사도에게 유명히 여김을 받고 또한 나보다 먼저 그리스도 안에 있는 자라

16:8 또 주 안에서 내 사랑하는 암블리아에게 문안하라

16:9 그리스도 안에서 우리의 동역자인 우르바노와 나의 사랑하는 스다구에게 문안하라

16:10 그리스도 안에서 인정함을 받은 아벨레에게 문안하라 아리스도불로의 권속에게 문안하라

16:11 내 친척 헤로디온에게 문안하라 나깃수의 권속 중 주 안에 있는 자들에게 문안하라

16:12 주 안에서 수고한 드루배나와 드루보사에게 문안하라 주 안에서 많이 수고하고 사랑하는 버시에게 문안하라

16:13 주 안에서 택하심을 입은 루포와 그 어머니에게 문안하라 그 어머니는 곧 내 어머니니라

16:14 아순그리도와 블레곤과 허메와 바드로바와 허마와 저희와 함께 있는 형제들에게 문안하라

16:15 빌롤로고와 율리아와 또 네레오와 그 자매와 올름바와 저희와 함께 있는 모든 성도에게 문안하라

16:16 너희가 거룩하게 입맞춤으로 서로 문안하라 그리스도의 모든 교회가 다 너희에게 문안하느니라

16:17 형제들아 내가 너희를 권하노니 너희 교훈을 거스려 분쟁을 일으키고 거치게 하는 자들을 살피고 저희에게서 떠나라

16:18 이같은 자들은 우리 주 그리스도를 섬기지 아니하고 다만 자기의 배만 섬기나니 공교하고 아첨하는 말로 순진한 자들의 마음을 미혹하느니라

16:19 너희 순종함이 모든 사람에게 들리는지라 그러므로 내가 너희를 인하여 기뻐하노니 너희가 선한데 지혜롭고 악한데 미련하기를 원하노라

16:20 평강의 하나님께서 속히 사단을 너희 발 아래서 상하게 하시리라 우리 주 예수의 은혜가 너희에게 있을지어다

16:21 나의 동역자 디모데와 나의 친척 누기오와 야손과 소시바더가 너희에게 문안하느니라

16:22 이 편지를 대서(代書)하는 나 더디오도 주 안에서 너희에게 문안하노라

16:23 나와 온 교회 식주인(食主人) 가이오도 너희에게 문안하고 이 성의 재무 에라스도와 형제 구아도도 너희에게 문안하느니라

16:24 (없 음)

16:25 나의 복음과 예수 그리스도를 전파함은 영세 전부터 감취었다가

16:26 이제는 나타내신 바 되었으며 영원하신 하나님의 명을 좇아 선지자들의 글로 말미암아 모든 민족으로 믿어 순종케 하시려고 알게 하신 바 그 비밀의 계시를 좇아 된 것이니 이 복음으로 너희를 능히 견고케 하실

16:27 지혜로우신 하나님께 예수 그리스도로 말미암아 영광이 세세 무궁토록 있을지어다 아멘

제18장 _ 마지막 문안과 권면

(롬 16:1-27)

1. 성도의 교제

바울은 편지를 마무리하면서 로마에 있는 여러 성도들에게 마지막 문안인사를 전하고 있다. 그들 가운데는 개인적으로 매우 가까운 친구와 친인척들이 많이 있었다. 한편 그들 중에는 바울이 직접 아는 사람들이 아니라 얼굴을 알지 못한 채 이름만 알고 있는 성도들도 더러 있었을지 모른다. 하지만 중요한 것은 바울과 그 사람들의 개인적인 친분 관계가 아니라 교회를 이루고 있는 하나님의 신실한 백성이라는 사실이다.

사도 바울은 겐그리아 교회의 여성 일꾼 뵈뵈Phebe[51]를 추천하면서 로마에 있는 교회가 주 안에서 합당한 예절로 그녀를 영접해 주도록 부탁했다. 그리고 그녀에게 소용되는 바를 도와주도록 당부하고 있다. 바울은 겐그리아와 고린도 지역에 머무는 동안 뵈뵈가 자기를 위한 든든한 조력자였음을 언급했다. 아마도 바울이 쓴 로마서가 그녀의 손에 들

---

51) 헬라어 원문 $\delta\iota\acute{a}\kappa o\nu o\nu$ $\tau\tilde{\eta}\varsigma$ $\acute{\epsilon}\kappa\kappa\lambda\eta\sigma\acute{\iota}a\varsigma$ $\acute{\epsilon}\nu$ $K\epsilon\gamma\chi\rho\epsilon a\tilde{\iota}\varsigma$'를 영어성경에서는 대개 'a servant of the church in Cenchrea'(KJV, NIV, NASB)로 번역하고 있다. 한글번역 성경에서는 대개 '겐그리아 교회의 일군' 으로 번역하고 있으며, '한글 쉬운 성경' 에서는 '겐그리아 교회의 여자집사' 로 번역했다. 여기서는 뵈뵈를 '겐그리아 교회의 여자집사' 로 번역해도 무방할 것 같다.

려져 그곳 교회에 전달되었을 것이다.

바울은 로마에 있는 성도들에게 문안을 전하면서 가장 먼저 브리스길라와 아굴라 부부에게 안부를 전했다. 그들 부부는 바울이 첫번째 고린도 지역을 방문했을 때 장막을 제조하는 동일한 직업[52]으로 인해 그와 한 집에 거하면서 교회를 섬기며 동역한 사이였다. 당시 브리스길라와 아굴라 부부는 클라우디우스Claudius 황제의 칙령(행 18:2)으로 인해 로마시에서 추방된 후 고린도에 와서 생활하고 있었다.

바울은 그때 그들을 통해 로마의 교회가 당한 많은 이야기들을 전해 들을 수 있었을 것이 틀림없다(롬 18:1-3). 바울은 그들 부부가 자기를 위해 목숨이라도 내놓을 수 있을 만큼 긴밀한 관계의 동역자임을 강조했다. 그리고 고린도 지역에 있는 이방인들의 교회가 저들에게 깊이 감사한다는 말을 전했다.

또한 바울은 브리스길라와 아굴라 부부의 집에서 모이는 교회에 문안했다(롬 16:5). 이는 우리에게 교회에 연관된 매우 중요한 점을 시사해주고 있다. 왜냐하면 로마에는 지역적인 한 울타리 영역 안에 주일마다 따로 회집하는 여러 지교회들(local branch churches)이 있었음을 말해주고 있기 때문이다.[53]

---

52) 바울은 언제 장막 만드는 기술을 익혔을까? 그는 길리기아 다소에 있는 부유한 유대인 가정에서 태어나 예루살렘에서 교법사 가말리엘의 가르침을 받았다. 공부를 마친 다음에는 산헤드린 공회원이 되어 교회를 박해하는 일에 앞장섰다. 그후 다메섹 도상에서 예수 그리스도를 만나고 나서는 사도의 직무를 감당했다. 그의 삶을 살펴보건데 장막을 만드는 일에 전념했던 때는 없었다. 그럼에도 불구하고 성경은 그가 장막 만드는 직업을 가졌다고 한다. 아마도 바울은 가말리엘의 문하생으로 있으면서 과외수업으로 장막 만드는 기술을 익혔을 것으로 보인다.

53) 이에 대해서는 예루살렘 교회, 고린도 교회, 갈라디아 교회 등 당시의 모든 교회들이 동일한 형태를 띠고 있었다. 지명을 딴 그 교회들 가운데는 흩어진 여러 지교회들이 있었던 것이다. 이는 오늘날 장로교의 노회와 지교회들에 연관된 정치체제의 배경이 된다.

바울은 로마에 있는 약 서른 명에 이르는 성도들의 이름을 구체적으로 언급했으며 그들의 가족과 이름이 밝혀지지 않은 여러 성도들에게 문안을 전했다. 바울은 또한 그들에게 거룩한 입맞춤(a holy kiss)으로 서로 문안하라는 특별한 당부를 하고 있다(롬 16:16). 우리가 여기서 관심을 가지게 되는 것은 고린도 지역에 있으면서 하나님의 계시를 받아 편지를 쓰는 바울이 멀리 로마 지역에 살고 있는 여러 성도들에게 그들간에 서로 입맞춤으로 문안하라며 당부하고 있다는 사실이다.

> "너희가 거룩하게 입맞춤으로 서로 문안하라 그리스도의 모든 교회가 다 너희에게 문안하느니라"(롬 16:16)

바울의 이 말은 로마에 있는 교회와 성도들이 상호간 신뢰를 구축하라는 간절한 요구이다. 거룩한 입맞춤으로 인사하라는 말의 참된 의미는 오늘날 우리가 상상하는 입술과 입술을 맞대는 그런 입맞춤과는 상당한 차이가 난다. 지금도 중동이나 지중해 연안에 살고 있는 사람들은 가족이나 친구간에는 서로 포옹을 하면서 뺨에 입을 맞추며 인사를 나눈다. 그것은 아무에게나 하는 인사법이 아니라 신뢰가 확실한 사람들 가운데 나누는 인사이다.

그러므로 바울이 로마에 있는 성도들에게 요구했던 것은 주 안에서 서로 신뢰하라는 것이었다. 바울은 로마에 있는 교회와 성도들에게 일반적인 신뢰가 아니라 주 안에서 이루어지는 성도의 거룩한 신뢰를 바탕으로 하여 항상 서로 문안하도록 당부했던 것이다.

우리가 또한 주의깊게 눈여겨 보아야 할 점은 로마에 있는 교회와 성도들에게 입맞춤으로 서로 문안하도록 권면한 바울이 '그리스도의 모든 교회' 의 이름으로 로마의 교회에 문안하고 있다는 사실이다(롬 16:16). 이는 로마의 교회뿐 아니라 당시 바울이 있던 고린도 교회, 그리고 예루살렘에 있는 교회들을 비롯한 지상의 모든 교회들이 입맞춤으로 서로 문안해야 할 관계라는 사실을 말해주고 있는 것이다. 지상에 있는 모든 교회와 성도들은 그리스도 안에서 참된 신뢰를 구축하지 않으면 안 된다.

2. 거룩한 분리

교회의 성도들 사이에 거룩하게 입맞춤으로 서로 문안하라고 요구했던 바울이 동시에 그들에게 매우 냉엄한 명령을 하고 있다. 즉 세상의 모든 교회의 성도들이 주 안에서 신뢰를 구축해야 함을 강조하던 바울은 그 신뢰에 참여하지 않는 자들에 대해서는 엄중하게 대처하라는 요구를 했던 것이다.

"형제들아 내가 너희를 권하노니 너희가 배운 교훈을 거슬러 분쟁을 일으키거나 거치게 하는 자들을 살피고 그들에게서 떠나라 이 같은 자들은 우리 주 그리스도를 섬기지 아니하고 다만 자기들의 배만 섬기나니 교활한 말과 아첨하는 말로 순진한 자들의 마음을 미혹하느니라"(롬 16:17,18)

바울은 모든 사람들과 무조건 좋은 관계를 가지며 화합하라고 권하지 않는다. 도리어 하나님의 말씀과 진리에 순종하지 않는 자들과는 입맞춤의 인사는커녕 일반적인 인사를 나눔에 있어서도 조심하라고 가르친다. 예수 그리스도를 진심으로 경외하는 자들과는 입맞춤으로 인사할 만큼 완전히 신뢰하는 관계를 유지해야 하지만 그렇지 않은 자들과는 신앙적인 교제를 계속할 수 없다.

이를 위한 기준은 일반 윤리적인 것이 되어서는 안 된다. 여기서 가장 중요한 것은 사도들을 통해 배운 교훈을 얼마나 순수하게 받아들이고 있는가 하는 점이다. 모든 성도들이 감당해야 할 중요한 임무 가운데 하나는 교회 안에 그런 불순한 자들이 있지는 않은지 깨어 경성하여 살피는 일이다. 이는 물론 타인에 대한 감시가 아니라 교회와 어린 성도들을 위한 하나님의 사랑을 근본적인 배경으로 하고 있다. 만일 교회 안에 악한 자들이 있어서 말씀의 교훈을 거슬러 분쟁을 일으키거나 거치게 한다면 그들을 살핀 후 권면하고 진리가 용납되지 않으면 교회에서 떠나게 해야 한다.

그런 자들은 겉으로 드러나는 윤리적인 문제에 있어서는 오히려 그럴 듯하게 자신을 포장하고 있을지 모른다. 어리석은 교인들은 거짓 탈로 위장하고 있는 그들의 본성을 정확하게 알아보지 못한다. 그들은 상대방이 좋아하는 교활한 말과 아첨하는 말로 순진한 자들을 미혹하기를 게을리하지 않는다. 그러나 그런 자들은 예수 그리스도를 섬기는 것이 아니라 하나님을 핑계대어 자기의 욕망을 추구하기에 급급한 자들이다.

사도 바울은 그전에 고린도 교회에 보내는 두 번째 편지에서 그점을 분명히 말했다. 하나님의 성도들은, 진리를 어지럽히기 위해 온갖 수단을 다 동원하는 거짓 사도요 가증스런 일꾼들을 조심해야 한다는 것이다. 사탄이 광명한 천사로 가장하듯이 그들은 사탄의 일꾼이면서 그리스도를 위한 의의 일꾼으로 가장하고 있다.

> "저런 사람들은 거짓 사도요 궤휼의 역군이니 자기를 그리스도의 사도로 가장하는 자들이니라 이것이 이상한 일이 아니라 사단도 자기를 광명의 천사로 가장하나니 그러므로 사단의 일꾼들도 자기를 의의 일꾼으로 가장하는 것이 또한 큰 일이 아니라 저희의 결국은 그 행위대로 되리라"(고후 11:13-15)

우리는 신앙에 대한 신중한 확인 없이 모든 사람들을 무조건 교회 안으로 받아들이고 용납하려 해서는 안 된다. 도리어 성숙한 성도들은 하나님의 말씀에 따라 사람들을 올바르게 분별할 수 있어야 한다. 그래서 진리를 어지럽히고 거짓을 유포하는 자들과는 분리되어야 한다. 그리스도 안에서 선한 자들과 하나님을 멸시하는 악한 자들은 결코 서로 동거할 수 없다. 로마에 있는 성도들이 그랬듯이 하나님의 몸된 교회의 속한 참된 성도들은 순결할 뿐 아니라 또한 지혜로와야 한다(롬 16:19).

그러므로 성숙한 성도들은 항상 그런 거짓 일꾼들로부터 분리하도록 힘써야 한다. 우리가 바울의 말에서 각별히 주의를 기울여 생각해야 할 점은 교회가 그 악한 자들을 교화시키기 위해 노력하라는 요구를 하지 않는다는 사실이다. 즉 그런 자들은 구슬려 지도해야 할 대상이 아니라 저들의 악한 본성이 드러나게 되면 그들과 분리를 해야 한다는 것이다.

하지만 악한 자들은 순순히 참된 교회와 성도들의 말을 들으려 하지 않을 것이 분명하다. 어쩌면 그들은 더욱 강하게 저항할지도 모른다. 그렇다고 해서 하나님의 자녀들인 우리가 사탄에게 속해 제 갈 길로 가는 그들을 두려워할 필요는 없다. 평강의 하나님께서 사탄을 교회에 속한 성도들의 발아래서 상하게 하실 것이기 때문이다(롬 16:20).

그런데 문제는 어린 교인들이 광명한 천사의 탈을 쓴 거짓 교사들을 잘 분별해내지 못하고 그들에게 휩쓸릴 우려가 있다는 사실이다. 세상에 존재하는 교회가 직면하게 되는 그러한 형편을 잘 아는 교회의 성숙한 지도자들은 항상 어린 성도들이 올바르게 잘 자랄 수 있도록 최선을 다하지 않으면 안 된다.

3. 고린도 교회의 문안

로마에 있는 교회와 성도들에게 문안을 전한 바울은 이제 고린도 지역에 있는 성도들의 안부를 전했다. 우리는 그것을 통해 당시 디모데가 바울과 함께 고린도 지역에 있었다는 사실을 알 수 있으며 그 외에 몇몇 형제들의 이름이 거명되고 있음을 보게 된다. 그들이 바울과 함께 로마에 있는 성도들에게 문안했던 것이다.

우리의 특별한 관심을 끄는 부분은 더디오Tertius가 바울의 서신을 대필代筆하고 있다는 사실이다. 그가 바울의 서신을 대필한 것이 하나님의 계시와 어떤 관계가 있는 것일까? 하나님께서는 바울을 통해 말씀을 계시하셨다. 바울은 하나님께서 계시한 말씀을 더디오에게 들려주고 그는 바울이 부르는 대로 받아 적었다. 이는 로마서가 하나님의 계시라는 사실에 대해서는 아무런 문제를 제기하지 않는다. 더디오가 직접 기록한 말까지도 전체적인 하나님의 계시에 포함된다.

그리고 당시 고린도 지역의 여러 성도들 가운데는 성城의 재무관(the city treasurer) 에라스도Erastus도 있었다. 이는 당시 고린도 교회에 속한 성도들이 평범한 일반 시민들뿐 아니라 사회지도층 인사들도 포함되어 있었음을 말해 주고 있다. 우리는 이를 통해 사도 시대의 교회와 성도들이 맹목적인 신앙을 가진 것이 아니라 기록된 계시를 통해 분별력 있는 신앙생활을 했음을 보게 된다.

하나님의 교회에는 세상에서의 지위나 신분이 아무런 영향을 미치지 못한다. 성도들 상호간에는 남녀노소 빈부귀천의 차이가 전혀 없는 것이다. 하나님의 몸된 교회는 결코 개개인 성도들의 탁월한 능력을 통해 세워지거나 자라가지 않는다. 단지 하나님의 말씀을 통해 교회가 직분을 맡겨 세운 형제들의 신실한 사역이 주님의 재림 때까지 하나님의 신실한 언약을 상속해 가게 되는 것이다.

4. 복음과 신비의 계시

사도 바울은 로마서의 맨 끝 부분에서 '나의 복음'(my gospel)이라는 말을 사용하고 있다(롬 16:25). 이 말은 하나님의 복음이 자기로부터 나왔다는 의미가 아니라 '내가 전하는 복음'이라는 뜻으로 '이방인의 사도'로서 전파하는 복음이라는 의미이다.

바울은 그 복음이 영원 전부터 감추어져 온 것이라고 말한다. 이는 존재에 관한 문제이다. 원래는 처음부터 있었지만 그것이 비밀스럽게 감추어져 왔으므로 그 비밀을 알지 못하는 자들에게는 사실과 상관없이 존재하지 않는 것으로 생각할 수밖에 없다.

> "이 비밀은 만세와 만대로부터 옴으로 감취었던 것인데 이제는 그의 성도들에게 나타났고 하나님이 그들로 하여금 이 비밀의 영광이 이방인 가운데 어떻게 풍성한 것을 알게 하려하심이라 이 비밀은 너희 안에 계신 그리스도시니 곧 영광의 소망이니라"(골 1:26,27)

오랫동안 감추어졌던 예수 그리스도의 복음이 이제 세상 가운데 완전히 드러나게 되었다. 실상은 구약시대의 여러 선지자들에 의해 예언된 글을 통해 특별히 택하신 이스라엘 민족 가운데 점차적으로 밝혀진 바였다. 그것은 하나님의 명령에 의한 것으로서 창세전에 작정된 하나님의 계획에 근거한 것이다.

하나님께서 그렇게 하도록 역사하신 것은 창세전에 선택하신 자기 자녀들을 구원하시기 위해서였다. 감추어졌던 것이 이스라엘 민족 가운데 선지자들을 통해 계시된 것은 저들만 위한 것이 아니었다. 그 복음은 온 세상에 흩어진 여러 민족들 가운데 존재하는 모든 하나님의 자녀들을 위한 것이었다(롬 16:26).

하나님께서는 그것을 통해 모든 민족 가운데 선택되어 믿는 성도들이 믿어 순종하도록 하셨다. 그러므로 하나님의 복음을 소유하게 된 성도들은 하나님의 신비로운 계시를 좇아 그런 삶을 소유하게 되었다. 하나님께서는 이 복음을 통해 이방 지역에 살고 있던 로마의 성도들과 오늘날 우리를 능히 견고하게 하신다.

우리는 하나님을 거부하는 악한 세상에 살고 있지만 예수 그리스도 안에서 영원한 천국을 바라보며 살아가고 있다. 그로 말미암아 하나님께 영원한 영광이 돌려지게 된다. 그러므로 사도 바울은 진정한 영광이 예수 그리스도로 말미암아 세세무궁토록 하나님께 돌려지기를 간절히 기원하고 있는 것이다.